智慧运输运营

主　编　韦冬莉　李卓丹　郭子渝
副主编　何　婷　杨逢肃　田　晓　胡　璇
参　编　彭　燕　庄惠子　陈云鹏　周　阳
　　　　石　莹　高晓莎

机械工业出版社
CHINA MACHINE PRESS

本书是全国物流职业教育教学指导委员会"基于新专业标准的物流类专业教材建设"专项课题研究成果教材。

为适应新时代国民经济发展对运输专业人才的需求，充分贯彻党的二十大精神和交通强国战略，特依据职业教育专业教学标准（2025年修订）精心编写《智慧运输运营》一书。本书旨在为学生提供全面、系统的智慧运输运营知识，培养具有创新思维和实践能力的专业人才。本书充分融入了5G、大数据、人工智能等前沿技术，以及低碳发展、绿色运输等新发展理念，使学生能够及时了解行业的最新动态和发展趋势。本书包括九个模块内容，包括走进智慧运输，前沿技术在智慧运输中的应用，零担货物、整车货物、危险货物、生鲜易腐货物、大件货物、集装箱的智慧运输运营，以及智慧运输安全与环保。

本书为纸数融合一体化教材，数字教材可到机械工业出版社"天工讲堂"数字化教学平台（网址：www.cmpjjj.com，或搜索同名微信小程序）阅读、使用。同时本书配备了电子课件、行业标准、习题答案、微课视频等教学资源，登录机工教育服务网（www.cmpedu.com）或加入QQ群（962304648）可免费获取相关资源。

本书适宜职业院校现代物流管理专业及物流相关专业师生使用，也可作为从业人员的培训用书和自学用书。

图书在版编目（CIP）数据

智慧运输运营 / 韦冬莉，李卓丹，郭子渝主编．
北京：机械工业出版社，2025.9. -- ISBN 978-7-111-79000-6

Ⅰ．F252-39

中国国家版本馆 CIP 数据核字第 2025JC4921 号

机械工业出版社（北京市百万庄大街22号　邮政编码100037）
策划编辑：邢小兵　胡延斌　　责任编辑：邢小兵　胡延斌　章承林
责任校对：张亚楠　李小宝　　封面设计：王　旭
责任印制：张　博
北京机工印刷厂有限公司印刷
2025年9月第1版第1次印刷
184mm×260mm · 13.5 印张 · 323 千字
标准书号：ISBN 978-7-111-79000-6
定价：49.00元

电话服务　　　　　　　　　网络服务
客服电话：010-88361066　　机　工　官　网：www.cmpbook.com
　　　　　010-88379833　　机　工　官　博：weibo.com/cmp1952
　　　　　010-68326294　　金　书　网：www.golden-book.com
封底无防伪标均为盗版　　机工教育服务网：www.cmpedu.com

前 言
Foreword

在当今快速发展的时代,运输行业正经历着一场深刻的变革。随着信息技术的飞速发展,智慧运输运营应运而生,成为推动经济发展和社会进步的重要力量。为适应新时代国民经济发展对运输专业人才的需求,我们依据职业教育专业教学标准(2025年修订)精心编写了这本《智慧运输运营》。本书旨在为学生提供全面、系统的智慧运输运营知识,培养具有创新思维和实践能力的专业人才。本书充分融入了5G、大数据、人工智能等前沿技术,以及低碳发展、绿色运输等新理念,使学生能够及时了解行业的最新动态和发展趋势。

智慧运输运营是一个实践性很强的领域,本书通过大量的实践案例、项目和任务,引导学生将理论知识与实际操作相结合,提高学生的实践能力和解决问题的能力。在传授专业知识的同时,本书注重培养学生的职业道德、社会责任感和创新精神。通过介绍我国在智慧运输领域的发展和成就,激发学生的民族自豪感和爱国情怀。

本书各学习模块由学习目标、案例导入、业务知识、学习任务、拓展活动、课后一思组成,各模块结尾设置了实训练习,将教学做相结合;在各单元中还设置了行业新知、智慧物流、绿色物流等小栏目,用以介绍行业新知识、新技术、新发展,同时融入物流智慧化和绿色低碳物流相关内容,旨在提升学生的认识,使学生的行动自觉同国家发展战略保持一致。各学习任务教学内容从实际问题出发,以典型的智慧运输任务为载体,形成循序渐进、种类多样的案例群,创新了课程教学模式。

本书由广西交通职业技术学院韦冬莉、李卓丹、郭子渝担任主编,由广西交通职业技术学院何婷、杨逢肃、田晓和上海震旦职业学院胡璇担任副主编,广西交通职业技术学院彭燕、庄惠子、石莹、高晓莎以及广西壮族自治区交通运输综合行政执法局陈云鹏和广西交通运输学校周阳参与编写。具体编写分工如下:全书思路及编写提纲由韦冬莉、李卓丹确定,模块一由何婷、高晓莎编写;模块二由杨逢肃编写;模块三、四由李卓丹、庄惠子、周阳编写;模块五、六由韦冬莉、胡璇编写;模块七由郭子渝、周阳编写;模块八由彭燕编写;模块九由田晓、陈云鹏、石莹编写。

本书在编写过程中,参考了一些著作与论文,在此表示感谢。

本书的编写得到了众多专家、学者和企业界人士的支持和帮助,特别是广西京东信成供应链科技有限公司、广西南天物流集团有限公司、广西蓝柳运输有限公司为本书的编写提供了大量的案例和素材,在此表示衷心的感谢。我们也希望广大师生在使用本书的过程中,能够提出宝贵的意见和建议,以便我们不断改进和完善教材内容。

编 者

二维码索引
QR Code

序号	名称	二维码	页码	序号	名称	二维码	页码
微课 01	公路运输车辆		9	微课 08	揭秘汽、柴油运输作业		115
微课 02	车辆的时间利用指标体系		48	微课 09	"生猛海鲜"如何走上餐桌		129
微课 03	危险货物的分类与识别（一）		105	微课 10	芒果的包装与运输		133
微课 04	危险货物的分类与识别（二）		105	微课 11	冷链运输温度控制		134
微课 05	教你读懂《危险货物品名表》		106	微课 12	超限运输车辆认定标准的由来		148
微课 06	带你走进爆炸品运输作业现场		113	微课 13	大件运输的特点		149
微课 07	揭秘液化石油气运输作业		114	微课 14	大件运输的难点		150

（续）

序号	名称	二维码	页码	序号	名称	二维码	页码
微课 15	风电机组参数		153	微课 17	车辆动态监控平台操作		199
微课 16	车辆动态监控管理		197				

目录

前言

二维码索引

模块一　走进智慧运输 / 1
单元一　了解智慧运输 / 1
单元二　认识智慧运输装备 / 8
单元三　智慧运输路线规划 / 15
【实训练习】/ 19

模块二　前沿技术在智慧运输中的应用 / 21
单元一　认识5G通信技术 / 21
单元二　了解大数据技术 / 26
单元三　认识人工智能技术 / 31
【实训练习】/ 38

模块三　零担货物智慧运输运营 / 41
单元一　零担货物运输特点与需求 / 41
单元二　零担货物运输计划与管理 / 46
单元三　零担货物智慧运输业务流程操作 / 59
【实训练习】/ 74

模块四　整车货物智慧运输运营 / 77
单元一　整车货物智慧运输概述与需求 / 77
单元二　整车货物智慧运输调度 / 80
单元三　整车货物智慧运输组织 / 91
【实训练习】/ 101

模块五　危险货物智慧运输运营 / 103
单元一　认识危险货物 / 103
单元二　典型危险货物智慧运输组织 / 110
单元三　填报危险货物道路运输电子运单 / 118
【实训练习】/ 125

模块六　生鲜易腐货物智慧运输运营 / 127
单元一　生鲜易腐货物特性分析 / 127
单元二　智慧冷链设备与技术应用 / 132
单元三　生鲜易腐货物智慧运输组织 / 140
【实训练习】/ 144

模块七　大件货物智慧运输运营 / 147
单元一　大件货物特性分析 / 147
单元二　大件运输装备选型 / 153
单元三　大件运输路线规划 / 159
【实训练习】/ 166

模块八　集装箱智慧运输运营 / 169
单元一　认识集装箱 / 169
单元二　集装箱智慧运输 / 179
单元三　智慧集装箱码头运营 / 185
【实训练习】/ 191

模块九　智慧运输安全与环保 / 193
单元一　了解安全风险与防范 / 193
单元二　环境保护与节能减排 / 200
【实训练习】/ 206

参考文献　207

模块一
走进智慧运输

学习目标

知识目标：
- 掌握智慧运输的概念与特点。
- 能够熟练掌握智慧运输的体系构成。
- 能够熟练掌握智慧运输方式的分类及特征。
- 能够正确理解智慧运输装备的概念与特征。
- 掌握智能网联汽车、无人驾驶轨道列车、智能船舶、无人机的技术架构、应用与发展。

能力目标：
- 能说出智慧运输的概念与特点。
- 能通过查阅互联网资料和国内外资料，列举出典型智慧运输方式的案例。
- 能通过实践调研，描述企业在运输运营中所运用到的新技术，以及运输运营带给企业的影响。

素质目标：
- 通过了解智慧运输概念与特点，培养学生文化自信和社会责任感，树立创新创业精神。
- 通过小组团队合作，提升团队协作能力、沟通表达能力、分析和解决问题的能力。
- 通过了解无人配送车对行业发展的影响，引导学生关心社会发展，了解物流行业动态，增强学生的专业自信。

单元一 了解智慧运输

案例导入

云原生底座之上，顺丰智慧供应链领跑的秘密

在物流运输过程中，顺丰科技云原生大数据平台充分发挥"提前预测、实时规划"的能力，可以对每个环节中收派件的时间和空间维度精准记录分析，帮助快递员建设起精细化、智慧化排班，以及实时调度分配的信息管理体系。同时，它可以通过件量预测、分仓管理、路线规划等数据分析，为配送商品精准匹配物流小哥、运输车、飞机等，预测判断哪条线路的运输效能最优，实现物流领域的全民数字化管理和智慧决策过程。

其中的路径规划，体现得更为明显。顺丰拥有庞大的干支线线路、车辆，要实现人、车、货的精准匹配和智慧调度，单靠人工规划极其困难。而基于云原生大数据平台，加上大数据算法，顺丰的车辆调度系统可以实现路径规划和车辆调配的智慧化。据顺丰科技相关人士透露，这种智慧规划比人工规划可以提升 10%～30% 的车辆利用率。

思考：数据平台对于提高运输效率起到什么作用？

业务知识

智慧运输系统（Intelligent Transportation System，ITS）的产生起源于汽车和公路交通运输的发展。随着汽车普及率的提高和公路交通需求的增加，交通拥挤问题日益突出，公路和城市道路运输的效率受到制约。为解决这一矛盾，各国纷纷加大了道路建设的力度。与此同时，为缓解新建公路和道路在土地占用、城市改造和建设资金等方面的压力，提高现有道路、公路网络的运输能力和运输效率，成为解决交通运输问题的一个重要途径。公路智慧运输系统便是在这种背景下得以开发和应用的，并向其他运输方式加以推广。本项目将介绍智慧运输的基本概念与特点、体系构成以及智慧运输方式的分类及特征。

一、智慧运输的概念与特点

（一）智慧运输的概念

智慧运输是指利用先进技术（如人工智能、大数据、物联网等）来优化交通和物流系统，以提高效率、安全性和可持续性的一种创新型运输方式。它通过人、车、路的和谐、密切配合提高交通运输效率，缓解交通阻塞，提高路网通过能力，减少交通事故，降低能源消耗，减轻环境污染。

（二）智慧运输的特点

1. 有效连接运输供应链各要素

在运输供应链中，发货人、收货人、承运商、货站以及货车驾驶员等要素处于动态变化之中。将这些常变要素便捷、高效地接入系统，对生产制造、分销企业和运输物流企业提升货主物流信息服务能力、强化社会化运输网络管理至关重要。智慧运输系统能够提高订单响应处理能力和调度配载效率，借助网络和云平台实现各方信息的精准传递，达成全链路信息透明。

2. 集成先进技术

将先进的信息技术、计算机技术、数据通信技术、传感器技术、电子控制技术、自动控制技术、运筹学、人工智能等多学科成果综合应用于交通运输、服务控制和车辆调度领域。通过加强车辆、道路与使用者之间的联系，构建起一种定时、准确、高效的新型综合运输系统。

3. 以数据为支撑进行全面控制

智慧运输系统的数据采集层负责采集各种终端设备产生的 RFID（射频识别）数据、GPS

（全球定位系统）定位数据以及非结构化的视频和图片数据，经智慧算法处理后输出结构化信息数据，并整合园区、车辆、货主等数据。通过大数据挖掘系统进行数据分析，在此基础上实现对物流运输过程的全面调控。

二、智慧运输的体系构成

参考中国智能交通系统（ITS）体系框架，综合考虑交通运输管理和物流运输产业发展的内容要求，可将智慧物流运输体系划分为运营管理、智慧驾驶、交通管理、电子收费、交通信息服务、交通运输安全六个部分。

（一）运营管理

运营管理主要通过建设智慧物流运输运营管理平台实现运输业务的信息化、智慧化管理，主要服务于物流运输企业。

智慧物流运输运营管理平台通过建立标准化的数据通道，将所有与业务有关的信息连接，实现了货主、收/发货方、中小型第三方物流企业、车主、司机信息互联互通，确保了供应链全线物流资源的高效协同。智慧物流运输运营管理平台可以实现在同一信息平台的运营与管理，明确业务操作及岗位分工，有效提高车辆智慧调度、全程可视化管理、车辆实时监控、成本管理等方面的管理水平。智慧物流运输运营管理平台功能模块如图 1-1 所示。

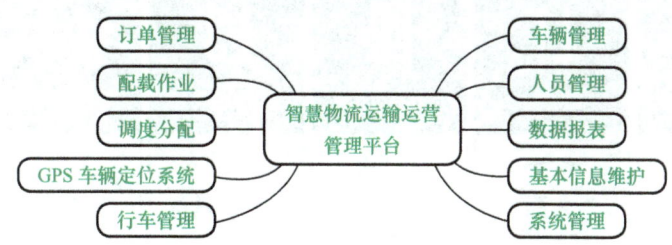

图 1-1　智慧物流运输运营管理平台功能模块示意图

智慧物流运输运营管理平台主要包括订单管理、配载作业、调度分配、GPS 车辆定位系统、行车管理、车辆管理、人员管理、数据报表、基本信息维护、系统管理等功能模块。该系统对车辆、驾驶员、线路等进行了全面、详细的统计考核，实现了运输企业的信息化、数字化和智慧化管理，能够提高运作效率，降低运输成本。

车货供需匹配是智慧物流运输运营管理的核心内容。车货供需匹配是指基于信息平台将车源方信息库与货源方信息库进行对比分析，按照"供需呼应"的原则为车主或货主从数据库中选出符合与需求方条件最匹配的信息并输出给用户，从而实现车与货的良好匹配。

（二）智慧驾驶

以道路（航道）智慧化为基础，遵循交通基础设施与车（船）载系统协调配合的理念，实现车辆（船舶）辅助驾驶及特定条件下的智慧驾驶，可以从根源上减少由于人的失误操作而引发的交通问题，提高交通运输的安全性和运行效率。基于视觉的环境感知、多传感器融合技术和自动驾驶技术是智慧驾驶的发展方向。

1．基于视觉的环境感知

基于视觉的环境感知主要应用于驾驶员状态监测。环境感知包括传感器、感知和定位三个方面。传感器有摄像头、毫米波雷达、激光雷达及超声波等,可以安置于车辆上发挥采集数据、识别颜色、测量距离等作用。智慧汽车利用传感器数据实现智慧驾驶,需经感知算法处理,换算成数据结果以实现车、路、人等信息交换,使车辆能自动分析行驶安全状态,按人的意愿实现智慧驾驶,达到无人驾驶的目标。

2. 多传感器融合技术

多传感器融合技术主要应用于汽车安全辅助驾驶系统。不同的传感器发挥的作用不同,多个传感器扫描到的数据要形成一个完整的物体图像数据,需要使用多传感器融合技术,通过该技术可以实现对车辆周围环境的全面感知和建模。多传感器融合技术通过将摄像头、毫米波雷达和激光雷达等传感器的数据进行融合,可以构建出高精度的地图信息,包括道路形状、车道线、交通标志等,这对于自动驾驶车辆的路径规划和导航至关重要。

3. 自动驾驶技术

自动驾驶技术是智能网联汽车的核心,其发展依赖于多项前沿技术的突破,包括人工智能、计算机视觉、激光雷达、毫米波雷达、高精度地图和定位技术等。自动驾驶技术通过感知周围环境,可以实时做出驾驶决策,从而实现车辆的自主行驶。

美国汽车工程师学会(SAE)将自动驾驶技术分为六个等级,具体如图 1-2 所示。

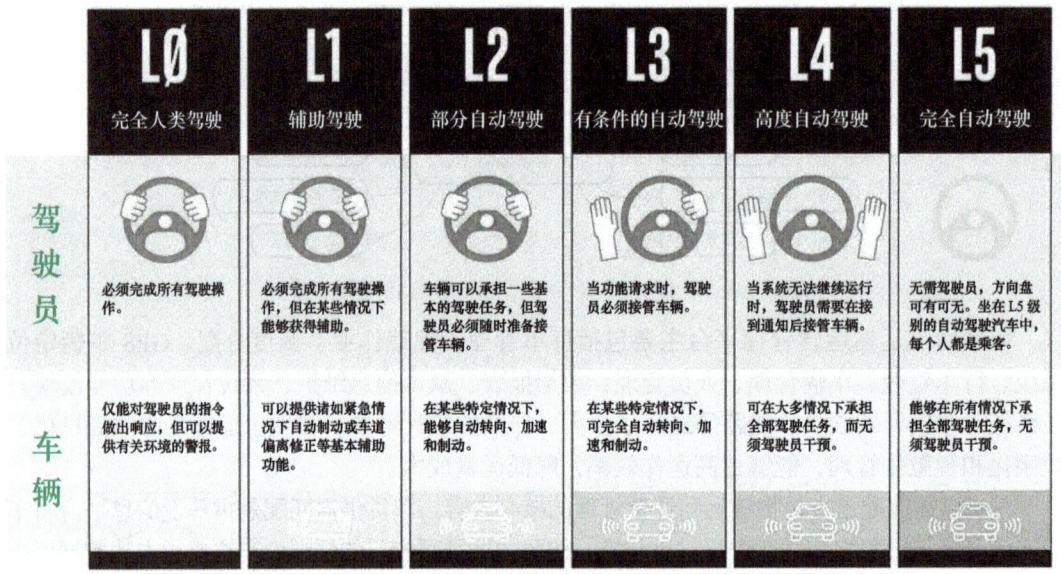

图 1-2 自动驾驶技术的分级

> **智慧物流**
>
> **中国自动驾驶发展历程**
>
> **第一阶段:20 世纪 80 年代—2015 年,单车智慧**
>
> 20 世纪 80 年代,我国开始对自动驾驶汽车进行初步探索。1987 年,国防科学技术大学(现国防科技大学)研发了我国首辆自动驾驶小车。2003 年,国防科学技术大学与一汽集团合作,研发了红旗旗舰 CA7460 自动驾驶平台,标志着我国第一辆自动驾驶汽车落地。

这一阶段探索主要以单车自主式智慧为技术手段，通过传感技术实现L2/L2+级别自动驾驶（组合驾驶辅助），但由于传感器的探测范围和精度有限，很难实现L2到L3（有条件自动驾驶）的跨越。

第二阶段：2015—2019 年，车路协同

2015年，《中国制造2025》首次提出智能网联汽车概念，并将上海列为我国首个智能网联汽车示范区，我国自动化驾驶方案由单车智慧向车路协同转变。这一阶段，智能网联成为自动化驾驶的重要发展方向，车端和路端的感知与决策共同支撑自动化驾驶，而车端的数据同步于路端，也推动了智慧交通建设。

2017年，工业和信息化部和国家标准化管理委员会发布《国家车联网产业标准体系建设指南（智能网联汽车）（2017）》，提出到2025年，系统形成能够支撑高级别自动驾驶的智能网联汽车标准体系。

第三阶段：2019 年至今，车路云一体化

2019年，中国工程院首次提出车路云一体化概念，在车路协同的基础上引入云端和其他支撑平台，通过利用地图、气象等平台信息实现更安全可靠的自动化驾驶，是智能网联汽车"中国方案"产业化落地关键，同时也是智慧交通、智慧城市的重要解决方案。

2024年1月，工业和信息化部、公安部、自然资源部、住房和城乡建设部、交通运输部五部委联合发布开展智能网联汽车"车路云一体化"应用试点工作通知，提出要坚持"政府引导、市场驱动、统筹谋划、循序建设"的原则，建成一批架构相同、标准统一、业务互通、安全可靠的城市级应用试点项目，我国车路云一体化建设进入快车道。

（三）交通管理

交通管理作为智慧物流运输体系框架中的重要组成部分，主要服务于交通管理者，包括交通动态信息监测、交通需求管理、交通控制、交通事件管理、勤务管理、交通执法等方面。

交通动态信息监测指通过高科技手段，实时监测在时间和空间上不断变化的交通流信息，如交通流量、车速、占有率、车头时距和旅行时间等。

交通需求管理和交通控制是交通管理的两种模式。交通需求管理是对交通源的管理，是一种政策性管理，控制货车进城、车辆单双号通行以及收取拥堵费等均属于交通需求管理。交通控制是对交通流的一种技术性管理，通过管理道路交通基础设施及合理管制与引导交通流提高道路通行效率。交通控制策略包括节点交通控制（如信号控制交叉口）、干线交通控制（如绿波带）以及区域交通控制。

> **行业新知**
>
> **干线交通控制——绿波带**
>
> 绿波带就是在指定的交通线路上，当规定好路段的车速后，要求信号控制机根据路段距离，把该车流所经过的各路口绿灯起始时间做相应的调整，这样一来，可以确保该车流到达每个路口时正好遇到"绿灯"。

交通事件管理和勤务管理等属于交通管理的基础需求。交通执法方面，执法记录仪已成为基层交通管理部门的标配,能够实时、便捷地收集有效证据,保障执法人员和执法对象的权益,有效规范执法行为,促进执法水平的提升。

(四)电子收费

电子收费系统(即ETC系统)主要应用于高速公路不停车收费。ETC系统在20世纪80年代开始兴起,20世纪90年代在世界各地得到广泛使用,受到了各国政府和企业的重视。ETC系统主要涉及车辆自动识别、车型自动分类和视频稽查三种功能,具体功能如图1-3所示。

车辆自动识别
- 车辆自动识别功能是电子收费系统的关键部分,主要任务是精确完成车辆身份的有效识别。当待收费车辆行驶到特定区域时,系统就会自动识别车辆身份。实现该功能通常采用射频识别、光学、红外和微波等技术。

车型自动分类
- 高速公路上对不同车型的收费标准也不相同,故需要对车型进行精确判断。该功能除了采用图像识别技术,通常还需融入激光扫描分型和光幕检测技术,从而提高车型识别的准确率。此外,还有基于红外检测和压力传感器相结合的车型自动分类系统。

视频稽查
- 视频稽查指对通过换卡、倒卡或闯卡偷逃高速公路通行费的车辆进行跟踪查控,甚至能对超限、超宽车辆进行监测报警。该功能主要采用视频图像分析技术。

图1-3 ETC系统的三种功能

此外,随着移动互联网的发展,电子收费理念还应用于停车收费领域。停车场入口和出口的检测单元将车辆的进场信息和出场信息传到服务器,服务器经过计算将消费信息以二维码形式发送至停车场出口的电子收费设备,车主通过第三方支付平台扫描二维码进行付款,提高了停车收费效率,降低了管理成本。

(五)交通信息服务

交通信息服务主要指向驾驶员传递有用的交通服务信息,包含出行前信息服务、行驶中驾驶员信息服务、途中公共交通信息服务、途中其他信息服务、路径诱导与导航以及个性化信息服务等。

交通信息服务领域的发展主要体现在信息类型和发布手段的不断丰富和多样化。目前,驾驶员可通过手机短信接收目的地天气或休闲娱乐信息,可通过手机导航软件快捷准确到达目的地,可在途中通过广播、电视、微信和微博等多种手段接收各类交通信息,根据自身需求恰当选择行驶路线及时间。随着云计算和大数据技术的应用,交通信息服务也越来越准确、智慧和及时,让运输行驶变得更科学、更高效。

(六)交通运输安全

交通运输安全主要指各种道路的安全管理。道路安全管理包括道路安全工程和道路安全审查。道路安全工程应确保道路具备较完善的安全设施,除路面标识、标线和视线诱导设施清晰醒目外,在必要的地段和路侧需设置防撞栏杆,能使失控车辆平滑地改变方向,防止危及其他车辆，保障人身安全。道路安全审查旨在确定道路潜在的安全隐患，确保考虑合适的安全对策，使安全隐患得以消除或以较低代价降低其负面影响，保障道路在规划、设计、施工和运营各阶段均考虑安全需求。

三、智慧运输方式的分类及特征

（一）智慧运输方式的分类

根据不同的运输方式进行分类，智慧运输包括以下几种。

1. 智慧公路运输

在智慧公路客运领域，利用先进技术和数据分析实现公路客运系统的优化、智慧调度和乘客服务提升，如实时公交车跟踪、智慧票务系统等。

在智慧公路货运领域，通过智慧物流管理系统、自动化仓储技术、智慧运输工具等手段，可提高货物运输的效率和可视性。

2. 智慧铁路运输

智慧铁路运输关注于铁路系统的数字化转型，包括列车调度优化、智慧信号系统、高铁自动驾驶等技术的应用，可提高铁路运输的效率和安全性。

3. 智慧水路运输

在智慧水路运输领域，利用先进的航海技术、无人船舶技术等，提高船舶的自主导航、海事监控和安全性能，推动水上运输行业的智慧化发展。

4. 智慧航空运输

智慧航空运输涉及航空业的机场运营、飞行管理、空中导航等方面。在智慧航空运输领域，通过智慧飞行控制系统、无人机技术等，可提高航班安全性和飞行效率。

（二）智慧运输方式的特征

1. 数字化与自动化

智慧运输方式依赖数字技术和自动化系统，实现信息的实时收集、处理和反馈，从而提高效率和准确性。

2. 实时监控与优化

智慧运输系统具备实时监控功能，可根据数据分析结果对交通流量、车辆状态等进行实时优化和调整。

3. 智慧决策支持

基于大数据和人工智能技术，智慧运输系统提供智慧决策支持，帮助管理者做出更加有效的决策，提高运输效率和安全性。

4. 环境友好与可持续

智慧运输方式注重绿色环保，采用绿色能源，推行共享经济模式等，以减少碳排放，实现可持续发展目标。

学习任务

通过本单元的学习,请完成以下学习任务。

学习任务清单

任务内容	任务要求	验收方式
智慧运输的概念	能够说出智慧运输的特点	口头表述
查找智慧运输的特点	对查找结果进行分析并形成案例报告	案例报告
选择日常中两种智慧运输方式的应用案例,分析其特征	能根据智慧运输方式的分类进行特征分析	案例报告
对案例报告进行讲解说明	选派成员选择相应的形式对案例报告进行展示	成果展示

拓展活动 雄安未来城市物流配送:智慧高效、集约共享

无人车穿梭于地下隧道或大直径管道,连接城市物流中心及市内商超、仓库、工业园、末端站点;输送管道将包裹从地下集送中心输送至住宅楼及写字楼,实现无人化送货入户……如果描绘未来的雄安新区,集约、智慧、共享的物流体系无疑是人们关注的热点。

雄安新区《关于推进交通工作的指导意见》提出:"鼓励应用自动驾驶、无人设备等新技术开展物流配送,推动载具升级。"旨在探索智慧高效、集约共享的城市物流配送体系,为城市物流配送提供高效便利的通行和停靠条件,鼓励发展物流共同配送,促进资源集约共享,推动新区物流健康发展。

活动要求: 请你运用互联网查找资料,梳理雄安新区未来的物流发展设想,分析未来智慧运输如何更好地服务雄安新区地方区域经济,形成小组报告。各小组选派成员针对报告进行分析讲解,进行团队成果展示。

课后一思

智慧运输展现了科技的魅力,科技也让生活更美好。作为消费体验者,请思考在学习过程中该如何理解"科技改变生活,科技振兴中国"。

单元二 认识智慧运输装备

案例导入

常州首批"无人快递车"上路服务

4台无人驾驶小车从顺丰速运新北区新桥营业点出发,一路畅行,直奔高新广场、腾龙广场、常州工学院辽河校区、碧桂园壹号天禧等接驳点。同时,另外两台无人车在顺丰河海网点开始运行。这些无人车集L4级自动驾驶、人工智能、车联网等技术于一体,满载质量1000千克,满电续航200千米,依托自动换电技术,可实现24小时不间断运营。无人配送车相关负责人介绍,该车主要在辅道行驶,会根据红绿灯的变化通过路口,遇到车辆或者其他交通参与物时会进行避让,行驶速度约为25千米/时。

经过前期测试，此次顺丰速运在新北区投放的无人配送车覆盖新桥、河海两个顺丰网点，运行五条线路，承担网点到驿站的短驳中转运输，单日单台配送快递可达千件。有了无人车的帮助，现在快递点每天可节省 2 小时左右的时间，派送效率提升 2 至 3 倍。

思考： 与传统快递车相比，"无人快递车"有什么优势？

业务知识

当前，以互联网为代表的信息技术正与交通运输领域深度融合，超级铁路、自动驾驶、新能源车船、无人机（车、船）等智慧化交通基础设施和技术装备成为各国竞相角逐的热点，交通运输新模式、新业态、新产业不断涌现并焕发出强大的生机活力。加快智慧运输发展，对于推动物流行业高质量发展，加快建设交通强国，具有十分重要的意义。

一、智慧运输装备的概念与特征

（一）智慧运输装备的概念

微课 01
公路运输车辆

智慧运输在智慧交通的基础上，充分利用物联网、空间感知、云计算、人工智能等新一代信息技术，综合运用交通科学、系统方法、人工智能、知识挖掘等理论与工具，以全面感知、深度融合、主动服务、科学决策为目标，通过构建实时动态信息服务体系，深度发掘物流运输相关数据，进而形成问题分析模型，实现行业资源配置优化、公共决策、行业管理、公众服务等能力的提升。推动物流运输朝着更安全、更高效、更便捷、更经济、更环保、更舒适的方向运行和发展，引领物流运输相关产业实现转型与升级。

智慧运输装备是实现智慧物流运输的基础。只有实现运输装备智慧化升级改造，才能在运输中实现信息实时感知、资源集成调配和运行智慧控制，达到智慧物流运输目标。智慧运输装备指应用先进技术，融合现代通信与网络技术，具备复杂环境感知、智慧决策、协同控制等功能，可实现自动化、智慧化、无人化运行的运输装备。

（二）智慧运输装备的特征

1．环境感知与实时通信

智慧运输装备在运行过程中，能够实时感知周边的环境状况，包括汽车、行人、道路、信号灯等，并将信息实时传递到运算中心。

2．人工智能算法与智慧决策

车载或后台运算中心基于收集到的数据，能够运用人工智能算法进行智慧决策判断，并发出运行指令。

3．自动化控制与无人化运行

智慧运输装备能够进行充分的人机交互，辅助进行装备行驶控制，或根据人的意图进行自动控制、自动行驶，有的甚至能够做到无人化行驶。

4．安全性与可靠性

通过人工智能、自动控制，智慧运输装备在运行时可以具备高度的安全性，减少人工驾驶失误。同时，安全性与可靠性也是智慧运输装备落地的基本前提。

二、智慧运输装备的分类

智慧运输装备按照运输方式不同可分为以下四种类型。

（一）智慧公路运输装备：智能网联汽车

智能网联汽车（ICV），搭载先进的车载传感器、控制器、执行器等装置，融合现代通信与网络技术，能够与车、路、人、云等进行智慧信息交换、共享，具备复杂环境感知、智慧决策、协同控制等功能，可实现安全、高效、舒适、节能甚至无人驾驶。智能网联汽车生态链如图 1-4 所示。

图 1-4　智能网联汽车生态链

（二）智慧铁路运输装备：无人驾驶轨道列车

无人驾驶轨道列车，采用高度自动化的先进轨道列车控制系统，由轨道控制中心用大型电子计算机监控整个线路网的站际联系、信号系统、列车运行、车辆调度等，可完全实现无人化、全自动化运行。

（三）智慧水路运输装备：智能船舶

智能船舶，通过利用传感器、通信、物联网等技术，可以实现自动感知和获得船舶自身、海洋环境、物流、港口等方面的信息和数据，并基于计算机技术、自动控制技术和大数据处理和分析技术，可在船舶航行、管理、维护保养、货物运输等方面实现智慧化运行。

（四）智慧航空运输装备：无人机

无人机是指利用无线电遥控设备和自备的程序控制装置操纵的不载人飞机。这些装置允许飞机实现自主或半自主的飞行，而不依赖于传统的飞行员操作。根据不同的应用需求，无人机可以分为多种类型，如无人固定翼飞机、无人垂直起降飞机、无人飞艇、无人直升机、无人多旋翼飞行器、无人伞翼机等，如图 1-5 所示。

图 1-5　各种类型的无人机

三、智慧运输装备技术架构及应用

（一）智能网联汽车

1．技术架构

智能网联汽车集中运用了汽车工程、人工智能、计算机、微电子、自动控制、通信与平台等技术，涉及汽车、信息通信、交通等诸多领域，是一个集环境感知、规划决策、控制执行、信息交互等于一体的高新技术综合体。

智能网联汽车技术架构较为复杂，可划分为"三横两纵"式技术架构："三横"是指智能网联汽车主要涉及的车辆/设施、信息交互与基础支撑三个领域技术，"两纵"是指支撑智能网联汽车发展的车载平台和基础设施。智能网联汽车的技术架构如图 1-6 所示。

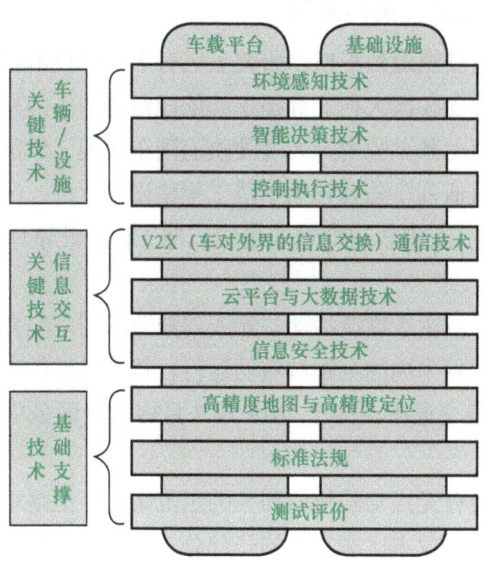

图 1-6　智能网联汽车的技术架构

2. 在干线物流运输领域的应用场景

基于人工智能的自动驾驶系统在物流领域的应用，可切实减少交通事故的发生，降低碳排放，使长途货运更具安全性、绿色性与清洁性。此外，自动驾驶能够通过节省油耗以及人力成本，大幅降低物流运输成本。

自动驾驶货车是智能网联汽车在物流领域的主要呈现形式。从自动驾驶货车企业的运营状况来看，其商业化的场景应用主要涵盖封闭场景（包括干线物流场景与场内物流场景）、非封闭场景以及全场景运营。

以高速公路为主的干线物流市场规模庞大，对自动驾驶的需求也极为旺盛，是当前最大的货运场景之一。在这样的封闭场景中运行，由于路况较普通公路更为简单，不可控因素相对较少，自动驾驶技术相对容易实现落地，且其产值较高，故而成为众多企业激烈角逐的理想商业场景。同时，该场景也被认为是目前最有可能实现大规模盈利的场景，并且自动驾驶技术恰好能够有效解决长途运输中的一些痛点问题，比如降低驾驶员的工作强度等。

（二）无人驾驶轨道列车

1. 技术架构

全自动无人驾驶系统较以往系统相比，地面新增部分设备及车辆调度和乘客调度；车载新增全自动驾驶车载设备、紧急呼叫按钮、障碍物探测器、车头视频监控系统（CCTV）等；同时对于系统原有的行车调度及综合监控系统车站站台门控制系统、通信系统、视频监控系统等设备的功能进行增强。其中，信号系统增设的设备主要包括列车唤醒模块、选择性开关门控制盘（PSL）、作业封锁开关（SPKS）、智慧化列车自动控制系统（ATC）设备等；同时，车载列车数据管理系统（TDMS）和车载列车自动驾驶子系统（ATO）设备均按冗余方式配置。

2. 无人驾驶轨道列车的应用与发展

目前，国内外在无人驾驶轨道列车技术研究上已有丰富的技术积累和工程运行经验。在国外，英国、法国、德国、丹麦和澳大利亚等国家都依托自身的条件和技术建设了无人驾驶轨道列车。在我国，目前已经有七条试验用无人驾驶轨道列车实现了示范性运行。其中，我国自主知识产权经营的无人驾驶轨道列车陆续开始示范工程建设并运行，这些线路分别是香港南港岛线、上海轨道交通10号线、上海轨道交通8号线三期工程、北京地铁燕房线、上海轨道交通浦江线等。

无人驾驶轨道列车也可应用于物流活动。无人驾驶轨道列车配合站台货物自动装卸与分拣系统，能够实现物流从干线到末端的全领域自动运行，具有良好的应用前景。例如，北方北斗基础设施投资有限公司轨道交通事业部于2019年7月启动建设金华—义乌—东阳市域轨道交通无人驾驶智慧物流项目。

虽然目前国内外都已经有无人驾驶轨道列车的示范案例，但是总体来说，无人驾驶轨道列车在整个轨道列车运行行业中仅占比非常小的一部分。随着人工智能的飞速发展和在交通行业中应用成熟度越来越高，人工智能在轨道交通中的应用将是无人轨道交通发展的必经之路。

（三）智能船舶

1. 技术架构

智能船舶是一个庞大且复杂的系统，涉及船舶设计与制造、传感器技术、智慧决策、海上通信、岸基遥测遥控和气象海况预报等诸多理论和技术。智能船舶的关键技术主要包括船舶智慧控制系统、船舶通信系统和岸基支持系统三部分。

（1）船舶智慧控制系统。船舶智慧控制系统包含多方面的内容，如进出港、系泊、智慧航行等。

船舶的系泊系统分为全自动和半自动两种，目前多数普通运输船舶采用的都是半自动系统，即船舶与码头的连接可自动进行，但需操作员来确保对接，智能船舶的系泊系统无人参与，因此对系统的精确度要求极高。

（2）船舶通信系统。智能船舶通信系统融合多种技术，实现船舶内外信息高效交互，主要技术包括卫星通信、无线通信、宽带通信、导航与定位通信、传感器与物联网通信等。

系统通过整合多模态通信技术，能够提升船舶智能化水平，增强安全性、运营效率与环保性能。

（3）岸基支持系统。岸基支持系统指的是船舶公司为船舶提供资源、技术支持的基站，对于智能船舶而言，岸基支持系统具有比普通船舶更多的功能，如远程遥控、船舶控制器的更新等。

2. 智能船舶的应用与发展

目前我国智能船舶主要以集装箱船、散货船、油船等运输船为重点，开展船舶自主航行、能效监测与优化控制、货物状态监控与优化配载、船体及设备系统全生命周期状态监控与管理等智能船舶技术的推广应用。

作为数字与智慧技术时代的新兴领域，智能船舶已成为全球航运业的趋势性发展方向，关系到整个船舶行业的升级革新。现阶段，日本、韩国以及欧洲多国均将智能船舶视为重点发展领域，相继发布多份指导性战略文件，并在船舶智慧系统、智慧航行、岸基远程驾控、船舶编队航行等领域开启了一系列关键性技术研究项目，旨在抢占未来智能船舶技术高地，获得未来"无人船"时代发展先机。

作为航运大国，我国在积极推动智能船舶技术的发展。2018年12月，我国工业和信息化部、交通运输部、国防科工局联合发布了《智能船舶发展行动计划（2019—2021年）》，该计划对我国智能船舶未来数年的发展做出了规划。2019年5月，交通运输部等7部门联合发布的《智能航运发展指导意见》对智能船舶的定义、分级标准、系统架构、技术体系和发展路线图等基础性和宏观战略性问题进行了分析。在智能船舶的定义和规范方面，我国走在了世界前列，并且体系更为全面。

（四）无人机

1. 技术架构

无人机主要由飞控系统、导航系统、动力系统、通信链路系统等部分构成。

（1）飞控系统：是无人机完成起飞、空中飞行、执行任务等整个飞行过程的核心系统，相当于飞行器的"大脑"，要求具有高稳定性、精确性。飞控系统一般包括传感器、机载计算机和伺服传动设备三大部分，主要实现无人机姿态稳定和控制、无人机任务设备管理和应急控制三大功能。无人机飞控系统的构成及性能如图1-7所示。

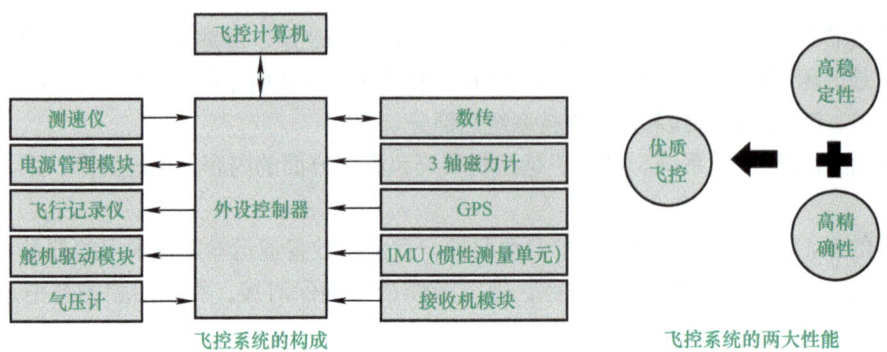

图1-7 无人机飞控系统的构成及性能

（2）导航系统：为无人机提供参考坐标系的位置、速度、飞行姿态等信息，引导无人机按照指定航线飞行，相当于无人机的"眼睛"。无人机机载导航系统主要分为GPS和惯性制导两种，但分别有易受干扰和误差积累增大的缺点。未来无人机的发展要求具备障碍回避、物资或武器投放、自动进场着陆等功能，需要高精度、高可靠性、高抗干扰性能，因此多种导航技术结合的"惯性+多传感器+GPS+光电导航系统"将是未来发展的方向。

（3）动力系统：无人机目前广泛采用的动力装置为活塞式发动机，但活塞式只适用于低速、低空小型无人机。低空无人机一般使用涡轴发动机，高空、长航时的大型无人机一般使用涡扇发动机，微型无人机（多旋翼）一般使用电池驱动的电动机。

随着涡轮发动机推重比和寿命的提高、油耗的降低，涡轮将取代活塞成为无人机的主要动力机型，太阳能、氢能等新能源电动机也有望为小型无人机提供更持久的生存力。

（4）通信链路系统：是无人机的重要技术之一，负责完成对无人机遥控、遥测、跟踪定位和传感器传输，上行数据链实现对无人机遥控，下行数据链执行遥测、数据传输功能。普通无人机大多采用定制视距数据链，而中高空、长航时的无人机则都会采用视距和超视距卫通数据链。

现代数据链技术的发展推动着无人机数据链向着高速、宽带、保密、抗干扰的方向发展，无人机实用化能力将越来越强。随着机载传感器、定位的精准程度和执行任务的复杂程度不断提升，对数据链的带宽提出了很高的要求，未来随着机载高速处理器的高速发展，射频数据链的传输速率将成倍增加，在全天候要求低的领域可能还将出现激光通信方式。

2. 无人机在物流运输中的应用与发展

（1）大载重、中远距离支线无人机运输：送货的直线距离一般在100～1000千米，吨级载重，续航时间达数小时。应用场景主要有跨地区的货运（采取固定航线、固定班次，标准化运营管理）、边防哨所、海岛等物资运输以及物流中心之间的货运分拨等。

（2）末端无人机配送：空中直线距离一般在10千米以内（对应地面路程可能达到20～30千米，受具体地形地貌的影响），载重在5～20千克，单程飞行时间在15～20分钟，易受天气等因素影响。应用场景主要包括派送急救物资和医疗用品、派送果蔬等农土特产物品等业务。

无人机在物流行业的应用前景广阔，但要实现大规模商用还需继续在技术、市场和政策等方面不断突破。

学习任务

通过本单元的学习，请完成以下学习任务。

学习任务清单

任务内容	任务要求	验收方式
找出两种不同类型智慧运输装备在国内的具体应用案例，并谈谈对你的启发	结合智慧运输装备的应用场景，进行案例分析与优化学习，并形成案例报告	案例报告
对案例报告进行讲解说明	选派成员选择相应的形式对案例报告进行展示	成果展示

拓展活动　美团第四代无人机正式亮相

2023 年 7 月 5 日，美团第四代无人机正式亮相。据介绍，这是一款用于城市低空配送网络的小型多旋翼无人机，最大载重 2.5 千克，最大起飞重量 9.5 千克，满载最大配送半径达 5 千米，满载最大配送距离达 10 千米。美团第四代无人机采用了六轴飞行器，相比上一代采用了可折叠设计，折叠后尺寸降低 49%；此外，该无人机将噪声降低了 50%。它支持 −20℃至 50℃运行，最高工作海拔为 2000 米，可抗中雨、中雪，最大抗风能力达 7 级。该无人机还配有智慧降落伞，可以从顶部弹射，当飞机遇到问题时会自动开伞。

活动要求：通过阅读材料并运用互联网查找资料，分析美团无人机对物流行业发展及百姓生活的影响，并形成小组报告。各小组选派成员针对报告进行分析讲解，进行团队成果展示。

课后一思

智慧运输设备的发展，充分展现了科技赋能物流的优势，同时也让我们的生活更美好。作为强国路上的物流奋斗者，请思考智慧运输设备的普及给我们日常生活带来了哪些便利。

单元三　智慧运输路线规划

案例导入

苏宁物流智慧运输路线技术设计

苏宁运用大数据技术，在天眼系统中研发了运输路线规划和动态调整系统模块，运用人工智能代替传统的调度员决策的模式，优化了现有的运输网络布局和路线，充分发挥了有效的运输生产力，实现了运输里程最短、成本最低、服务时效最优。

运输路线规划中首先要解决的问题是如何确定运输需求。正常情况下只有用户下单后，运输需求才算真正确定，而此时距离真正的运输已经只有几个小时，这个时候再去调整运输路线，需要重新安排临时车辆，成本高、管理难度大，很难实施，所以需要提前预知运输需求。

但预测的运输需求并不能保证百分百准确，因而需要定期对现有的路线进行评估，当运输需求发生变化时，运输路线也会同步做出调整，为此，苏宁做了如下技术方案。

一是用机器学习算法预测运输货量需求；二是根据货量需求规划最优路线；三是建立机器学习模型预判路线货量异常，建立动态模型根据实际货量对运输路线进行调整；四是建立路线评估模型，一旦发现不合适的运输路线，及时做出调整。

思考：智慧运输路线规划对物流系统起到了什么作用？

业务知识

一、智慧运输路线规划概念及技术手段

（一）智慧运输路线规划概念

智慧运输路线规划是指运用先进的信息技术和数据分析方法，结合各种条件因素，通过算法模型和优化策略，在满足货物运输需求的前提下，确定最优的运输路线。智慧运输路线规划可以提高运输效率，缩短运输时间，减少燃料浪费，同时也可以避免交通拥堵，提高运输的安全性。

（二）智慧运输路线规划的技术手段

1. 物联网技术

物联网技术可以实现物流信息的实时监测和数据的采集，为智慧运输路线规划提供实时的输入数据。物联网技术可以监测货物的位置、温度、湿度等信息，并将这些信息与运输路线规划相结合，制订出最优的运输方案。

2. 大数据分析

大数据分析技术可以利用庞大的数据资源，通过算法模型和数学优化方法，对运输路线进行全面分析和评估。通过对历史数据和实时数据的深度挖掘，可以找到最佳的运输路径和最优的运输模式，从而提高运输的效率和减少成本。

3. 人工智能技术

人工智能技术可以模拟人类的思维和决策过程，通过自主学习和不断优化，可以在复杂多变的运输环境中做出最优的决策。人工智能技术可以应用在智慧运输路线规划的各个环节，例如货物装载优化、交通拥堵预测、运输风险评估等。

二、智慧运输路线规划的优势

（一）提高运输效率

智慧运输路线规划可以根据实时的数据和交通状况，选择最佳的运输路径和运输模式。这样可以避免交通拥堵和延误，提高货物运输的及时性和客户满意度。

（二）降低运输成本

智慧运输路线规划可以通过合理的规划和调度，减少行驶里程和燃料消耗，从而降低运输成本。同时，智慧运输路线规划还可以避免货物的损失和损坏，从而减少维修和赔偿费用。

（三）提升运输安全性

智慧运输路线规划可以通过实时监测和预警系统，对运输过程进行全面的监控和管理。一旦出现交通事故或其他紧急情况，系统会及时发出警报，并根据预设的应急预案，采取相应的措施，保障货物和人员的安全。

三、智慧运输路线规划步骤

智慧运输路线规划综合考虑多个因素，如货物的重量、体积、运输需求，车辆的速度、载重情况，道路的交通状况等，通过数学模型和优化算法找到最短、最快或最经济的路径。智慧运输路线规划的一般步骤如图 1-8 所示。

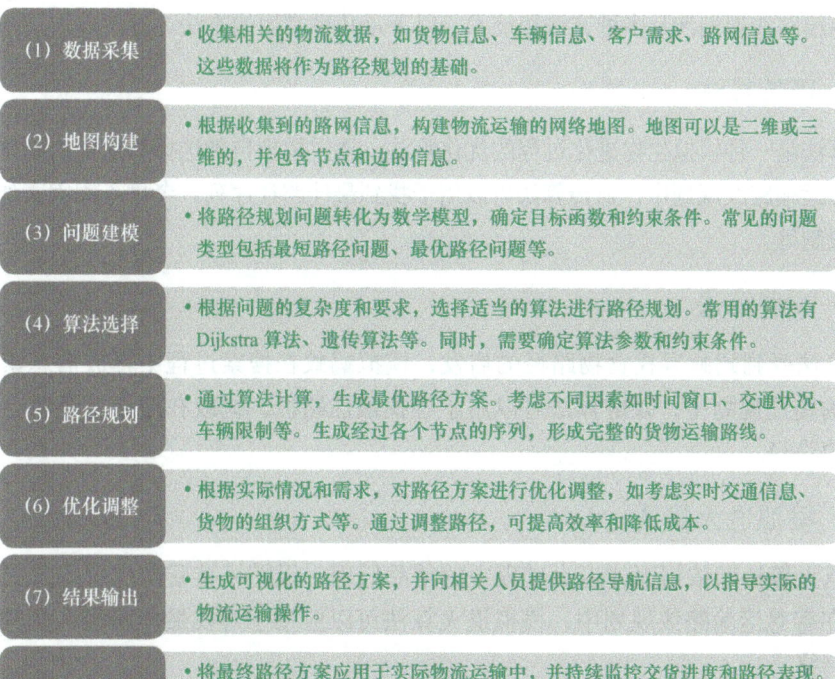

图 1-8　智慧运输路线规划的步骤

> **行业新知**
>
> ### 京东物流"与图"SaaS 平台
>
> 2022 年，京东物流正式上线数智化地图 SaaS 服务平台——"与图"。作为目前可提供全业务场景闭环的数智化地图服务 SaaS 平台，与图面向供应链中的智能选址、地址治理、智能分单、智能调度、路径规划、精准营销等上百个应用场景，可为供应链企业提供专业的数智化地图服务。
>
> 相比于普通的地图服务，与图具有"一张图"管理、高准确率地址服务、超水平智能分单、高效智能调度、实时位置监控、精准智能选址、开放平台赋能、大数据底座等八大核心能力，可以可视化供应链、线上化运营、智能化管理、数据化使能，打造极致的用户体验。

> 例如，与图能够以 SaaS 形态，为供应链领域的众多企业提供专业而简单的数智化地图服务，通过极速渲染与高效运算，帮助企业实现大数据"一张图"管理，如零售门店选址、售后网点及仓库分拣中心网点管理、客群分布、竞争对手分析等。超水准的智能选址、智能分单、智能调度能力也能帮助企业大幅提升大促期间全业务流程的效率，降低成本损失。此外，与图的大数据底座、智能选址功能与深耕供应链行业场景的开放赋能能力，也能以数据为依据，以场景为驱动，助力企业快速精准决策，真正实现降本增效。

四、智慧运输路线规划常用的方法

智慧运输路线规划涉及多种方法和技术，以下是几种常用的方法。

（一）遗传算法

遗传算法是一种模拟生物进化过程的优化算法，通过模拟自然选择和遗传机制来搜索最优解。在智慧运输路线规划中，遗传算法可以用于找到最佳路径序列，考虑不同因素如时间、成本、车辆限制等。

（二）蚁群算法

蚁群算法受到蚂蚁寻找食物路径的启发，模拟蚂蚁在搜索过程中释放信息素的行为。在智慧运输路线规划中，蚁群算法可以用于寻找最佳路径，蚂蚁在搜索路径时会选择信息素浓度高的路径。

（三）模拟退火算法

模拟退火算法即依据固体退火过程中的结晶原理，以随机接受次优解的方式寻找全局最优解。在智慧运输路线规划中，模拟退火算法可以应用于寻找最佳路径，尤其适用于大规模复杂网络。

（四）人工神经网络

人工神经网络是一种基于类比生物神经网络的计算模型，可以学习和识别复杂模式。在智慧运输路线规划中，人工神经网络可用于预测交通流量、分析历史数据并生成最佳路径。

（五）动态规划

动态规划是一种数学优化方法，通过将问题分解为子问题并存储中间结果来求得最优解。在智慧运输路线规划中，动态规划可以应用于路径优化、资源分配等问题。

（六）约束编程

约束编程是一种解决复杂问题的方法，它将问题定义为变量之间相互关联的约束条件。在智慧运输路线规划中，约束编程可用于处理各种限制条件，如时间窗口、车辆容量等。

学习任务

通过本单元的学习，请完成以下学习任务。

学习任务清单

任务内容	任务要求	验收方式
分析智慧运输路线设计具体步骤	结合智慧运输路线规划步骤说明具体企业的设计步骤	案例报告
查看常用运输路线规划算法的适用条件	结合智慧运输路线规划常用的方法说明常用算法的适用条件	案例报告
对案例报告进行讲解说明	选派成员选择相应的形式对案例报告进行展示	成果展示

拓展活动　智慧地图让樱桃"红"遍全国

为保障樱桃从田间枝头直达全国百姓的餐桌时能保持新鲜，顺丰通过科技优势增设运力支持，提升运输效率。散户果农可以通过智慧地图，迅速找到离自己最近的樱桃揽收点，为寄件提速。在樱桃中转场，智慧地图也同样发挥了很大作用，所有运送车辆的实时情况都可以在智慧地图上清晰呈现。顺丰通过实时计算，调整最优运输路线和制订解决方案，保证樱桃的实时运送。

智慧地图也为物流运输提供规避禁限行、里程合理、路桥费最优、时效保障的经验路线。在道路行驶过程中，智慧地图对车辆进行路线引导、指挥调度、过程管控。当驾驶员在运输过程中遇到管控和堵车的情况时，智慧地图可以立刻通过云计算重新规划运输路线。

顺丰为了满足果农与用户不断升级的需求，每年进行创新与努力，以樱桃项目为模板，让全国各地特色经济产品以最快的速度送达用户手中，为物流行业提供借鉴和参考。

活动要求：请各学习小组团队协助，通过阅读材料并运用互联网查找资料，梳理顺丰樱桃运输过程中，如何通过智慧运输规划，保障樱桃时效性，助力特色农产品走向全国，并形成小组报告。各小组选派成员针对报告进行分析讲解，进行团队成果展示。

课后一思

物流业实现量的快速增长、质的有效提升，得益于创新驱动发展战略逐渐落地的时代大潮下，全面数字化变革尤其是人工智能、大数据、物联网等技术的广泛应用，迸发出的强大创造力。作为强国路上的物流奋斗者，请思考智慧运输在其中起到了什么作用。

实训练习

一、单项选择题

1. 智慧运输是指利用先进技术（如人工智能、大数据、物联网等）来优化交通和物流系统，以提高效率、安全性和（　　）的一种创新型运输方式。

  A．可持续性 B．经济性 C．合理性 D．体验感

2. 基于视觉的环境感知、多传感器融合和（　　）是智慧驾驶的发展方向。

  A．无人驾驶   B．智慧驾驶技术

  C．自动驾驶技术   D．辅助驾驶技术

3. 大载重、中远距离支线无人机运输，送货的直线距离一般在 100～（　　）千米。

  A．1500 B．1200 C．1000 D．2000

4. 智慧运输路线规划可以通过合理的规划和调度，缩短运输时间，减少燃料消耗，从而降低（　　）。

  A．运输时间 B．运输效率 C．拥堵 D．运输成本

5. 智慧运输路线规划中，模拟生物进化过程的优化算法，通过模拟自然选择和遗传机制来搜索最优解的算法是（　　）。

  A．模拟退火算法   B．人工神经网络

  C．遗传算法   D．蚁群算法

二、多项选择题

1. 智慧运输具有（　　）特点。

  A．有效连接运输供应链各要素 B．集成先进技术

  C．以数据为支撑进行全面控制 D．高效协同

2. 智慧公路货运领域，通过（　　）等手段，提高货物运输的效率和可视性。

  A．智慧物流管理系统   B．增加管理人员

  C．智慧运输工具   D．自动化仓储技术

3. 智能网联汽车（Intelligent and Connected Vehicle，ICV），是指搭载先进的车载传感器、控制器、执行器等装置，并融合现代通信与网络技术，实现车与车、路、人、云等的智慧信息交换、共享，具备（　　）等功能。

  A．环境感知 B．智慧决策 C．协同控制 D．信息交换

4. 以下哪些装备属于智慧运输装备（　　）。

  A．智能网联汽车   B．无人驾驶轨道列车

  C．智能船舶   D．无人机

5. 智慧运输路线规划需要收集相关的物流数据，如货物信息、（　　）等。

  A．车辆信息 B．客户需求 C．路网信息 D．天气信息

三、简答题

1. 智慧物流运输体系划分为哪些部分？
2. 智能网联汽车应用于物流运输领域的难点是什么？需要重点解决哪些问题？
3. 简述智慧运输路线规划步骤。

模块二
前沿技术在智慧运输中的应用

学习目标

知识目标：
- 了解 5G 通信技术、大数据技术、人工智能技术的基本原理与特点。
- 理解 5G 通信技术在智能车联网和智能交通系统中的运用。
- 掌握大数据技术、人工智能技术在交通管理和运输调度中的应用。

能力目标：
- 能利用资料查阅法等方法对 5G 通信技术在无人驾驶中的运用进行分析并做出简单的说明介绍。
- 能够查阅相关资料，列举出大数据技术、人工智能技术在交通管理、交通运输中运用的案例，以及大数据技术、人工智能技术带给交通运输行业的影响，完成分析报告。

素质目标：
- 通过目标任务的完成，提升分析问题、解决问题的能力。
- 紧跟时代发展步伐，树立终身学习的观念，不断提高自身素质。

单元一 认识 5G 通信技术

案例导入

南宁 5G 智慧交通

广西南宁交管部门利用 5G 网络，将南宁路况视频数据传输到就近的 5G 边缘云端服务器上，利用云端部署的视频违法事件自动化检测应用（视觉 AI 模型），完成原始交通视频流的汇聚和计算，并快速输出交通违法结果，加快响应和处理速度，减少违法事件与逃逸的发生，提高道路交通智慧管理能力，从源头上降低事故风险，减少拥堵。

思考： 5G 通信技术在交通管理领域发挥了怎样的作用？

> 📊 **业务知识**

5G 通信技术，即第五代移动通信技术，是一种新一代的移动通信标准，它采用全新的网络架构和关键技术，能够提供更高的带宽、更低的延迟和更好的可靠性，以满足不断增长的移动通信和各行业智慧化发展的需求。在智慧交通方面，5G 通信技术可以提供更低的延迟和更高的带宽，实现更快的车联网数据传输和更准确的车辆控制，从而提高交通安全和交通效率。

一、5G 通信技术的基本概念及特点

（一）5G 通信技术的基本概念

5G 通信技术，即第五代移动通信技术（5th Generation Mobile Communication Technology），是一种基于新一代无线通信技术的发展趋势，它使用高频率波段、新型的天线技术和新型的编码技术，以提供更快的数据传输速度和更高的带宽。与 4G 通信技术相比，5G 通信技术的优点在于更低的延迟和更高的带宽，能够实现更快的数据传输速度和响应速度，从而能够支持更多的应用场景和更多的智能设备。

5G 通信技术的关键技术包括毫米波技术、MIMO（多输入多输出）技术、网络切片技术、低延迟技术和边缘计算技术等。

（二）5G 通信技术的特点

5G 通信技术是一种新型的无线通信技术，具有高速率、低延迟、大容量、广覆盖和多连接等特点。

1. 高速率

高速率是 5G 通信技术的最大特点之一，其理论峰值速率可达到 20Gbps。这意味着用户可以更快地下载和上传数据，同时也可以更快地访问互联网。

2. 低延迟

低延迟是 5G 通信技术的重要特点之一，其延迟时间可以降低到 1 毫秒以下。这意味着用户可以更快地响应网络请求，同时也可以更快地进行实时互动。

3. 大容量

大容量是 5G 通信技术的重要特点之一，这意味着更多的用户可以同时连接到网络，同时也可以更快地传输更多的数据。

4. 广覆盖

广覆盖是 5G 通信技术的重要特点之一，这意味着更多的地区可以接入 5G 网络，同时也可以更好地支持移动通信。

5. 多连接

多连接是 5G 通信技术的重要特点之一，其可以支持更多的设备同时连接到网络，这意味着更多的设备可以同时使用 5G 网络，同时也可以更好地支持物联网等新兴应用。

> **智慧物流**
>
> **数字时代中国如何为交通运输插上智慧"翅膀"？**
>
> 2019年，交通运输部发布了《数字交通发展规划纲要》，提出要抓住新一轮科技革命和产业变革的机遇，坚持推动高质量发展，坚持以人民为中心，坚持以创新为第一动力，促进先进信息技术与交通运输深度融合，以"数据链"为主线，构建数字化的采集体系、网络化的传输体系和智慧化的应用体系，加快交通运输信息化向数字化、网络化、智慧化发展，为交通强国建设提供支撑。
>
> **纲要提出的发展目标如下：**
>
> 到2025年，交通运输基础设施和运载装备全要素、全周期的数字化升级迈出新步伐，数字化采集体系和网络化传输体系基本形成。交通运输成为北斗导航的民用主行业，第五代移动通信（5G）等公网和新一代卫星通信系统初步实现行业应用。交通运输大数据应用水平大幅提升，出行信息服务全程覆盖，物流服务平台化和一体化进入新阶段，行业治理和公共服务能力显著提升。交通与汽车、电子、软件、通信、互联网服务等产业深度融合，新业态和新技术应用水平保持世界先进。
>
> 到2035年，交通基础设施完成全要素、全周期数字化，天地一体的交通控制网基本形成，按需获取的即时出行服务广泛应用。我国成为数字交通领域国际标准的主要制订者或参与者，数字交通产业整体竞争能力全球领先。

二、5G 通信技术在智能车联网中的运用

车联网是通过 5G 通信技术，实现车与云平台、车与车、车与路、车与人、车内等全方位网络连接，主要实现"三网融合"，即将车内网、车际网和车载移动互联网进行融合。

"5G+车联网"是网联化和智慧化发展的关键技术，只有在 5G 通信技术的支撑下，实现"网联化+智慧化"的技术融合与产业促进，才能真正走进智慧运输时代。5G 通信技术在智能车联网中的运用主要体现在以下四个方面。

（一）助推无人驾驶技术发展

5G 通信技术依靠其高速率、低延迟、高可靠性的优势，可以为无人驾驶技术提供可靠的支持，无人驾驶可以大幅减少交通事故的发生，缓解驾驶工作强度，增强安全保障。在交通路况方面，车辆可以通过 5G 网络选择最可靠的路段进行行驶，这在很大程度上优化了交通路况，促使车辆及时做出合理、迅速的行为。

（二）提升交通事故救援效率

车辆上装有操作系统和定位系统，如果发生紧急事故，可以通过车载系统依靠 5G 网络进行信息的快速传递。信息通过云端发送到救援中心，救援中心可以快速定位并对周围路况进行分析，然后通知附近车辆，防止其他车辆进入事故区，使救援人员更精准、更快速地开展救援，降低事故造成的损失。

（三）辅助交通管理决策

5G 通信技术通过收集车辆、路况和天气等信息，并对车辆进行信息传递，从而使车辆能了解这段时间的路况及各个路段的状况。5G 网络快速的网络传输速度，可以实时上传路况，使各个道路上的收费站、监控等系统可以智慧运行，从而有效加快行驶效率并对罪犯追踪和预防暴力有积极作用。

（四）发挥车载系统应用效率

车载系统应用是车联网应用的重要终端，它能帮助用户更加直接、快捷地获取信息以及进行交互。在 5G 网络的支持下，用户可以通过移动应用进行更快捷的操作，能在车上享受各种应用带来的服务。在安全方面，更有针对性地应用可以更有效地控制车辆，使车辆更安全和稳定地行驶，保证车辆交通的安全。

三、5G 通信技术在智慧交通系统中的运用

5G 通信技术运用到智慧交通系统中，可以使信息获取更加清晰，车与路、车与车等物联网信息都会更加完备，能够更加智能地呈现交通运输全过程，从而进一步促进智慧交通的发展。

基于 5G 通信技术的特点及场景运用，5G 通信技术在智慧交通系统中将主要发挥以下作用。

（一）赋能无人驾驶发展

由于无人驾驶需要大量的互联网接入数据才能正常运行，庞大的数据需要连续广域覆盖、热点高容量、低功耗大连接和低时延高可靠的 5G 通信技术进行传输和处理，以及提供更精准的地图定位和更复杂的运算，从而引导无人驾驶高速、稳健、安全发展。

（二）提升智慧交通管控

5G 通信技术高速率的传输特点，完全能够满足多路高清视频同时上传的需求，可实现实时掌控交通流量，实时将数据上传给指挥中心，实时在道路电子屏上显示道路状况，及时避开拥堵路段，让智慧交通落到实处。

（三）加强智能车路协同

随着 5G 通信技术的逐步运用，智能车路协同系统的最后一个环节将逐渐完善，并将加快促进道路网、传感网、控制网、能源网以及管理数据基础平台五网的融合，实现不同等级智能车辆在同一道路上的同时运行，从而达到车路协同。

（四）数字化道路标识牌

随着 5G 通信技术的落地，智慧交通系统将加快推动道路智慧标识牌的运用，加快打造数字化、智慧化的道路标识牌。在未来，道路标识牌、红绿灯将能够根据路况来"自主"地协调控制车辆和行人的通行时间。

（五）无障碍高速收费

高速公路目前已完成 ETC 全覆盖，在车辆进入自动计费路段，将自动结算行驶汽车高速公路路费信息，跨省收费也将纳入自动结算部分。而行驶汽车在接受电子收费信息后，车主将进

行网络自主缴费,从而省去停车缴费或抬杆缴费这一环节,高速公路收费进入无杆收费新时期。

(六) 道路意外情况预识别

在智慧交通系统中,道路意外情况识别是智慧交通管理的重要依据。在5G网络支撑下,未来的智能摄像头将能对道路交通上的车辆图像进行结构化分析,在事故发生之前就能预知车辆短时间的运行状态,从而有效避免车辆碰撞事件的发生。

(七) 智慧停车

智慧交通系统将广泛运用互联网、物联网、云计算、大数据、智能终端等新兴科技,以提高停车管理效能为核心,通过经济杠杆调节,提高停车泊位的利用率,从而有效缓解运输车辆异地停车难问题,进一步助推智慧交通和智慧城市的建设工作。

学习任务

通过本单元的学习,请完成以下学习任务。

学习任务清单

任务内容	任务要求	验收方式
在智慧运输系统中,5G通信技术发挥了怎样的作用	用一句话总结提炼	材料提交
调查5G通信技术在运输企业中的运用	根据调查结果形成调查报告	调查报告
对案例报告进行讲解说明	选派成员选择相应的形式对案例报告进行展示	成果展示

拓展活动　"5G+智慧港口",智慧背后的"大智慧"

在不改变传统码头业务运营模式的前提下,借助新的科技与工艺创新,在不断提升单机设备自动化、数字化、智慧化能力的同时,通过制定新的运营规则来帮助全新技术路线的实现,是梅山港区作为宁波舟山港智慧港口建设先行示范区的最大特点,也是"5G+智慧港口"入选宁波市数字化改革"最佳应用"的重要原因。在梅山港区,基于"5G+北斗"的智能集卡和人工集卡有序穿梭于码头和堆场间,在混线工况下实现多路编组整船作业;通过"5G+车路协同+高精度定位"等技术,将港区自有集卡改造成智能集卡,一方面"将集卡驾驶员撤下来",减少驾驶员疲劳驾驶带来的安全风险,另一方面通过精准定位、无缝对接,提高集卡在码头和堆场间运转的效率;同时,借助"5G+高精度定位+激光"等技术,梅山港能实现对泊位1500米海域的超远覆盖,引航员可使用5G引航调度终端获取船舶、环境等动态数据,实现辅助靠泊功能,提高港口靠泊效率。通过"5G+对讲云平台",可以实现一线作业人员和后端调度人员的远程可视化对讲,从而大大提高港口作业调度管理效率。

*活动要求:*请你运用互联网查找资料,梳理梅山港"5G+智慧港口"建设运用情况,分析梅山港"大智慧"所带来的经济和社会效益,形成小组报告。各小组选派成员针对报告进行分析讲解,进行团队成果展示。

课后一思

5G通信技术的运用给我们的生产、生活带来了巨大的影响,充分展现了科技带来的魅力。作为强国路上的物流奋斗者,请思考5G通信技术之后的6G通信技术、7G通信技术会给运输行业带来怎样的变革。

单元二　了解大数据技术

案例导入

用好数据，提高货物运输效率，推进贸易便利化

在福建省厦门市海天码头，当满载出口货物的集装箱车驶入闸口时，驾驶员就会在第一时间收到短信指令，之后按要求直接把车开往海关指定区域即可，无须中转等待。

货物高效地运转，得益于厦门数字口岸平台推出的"智能云分流"功能。该功能解决了以往出口货物在码头流转程序烦琐、用时较长的问题，货物在码头内装卸和运输的次数减少了50%，时间压缩了90%。

对外贸企业来说，通关时间少一分钟，企业竞争力就多一分。目前，厦门数字口岸平台已完成200余项功能建设，推出了一系列数字化、集成化的创新服务。比如，实现海运物流链全流程可视化，简化装卸流程，优化运输动线，缩短货物在码头周转和堆存的时间，让进出口货物更高效。聚焦航空物流进口查验环节，实现空港"通关＋物流"全链条信息互联互通，可以为企业带来便捷新体验。

思考： 厦门数字口岸平台是如何运用大数据提高货物流转效率的？

业务知识

相关数据的支持成为现代智慧交通系统高效运行最为重要的依托，交通相关数据的处理、收集以及反馈等各个环节随着大数据时代的到来显得更加高效和准确。大数据可以实现准确的过滤、可视化、对数据大规模的扩充以及高效化处理等，因此大数据在对交通信息进行处理、存储以及公布的过程中起到了十分重要的作用。大数据已然成为智慧交通系统中的重要支撑，良好地保障了我国交通事业的稳定发展。本单元将介绍大数据技术的基本概念和特点，介绍大数据技术在交通管理和智慧交通中的应用、大数据技术在物流管理和物流调度系统中的应用。

一、大数据技术的基本概念和特点

研究认为，大数据是一种规模大到在获取、存储、管理、分析方面大大超出了传统数据库软件工具能力范围的数据集合。大数据技术具有海量的数据规模、多样的数据类型、快速的数据流转和价值密度低四大特征。

（一）海量的数据规模

大数据技术的数据规模超出了传统数据库软件工具的处理能力。以常见的互联网应用为例，如搜索引擎每天处理的海量查询请求，所产生的数据量极为庞大。

（二）多样的数据类型

大数据技术的数据类型不仅包括结构化数据，如关系型数据库中的表格数据，还涵盖非结构化数据，如文本、图像、音频、视频等，以及半结构化数据，如XML（可扩展标记语言）和JSON（JS对象简谱）格式的数据。

（三）快速的数据流转

大数据技术能够快速地获取、处理和分析数据，以满足实时性需求。例如，交通管理部门利用大数据技术可以快速收集和分析各个路段的车辆通行情况，及时调整交通信号灯，优化交通流量。

（四）价值密度低

大数据虽然数据总量巨大，但有价值的信息可能相对较少。以监控视频为例，在长时间的视频中可能只有短暂的关键片段具有重要价值。

我国大中型城市的交通问题日益突出，例如，很多一线及二线城市交通拥堵严重，事故频发，造成大气污染的问题也不容忽视，需要对交通运输获取实时信息，进行科学管理，提高交通运输效率，在此背景下，大数据技术在交通领域的应用成为热点。

二、大数据技术在交通管理和智慧交通中的应用

随着科技的飞速发展，大数据技术正在不断深入到交通管理和智慧交通的应用中，它可以帮助我们更好地了解道路交通状况，更精准地掌控交通运输动态，更快速、更准确地做出决策。

（一）大数据技术在交通管理中的应用

1．交通预测

大数据技术通过对历史积累数据进行挖掘分析，可以对未来趋势进行预判，能够准确地预测拥堵情况，并将预测数据用一张图来呈现。管理者可以根据这些数据对交通运输路线进行调整，优化交通流量，以保证交通运行的高效性；驾驶员可以根据这些数据对运输路线进行重新选择，避免交通拥堵的发生和加剧，提高运行效率。

2．交通安全

大数据技术可以帮助我们更好地了解交通安全情况，通过分析交通事故发生的原因和过程，以及语音识别等技术来识别交通路况，避免二次事故的发生，从而对交通安全进行更加精准和有效的管理。一旦发生交通事故，大数据技术可以提供准确的定位和救援服务，以及后续的调查和处理。

3．运输管理

管理者可以利用大数据技术来收集运输路线、停靠场站、卸货点的数据，以便根据道路的交通状况进行调整，优化运输路线、停靠场站和卸货点，从而更好地满足交通运输运营的需求。

4．路网规划

大数据技术可以对城市道路和交通网络进行3D图像建模和模拟运行，以便更好地规划交通运输网络，提高交通效率。这种模拟可以使用虚拟现实技术，通过虚拟地图来呈现实际的道路交通网络，然后管理者可以在模拟环境中对交通网络进行调整和优化，以达到最佳的运输网络规划。

（二）大数据技术在智慧交通中的应用

1．交通诱导

在智慧交通诱导工作中，大数据技术能对信息采集、分析不及时的问题进行快速解决，可以

将信息资源价值发挥到最大，以提高工作精准度。通过大数据技术，可实现交通数据的精细化采集和整理，例如，通过 GPS 设备、手机等移动终端的定位系统进行实时数据采集。借助数字模型对数据进行高效处理，不仅可以提升数据处理工作的数字化水平，还可以降低存储成本。交通管理部门通过公路监测技术能够实时获得交通流量数据，对其运营状态进行科学分析、评估，在最短时间里预测交通拥堵问题，制订合理的交通诱导方案，开展有效的交通运营管理。

2. 线路优化

随着信息化的发展，"精准配送"是交通运输中非常显著的发展趋势。在大数据技术的支撑作用下，整合、分析、挖掘各种物流数据，完善物流信息、配送分系统等，可以使物料配送规划和配送路径得到不断优化，使物料的运输效率得到不断提高，在提高效率的同时，可以提高配送的精准度，充分发挥大数据技术在交通运输中的作用。另外，由于大数据的个性化服务、实时化服务需求，可以按照一定的规则，对用户进行不同种类和不同方式的分类，针对不同用户的特点，实施具有针对性的内容和服务信息推送，实现信息的差异化接收，提高信息传达的精确度，促进交通信息化的进一步发展。

3. 交通流采集

随着社会经济的快速发展，车辆保有量越来越多，给交通安全带来了巨大的挑战。如果将交通流采集系统应用到交通运输的管理当中，便可以缓解目前的交通拥堵状况。另外，可以将接口技术应用到对交通流量的数据采集中，再加上物联网技术的运用，将可以很好地实现数据共享，让更多的人可以查询实时交通实况，并根据其选择最合理的出行方案，尽量避免拥堵高峰期，从而为人们的出行提供更大的便利。

4. 全寿命周期管理

交通资产全寿命周期管理模式，是指综合考虑交通资产的规划、设计、管理、维护和报废的全过程。在满足安全、效益、效能的前提下，追求交通资产全寿命周期成本最低，从而提高效益并提升管理水平。

5. 全息车辆环境感知

综合运用轻量化检测器、分布式、移动式智能设施终端和自动化采集等实现动态感知。其中，通过性能信息的采集，构建车辆养护云平台，将运输车辆监测数据上传至云平台，通过大数据技术可以进行辅助决策养护管理。

三、大数据技术在物流管理和智慧物流调度系统中的应用

在当今数字化时代，大数据已经渗透到各个行业中，为企业提供了全新的发展机遇。在物流管理领域，大数据应用的普及与发展也呈现出明显的发展趋势。

（一）大数据技术在物流管理中的应用

1. 大数据技术在物流运输中的应用

（1）路线优化与规划。借助大数据分析，物流企业可以更加精确地确定最佳路线和配送方案，从而降低运输成本。通过实时监测交通情况、分析历史交通数据和天气预报等信息，物流企业可以准确预测交通拥堵情况，及时调整路线，从而避免延误和浪费。

（2）货物追踪与定位。大数据技术可以实时监控货物的位置和状态，提供准确的货物追踪服务。通过物联网技术和传感器的应用，物流企业可以获取包括温度、湿度等环境数据，确保货物在整个运输过程中安全无损。

（3）供应链可视化管理。传统的供应链管理常常存在信息孤立和流程不透明的问题。大数据技术可以将供应链各环节的信息整合起来，实现供应链的可视化管理。通过大数据技术，物流企业可以实时监控库存、订单、交货状态等信息，并及时调整供应链中的环节，提高运作效率。

（4）风险预警与管理。物流企业面临的风险包括自然灾害、交通事故等不确定性因素。大数据技术可以通过分析历史数据和实时监测，提前预警潜在风险，并采取相应措施来减少损失。此外，大数据技术还可以应用于预测市场需求和预测货物流动情况，帮助企业做出准确的市场决策。

2. 大数据在物流仓储中的应用

（1）仓库布局优化。通过大数据技术，物流企业可以对仓库进行布局优化，降低库存成本和运营成本。通过分析各个地区的订单数据和货物流向，物流企业可以合理规划仓库位置，提高运输效率和运输容量。

（2）库存管理与预测。大数据技术可以帮助物流企业准确预测市场需求和货物流动情况，从而合理安排库存。通过分析历史数据和市场趋势，物流企业可以及时补充库存，减少库存积压和缺货风险，提高订单完成率和客户满意度。

（3）仓储设备智慧化。大数据技术与物联网技术的结合，可以实现仓储设备的智慧化管理。例如，通过传感器和数据分析，物流企业可以监测仓储设备的温度、湿度、能耗等信息，及时维护和优化设备的运行状况，提高仓储效率和设备利用率。

3. 大数据技术在物流市场中的应用

（1）客户需求分析与个性化服务。大数据分析可以帮助物流企业了解客户需求，提供个性化的服务。通过分析客户的历史订单和个人喜好，物流企业可以推荐最合适的物流解决方案，并提供更加贴心和高效的服务，提高客户满意度。

（2）供应链伙伴评估与选择。大数据技术可以对潜在供应链伙伴进行评估与选择，降低合作风险。通过分析供应商的历史数据、信用评级和服务质量，物流企业可以选择最符合自身需求的合作伙伴，提高供应链的稳定性和效益。

（3）市场竞争分析与定位。通过大数据分析，物流企业可以对市场进行竞争分析和定位，找到自身的优势和改进空间。通过分析竞争对手的定价策略、服务质量和市场份额等信息，物流企业可以优化自身的定价与服务策略，提高市场竞争力。

综上所述，大数据在物流管理中的应用已经展现出了巨大的潜力。通过合理利用大数据技术，物流企业可以实现运输优化、供应链协同、市场洞察等目标，提高经营效益和客户满意度，但同时也要注意数据安全和隐私保护的问题，确保大数据的应用符合法律法规和道德准则。

（二）大数据技术在智慧物流调度系统中的应用

智慧物流调度系统依托于大数据技术，通过采集、存储和分析海量数据，实现物流的快速、高效调度。首先，智慧物流调度系统需要具备强大的数据采集能力，包括传感器、RFID（射频识别）技术等设备的运用，以便及时获取货物和车辆的相关信息。其次，智慧物流调度系统需要

智慧运输运营

建立相关的数据库,用于存储来自各个环节的数据,包括收货、分拣、运输、配送等环节的数据。最后,智慧物流调度系统通过数据分析算法,将数据转化为可供决策的信息,以实现智慧调度。大数据技术在智慧物流调度系统中的应用主要在以下场景中实现。

1. 货物追踪

智慧物流调度系统能够通过传感器和 RFID 技术对货物进行实时追踪。当货物经过不同的环节时,系统将自动记录相关数据,包括货物位置、运输时长等。这使得物流公司和客户能够随时了解货物的状态和位置,提前做好准备。

2. 车辆调度与路径优化

大数据技术可以分析和预测交通情况,通过实时采集交通数据,帮助智慧物流调度系统优化车辆的调度和路径规划,减少运输时间和成本。同时,根据历史数据的分析,智慧物流调度系统可以预测路况和交通拥堵情况,及时调整车辆的行驶路线,避免拥堵发生。

3. 仓储管理

智慧物流调度系统可以通过大数据技术对仓储环节进行管理。通过分析历史仓储数据,智慧物流调度系统能够预测不同商品的需求量,合理配置仓储资源,最大限度地利用仓库空间。同时,智慧物流调度系统可以根据订单信息实时调整库存,避免因库存过多或过少导致资源浪费和客户满意度下降。

4. 物流风险管理

大数据技术在智慧物流调度系统中还可以用于风险管理。通过对历史数据进行分析,智慧物流调度系统可以发现物流过程中的潜在风险,并及时采取措施进行防范。例如,智慧物流调度系统通过分析不同供应商的交货准时率和产品质量数据,可以评估供应商的信誉,并及时调整合作关系,减少风险。

学习任务

通过本单元的学习,请完成以下学习任务。

学习任务清单

任务内容	任务要求	验收方式
描述什么是大数据技术	用一句话总结提炼	材料提交
调查物流企业如何运用大数据技术提高货物流转效率	根据分析结果形成调查报告	调查报告
对调查报告进行讲解说明	选派成员选择相应的形式对调查报告进行展示	成果展示

拓展活动 顺丰大数据平台助力顺丰快速发展

在物流领域,"顺丰大数据平台"在顺丰数字化转型过程中起到了积极的作用。目前,顺丰已基于"天网＋地网"两大物流网络,成功构建了顺丰"信息网"。在顺丰"信息网"中,"顺丰大数据平台"介入顺丰物流的每个环节,实现了顺丰物流的全面数字化管理,让物流快递的"每一个环节""每一票快件"都有迹可循。在完成数据管理的基础上,"顺丰大数据平台"更进一步，在数据分析与决策上为顺丰物流提供支持，通过件量预测、分仓管理、路线规划等智慧物流决策，帮助顺丰提高效率，降低成本。目前，顺丰的件量预测精准度已提升至城市、行政区甚至每一个派送网点、每一个收派员的维度，实现了更加合理、高效的整体资源配置。通过智慧排班模型，顺丰大数据平台对工作任务进行更合理地分配，也能让收派员高效、满意地工作。得益于"顺丰大数据平台"优异的大数据处理及分析能力，顺丰在每年的双十一物流大考中都保持着优异的表现。

活动要求：请你运用互联网查找资料，梳理物流企业运用大数据技术的发展现状，分析顺丰构建的"顺丰大数据平台"为顺丰带来了哪些影响，"顺丰大数据平台"如何可以更好地服务物流终端用户，形成小组报告。各小组选派成员针对报告进行分析讲解，进行团队成果展示。

课后一思

大数据技术充分展现了科技的魅力，科技也让生活更美好。作为强国路上的物流奋斗者，请思考大数据技术除了能赋能物流、运输企业的快速发展外，还能为终端用户带来哪些影响，以及如何利用大数据技术来改变我们的生活。

单元三 认识人工智能技术

案例导入

以交通大模型为核心，百度发布 ACE 3.0

百度智能云是基于大模型全面重构的智慧交通解决方案 ACE 3.0。ACE 3.0 利用了大模型强大的知识压缩能力，将车、路、云、图的基本能力和交通全要素进行了聚合和泛化升级，打造了交通大模型，有效提升了交通感知、认知、预知能力，形成了具有领先优势的智慧交通"中国方案"。

ACE 3.0 可以解决很多问题：一是优化人车交互，通过自然语言交互降低驾驶负荷，提高车辆行驶的安全性；二是实现车路协同，整合车辆、路况、天气等实时数据，辅助行车决策；三是要做到"全域最优"，如需要控制车流通行时，应该以早高峰期，从出门到目的地之间，所有人出行时间总和为目标进行优化；四是实现全域的指挥和调度，交通不是个人行为，而是强管控系统，大模型沟通更加便捷，能够实现全域的指挥和调度。

思考：ACE 3.0 推动了智慧交通的哪些变革与发展？

业务知识

随着信息技术的飞速发展和人工智能技术的日益成熟，人工智能在各个领域中的应用也变得越来越广泛。交通运输领域是一个人工智能应用潜力巨大的领域，它不仅可以提高交通系统的效率和安全性，还可以改善出行体验，减少交通拥堵和环境污染。本单元将探讨人工智能技术在交通运输中的创新应用，并展望其对未来交通系统的影响。

一、人工智能技术的基本概念和特点

（一）人工智能技术的基本概念

人工智能（Artificial Intelligence，AI）技术是指让计算机模拟人类智能的技术和方法，它旨在使计算机系统能够像人类一样学习、思考、理解、推理、解决问题和执行任务。

人工智能技术涵盖了多种技术，如机器学习、深度学习、自然语言处理、计算机视觉等。它的目标是通过对大量数据的学习和分析，不断提升自身的能力和表现，以实现更智能、更高效的行为和决策。

人工智能技术已经在许多领域得到应用，如医疗、交通、金融、教育等，为人们的生活和工作带来了巨大的改变和便利。

（二）人工智能技术的特点

人工智能技术是当今科技领域最为热门的话题之一。它以模拟人类智能为目标，通过模拟和复制人类智能的思维和行为，使计算机能够像人类一样进行推理、学习和决策。进入 21 世纪以来，人工智能技术在交通领域取得了巨大的进展。本节将介绍人工智能技术的几个主要特点。

1．学习能力

人工智能技术最显著的特点之一是具备学习能力。通过机器学习算法，人工智能系统能够从大量的数据中提取规律和模式，并根据这些模式进行学习和改进。例如，在图像识别领域，人工智能技术可以通过分析大量的图像数据，学习区分不同物体的特征，并逐渐提高识别的准确性。

2．推理能力

人工智能技术可以进行逻辑推理，从而做出合理的决策。通过推理算法，人工智能技术可以根据已知的信息和规则，进行逻辑分析和推断。例如，在医学领域，人工智能技术可以利用医学知识和患者的病历数据，进行诊断和治疗方案的推理，辅助医生做出正确的决策。

3．自适应能力

人工智能技术具有自适应能力，即可以根据不同的环境和任务，灵活地调整和改进自己的行为和策略。通过强化学习算法，人工智能技术可以通过与环境的互动来不断优化自己的行为方式。例如，在机器人领域，人工智能技术可以通过与环境的交互，学习并掌握不同的操作技能。

4．模仿人类思维

人工智能技术不仅可以模仿人类思维，还可以模拟人类的感知、语言和行为能力。通过深度学习技术，人工智能技术可以通过大量的数据来模拟人类的感知过程，实现例如语音识别、图像识别等功能。同时，人工智能技术还可以通过自然语言处理技术理解和生成人类语言。

5．多学科交叉

人工智能技术融合了计算机科学、数学、心理学、哲学等多个学科的知识和方法。人工智能技术的研究和应用需要多学科的交叉合作，以解决复杂且多变的问题。例如，在自动驾驶领域，人工智能需要涉及计算机视觉、机器学习、控制论等多个学科的知识。

6．高效性和精度

人工智能技术能够以超高速度和极高精度完成各种任务。相比人类，人工智能技术在数据处理、决策制定和反应速度等方面具有明显的优势。例如，在金融行业，人工智能可以通过迅速分析大量的交易数据，快速发现与市场相关的模式和趋势，帮助投资者做出更明智的投资决策。

二、人工智能技术在智慧交通管理和运输调度中的应用

（一）人工智能技术在智慧交通管理中的应用

在现代社会中，交通管理是一个多方面、复杂且具有挑战性的任务。随着科技的不断进步，人工智能技术逐渐在交通管理中发挥作用。人工智能技术的应用为智慧交通管理带来了诸多优势和创新，本节将探讨人工智能技术在智慧交通管理中的应用。

1．交通监控与控制

交通监控与控制是人工智能在智慧交通管理中的重要应用之一。通过利用高性能相机、传感器等设备，系统可以实时监视交通情况，包括车流量、道路拥堵程度等信息。人工智能算法可以对这些数据进行分析，并根据分析结果自主调节交通信号灯、路口控制设备等，进而实现路况优化和拥堵疏导。

2．交通事故预警

交通事故是交通管理中最不希望发生的事件之一，而人工智能技术在智慧交通管理中也有助于减少事故的发生。智慧交通事故预警系统通过利用高精度的传感器、人工智能算法等，可以实时监测路况，预测交通事故发生的可能性。一旦检测到有发生交通事故的风险，系统就会发出警报，并将相关信息传输给相关部门和驾驶员，以便及时采取措施避免事故的发生。

3．交通诱导

交通诱导是人工智能在智慧交通管理中的另一个重要应用。智慧交通导航系统通过将实时交通数据与地图数据相结合，提供更加准确的交通导航。人工智能算法可以根据实时交通状况进行分析，给驾驶员提供最佳的路线选择和实时交通提示。此外，智慧交通导航系统还可以根据用户的偏好和历史数据，提供个性化的驾驶推荐和服务，提高交通出行的便利性和效率。

4．交通管理决策支持

运用人工智能技术辅助交通管理决策。利用人工智能算法对大量交通数据进行分析和建模，可以识别交通问题和瓶颈，并提出相应的解决方案。通过人工智能技术，交通管理者可以更好地了解和控制交通流动，提高交通管理决策的科学性和效果。

5．运输场站管理

在智慧交通管理中，人工智能技术也被广泛应用于运输场站的管理。通过人工智能技术，可以实现车辆到站预测、车流量预测和停车场资源管理等功能。这些功能可以帮助提高运输车辆的准点率，优化停车场资源利用率，提升交通管理水平和服务质量。

综上所述，人工智能技术在智慧交通管理中的应用涵盖了交通监控与控制、事故预警、交通诱导、交通管理决策支持和运输场站管理等多个方面。通过应用人工智能技术，交通管理者可以更好地获取和分析交通数据，优化交通流动，提高交通管理的效率和准确性，为人们提供更加安全、高效和舒适的出行体验。随着人工智能技术的不断发展，相信智慧交通管理的应用前景将更加广阔。

（二）人工智能技术在运输调度中的应用

在当今日益发展的数字化时代，人工智能技术的应用范围越来越广泛，而运输行业则是其中涉及面较广、应用领域较多的行业之一。随着运输行业的快速发展，运输企业管理日益烦琐，运输资源利用率低、效率差等问题成为运输企业发展的主要瓶颈，特别是在运输调度方面，如今通过人工智能技术，原本需要几个人花费数十分钟才能处理好的任务，现在却可以通过简单的操作完成。由此可见，人工智能技术的应用，无疑可以在运输调度中发挥重要作用。

1. 运输方式的优化

运输行业的一大特点就是运输方式丰富多样，常见的包括货车、电车、船舶等。如何根据运输企业的需求和实际情况选择最优的运输方式，成为运输调度的一大难点。在这方面，人工智能技术可以帮助运输企业优化运输方式。具体而言，可以通过各种算法对运输时间、成本、交通拥堵等因素进行分析，基于企业的需求及实际情况，自动生成最优的运输方案。

2. 运输路径规划的精准优化

在运输调度中，路径规划是一项极其重要的任务。运输企业需要根据货物的运输目的地、数量、周期等因素，合理规划运输路径，以达到时间和成本的最优。在这个过程中，如果只靠人工管理，那么就会存在时间不够充分、规划不够精准、容易出错等问题。而采用人工智能技术来优化路径规划，可以大大提高货物运输效率，使得运输调度更为科学、精准。

3. 货物追踪的实时掌控

货物追踪在运输调度中也是一个必不可少的环节。通过人工智能技术，可以构建一个实时、高效、全面的货物追踪系统，以达到准确追踪货物，并在途中及时处理问题的目的，从而更好地保障货物的安全和运输效率。同时，通过人工智能技术的支持，运输企业可以实现分析货物在运输路线上的运行信息，及时反馈信息并进行智慧决策，提高运输企业的预判能力和应急能力，降低运输调度中的安全风险。

4. 运输能耗的降低

运输企业的运输费用根据占比大多数都是来自运输能耗。在这里，人工智能技术也可以帮助运输企业通过对能耗数据进行分析和预测，明确优化措施并及时实施，从而达到降低能源消耗和减少碳排放的目标。这样不仅可以提高企业的环保形象，同时也可降低物流成本，实现节能减排的目标。

综上所述，人工智能技术在运输调度中发挥着重要作用。通过人工智能技术运输企业可以高效处理海量数据，并应对复杂的调度需求，同时可以快速识别潜在的风险并进行预警，减少人为的干扰，提高运输调度的精度和效率，从而进一步推动运输行业的发展。

> **绿色物流**
>
> 人工智能：点亮绿色低碳运输之光
>
> 随着环保意识的提升与科技的迅猛发展，人工智能正深度融入运输行业，为实现绿色运输开辟新路径。
>
> 在路线规划方面，人工智能凭借大数据分析与超强的运算能力大显身手。它能实时整合交通路况、天气变化、车辆载重等海量信息，为运输车辆精准规划最优路线。以物流配送为例，通过避开拥堵路段、施工区域以及易发生事故地段，不仅减少了运输时间，还降低了车辆因怠速、频繁启停造成的额外燃油消耗，进而减少尾气排放，实现节能减排。例如，菜鸟物流运用人工智能算法优化快递运输路线后，单车油耗降低了10%～15%，大大提升了运输效率与环保效益。
>
> 智能能源管理系统也是人工智能的重要应用领域。对于新能源运输车辆，如电动货车、氢燃料电池车，人工智能可以实时监控电池或燃料电池的电量、性能状态，根据行驶需求动态调整能源输出，延长续航里程。同时，它还能精准控制充电过程，依据电网负荷、电价波动等因素，选择最佳充电时机，避免高峰充电造成的能源浪费，确保车辆高效运行，助力绿色能源在运输领域的广泛使用。
>
> 在车辆调度环节，人工智能通过智能算法实现车辆的合理分配与高效调度。对于货运物流企业，人工智能可将货物订单与车辆资源进行智能匹配，按照货物重量、体积、目的地等信息，安排最合适的车辆进行运输，避免出现"大车拉小件"等运力浪费情况，降低能源消耗，推动绿色运输发展。
>
> 此外，人工智能还赋能运输设备的智能维护。借助传感器收集设备运行数据，如发动机转速、轮胎磨损程度、制动系统性能等，人工智能可以提前预测设备故障风险，及时安排维护保养，避免因设备突发故障导致的运输中断、能源浪费以及可能引发的环境污染。例如，一些港口的集装箱装卸设备采用人工智能维护系统后，设备故障率降低了20%～30%，保障了港口作业的高效、绿色运行。
>
> 总之，人工智能宛如一把万能钥匙，正逐步解锁绿色运输的诸多难题，为构建可持续发展的运输体系注入强大动力，让运输行业在环保之路上加速前行。

三、人工智能技术在自动驾驶和智能装备中的应用

随着科技的不断发展，将人工智能技术融入传统行业，以实现自动化和智慧化，已成为科技领域的主要趋势之一。在运输行业，将人工智能技术应用于自动驾驶技术，可以实现车辆的全面感知、智能决策和精确控制，提高交通安全并升级汽车功能。本节将探讨人工智能技术在车辆自动驾驶中的应用。

（一）人工智能技术在自动驾驶中的应用

车辆实现自动驾驶，必须经由三大环节。

第一，感知环节。感知环节就是让车辆通过不同类型的车用感测器，包含毫米波雷达、超声波雷达、红外雷达、激光雷达、CCD/CMOS影像感测器及轮速感测器等来收集整车的工作

状态及其参数变化情况。

第二，处理环节。处理环节就是人工智能将感测器所收集到的信息进行分析处理，然后再向控制的装置输出控制信号。

第三，执行环节。执行环节就是依据ECU（电子控制单元）输出的讯号，让汽车完成动作执行。其中每一个环节都离不开人工智能技术。

1. 人工智能技术在自动驾驶定位技术中的应用

定位技术是自动驾驶车辆行驶的基础。目前常用的定位技术包括有线导航、磁导航、无线导航、视觉导航、激光导航等。其中磁导航是目前最成熟、可靠的方案，现有大多数应用均采用这种导航技术。磁导航技术通过在车道上埋设磁性标志来给车辆提供车道的边界信息，磁性材料具有良好的环境适应性，它对雨天、冰雪覆盖、光照不足甚至无光照的情况都可适应，不足之处是需要对现行的道路设施进行较大的改动，成本较高。同时磁导航技术无法预知车道前方的障碍，因而不可能单独使用。

视觉导航对基础设施的要求较低，被认为是最有前景的导航方法。在高速路和城市环境中视觉导航受到了较大的关注。

2. 人工智能技术在自动驾驶图像识别与感知中的应用

自动驾驶汽车感知依靠传感器。目前传感器性能越来越高、体积越来越小、功耗越来越低，其飞速发展是自动驾驶热潮的重要推手。反过来，自动驾驶又对车载传感器提出了更高的要求，同时也促进了其发展。

用于自动驾驶的传感器可以分为四类，即雷达传感器、视觉传感器、定位及位姿传感器、车身传感器。

3. 人工智能技术在自动驾驶深度学习中的应用

驾驶员认知靠大脑，自动驾驶汽车的"大脑"则是计算机。这里所说的计算机与我们常用的台式计算机、笔记本电脑略有不同，因为车辆在行驶的时候会遇到颠簸、粉尘甚至高温的情况，一般计算机无法长时间运行在这些环境中，所以自动驾驶时一般会选用工业环境下的计算机——工控机。

除了对外界进行认知之外，机器还必须能够进行学习。深度学习是自动驾驶技术成功的基础，深度学习是源于人工神经网络的一种高效的机器学习方法。深度学习可以提高汽车识别道路、行人、障碍物等的时间效率，并保障识别的正确率。通过大量数据的训练之后，汽车可以将收集到的图形、电磁波等信息转换为可用的数据，利用深度学习算法实现自动驾驶。

4. 人工智能技术在自动驾驶信息共享中的应用

首先，利用无线网络进行车与车之间的信息共享。通过专用通道，一辆汽车可以把自己的位置、路况实时分享给队里的其他汽车，以便其他车辆的自动驾驶系统在收到信息后做出相应调整。

其次，车辆可以通过人工智能技术进行3D路况感应。车辆将结合超声波传感器、摄像机、雷达和激光测距等技术，检测出汽车前方约5米内的地形地貌，判断前方是柏油路还是碎石、草地、沙滩等路面，根据地形自动改变汽车设置。

最后，汽车还可以通过人工智能技术进行自动变速。车辆一旦探测到地形发生改变，可以自动减速，等路面恢复正常后，再回到原先状态。

汽车信息共享所收集到的交通信息量将非常大，如果不对这些数据进行有效处理和利用，就会迅速被其他信息所湮没。因此需要采用数据挖掘、人工智能技术等方式提取有效信息，同时过滤掉无用信息。

（二）人工智能技术在智能装备中的应用

1. 智能交通装备

智能交通装备是一种利用人工智能技术来优化交通运输的系统。它可以通过交通监控摄像头、传感器和 GPS 等设备来收集实时交通数据，然后利用人工智能技术来分析和优化交通流量，可以实现实时路况监控、交通信号优化、路线规划等功能，从而提高交通效率和安全性。

2. 自动驾驶装备

自动驾驶装备是一种利用人工智能技术来实现车辆自主驾驶的设施设备。它可以通过激光雷达、摄像头、传感器等设备来感知周围环境，然后利用人工智能技术来判断和决策，最终实现车辆自主驾驶。自动驾驶装备可以提高交通安全性，减少交通拥堵和排放，从而实现更加高效、环保、舒适的出行方式。

3. 交通安全装备

交通安全装备是一种利用人工智能技术来提高交通安全的技术装备。它可以通过交通监控摄像头、传感器等设备来实时监控交通状况，然后利用人工智能技术来分析和预测交通事故风险，最终实现交通事故的预防和减少。

4. 车辆充电装备

人工智能技术在智能装备中的另一个应用是智能车辆充电。这个技术可以使汽车充电、电池管理更加智能、高效。通过人工智能技术，车辆可以自主判断充电需求和充电模式，同时也能管理电池充电状态，提高电池充电效率和电池寿命。

学习任务

通过本单元的学习，请完成以下学习任务。

学习任务清单

任务内容	任务要求	验收方式
人工智能技术具有哪些优势	用一段话描述总结	材料提交
调查人工智能技术在智慧运输方面产生了哪些积极效应	根据调查结果形成调查报告	调查报告
对调查报告进行讲解说明	选派成员选择相应的形式对调查报告进行展示	成果展示

拓展活动　人工智能技术在物流配送调度领域的应用

数据是提高物流效率的重要工具，一个体现就是以运筹学等为代表的工具进行调度与规划。而在这方面，算力＋算法＋数据"喂养"的人工智能技术也能大展身手：借助人工智能

智慧运输运营

技术，实现物流运配环节车辆、人员、设备等作业资源的协调统一，使作业效率最大化。

以外卖为例，美团实时智能配送系统能够基于海量数据和人工智能算法，在消费者、骑手、商家三者中实现最优匹配，同时需要考虑是否顺路、天气如何、路况如何、消费者预计送达时间、商家出餐时间等复杂因素，实现30分钟左右准时送达。

而饿了么的智能调度系统方舟，是通过使用深层次神经网络与多场景智能适配分担，引入"大商圈"概念，为不同场景建立不同的适配模型。得益于深度学习与多场景人工智能适配分单，该系统能实时感知供需、天气等压力变化，对预计送达时间、商户出餐时间、商圈未来订单负载等做出精准预测，用户的订单将会在最优决策下被匹配最佳路径，保证配送效率和体验。

活动要求：请你运用互联网查找资料，梳理外卖行业运用人工智能技术的发展现状，分析人工智能技术能为外卖行业带来哪些影响，以及分析人工智能技术如何更好地服务终端消费者，形成小组报告。各小组选派成员针对报告进行分析讲解，进行团队成果展示。

> **课后一思**
>
> 现在的人工智能仍然是弱人工智能，所谓弱人工智能，是指只能干一件事。比如，下围棋的 Alpha Go，主要由信息技术推动，会计算不会"算计"，但却能在特定领域、特定规则中表现出强大智能。强人工智能可以像人一样综合分析，不受领域、规则限制，具有通用性，是真正的人工智能。预计到2045年，强人工智能才会出现。
>
> 在这样的发展趋势下，请思考我国为什么大力发展人工智能，其必要性表现在哪些方面。

实训练习

一、单项选择题

1. 5G通信技术的关键技术包括毫米波技术、MIMO技术、（　　）、低延迟技术和边缘计算技术等。

　　A. 网络切片技术　　　　　　　　B. 网络信息技术
　　C. 网络处理技术　　　　　　　　D. 通信信息处理技术

2. 随着5G通信技术的逐步运用，智能车路协同系统的最后一个环节将逐渐完善，并将加快促进道路网、传感网、（　　）、能源网以及管理数据基础平台五网的融合。

　　A. 信息网　　　B. 控制网　　　C. 数据网　　　D. 交通网

3. 人工智能不仅可以模仿人类思维，还可以模拟人类的（　　）感知、语言和行为能力。

　　A. 感知　　　　B. 语言　　　　C. 行为能力　　　D. 以上都是

4. 数据可以被划分为多种类型，最常用和最基本的就是利用数据关系进行划分，可划分为（　　）。

　　A. 结构化数据　　　　　　　　　B. 半结构化数据
　　C. 非结构化数据　　　　　　　　D. 以上都是

二、多项选择题

1. 车辆导航系统可以实现（　　）功能。
   A. 车辆定位追踪　　　　　　　　B. 行车路线设计与引导
   C. 车辆控制　　　　　　　　　　D. 综合信息服务
   E. 信息交流

2. 具有双向通信功能的车载 GPS 导航系统，能够接收实时交通状况和道路状况信息，向交通管理系统反馈（　　）等信息。
   A. 自身位置　　B. 起讫点　　C. 路线选择　　D. 紧急事件报警
   E. 求援

3. 车联网是通过 5G 通信技术，实现（　　）等全方位网络链接。
   A. 车与云平台　　B. 车与车　　C. 车与路　　D. 车与人
   E. 车内

4. 大数据技术在智慧物流调度系统中能产生（　　）的正向作用。
   A. 提高物流运输效率　　　　　　B. 提升服务质量
   C. 降低运营风险　　　　　　　　D. 推动物流行业升级
   E. 增加市场份额

5. 人工智能技术在智能装备中的应用有（　　）。
   A. 智能交通装备　　　　　　　　B. 自动驾驶装备
   C. 软硬件自动升级装备　　　　　D. 交通安全装备
   E. 车辆充电装备

三、简答题

1. 5G 通信技术在智慧交通系统中的运用场景有哪些？
2. 人工智能技术在智慧交通管理中有哪些应用？

模块三
零担货物智慧运输运营

学习目标

知识目标：
- 掌握零担货物运输的基本概念，以及其在物流组织中的作用和运输需求。
- 学习零担货物智慧运输的关键过程和采用的技术方案。
- 深入了解零担货物智慧运输调度、管理方法和技术，以及业务流程操作。

能力目标：
- 能够制订符合零担货物特性的运输计划，并实施智慧化调度和管理。
- 掌握使用智慧化物流系统的技能，包括数据分析、途径优化和装载优化工具。
- 能利用零担货物智慧运输调度的优化算法，提升运输调度的效率和准确性，优化业务流程并提高整体运输服务质量。

素质目标：
- 培养通过智慧化系统分析和解决物流问题的能力。
- 培养在复杂物流环境中进行决策和优化路线的能力。
- 提高对现代物流技术的适应能力，如物联网、大数据分析和AI调度技术。

单元一 零担货物运输特点与需求

案例导入

黑科技赋能德邦快递打造智慧物流新生态

尽管从事于传统大件运输行业，但德邦快递对自己的定位却始终是一家"拥有卡车的科技公司"，为了不断提高物流管理体系、持续优化配送体验，近年来德邦快递更是主动尝试了不少"黑科技"。

一是引入蓝牙电子称重系统和AR量方，大幅度提升了开单速度，其中"AR量方"通过双摄技术，可快速获取货物体积，整体流程用时只需2秒，测量准确率（含规则纤包货）高达

97%，开单效率提升 30%。

二是运用"违规操作 AI 智能识别系统"，该系统能够对监控视频进行 24 小时实时行为分析，自动识别拣货员在拣货过程中出现的扔、抛、推倒、用力踢等暴力行为，自动输出暴力分拣片段及发生的时间和地点，大量减少人工监控成本，确保安全作业。

三是开启了自动驾驶专线，德邦快递是国内首家使用自动驾驶货车开展商业运输的公司。整个行程期间只需配备一名驾驶员，90% 以上的运输里程由辅助驾驶完成，时效达成率为 100%，既减轻了对人力的依赖，又提升了配送效率。

思考：新技术的应用如何助力德邦快递提升物流效率？

业务知识

零担货物智慧运输是一项高效的物流服务，旨在通过整合不同客户的小批量货物，通过统筹规划和调度，实现成本和资源的最优利用。物流公司应充分了解货物特性和运输要求，精心设计并执行货物运输方案，选择最合适的运输方式和优化路线，确保货物安全、快速送达目的地，并最大程度地节约运输成本；同时，借助智能技术提高运输的安全性和效率，发挥智慧化技术在物流运输中的关键作用，从而提升整体运输服务水平。

一、零担货物运输

（一）零担货物运输的含义

零担货物运输是指将来自多个不同发货人的货物按需求进行合理组合，一起运输到目的地的物流运输方式。在零担货物运输中，多个发货人的货物可以通过共享一辆运输工具（如货车、集装箱等）进行集中运输，从而降低运输成本和提高资源利用率。

零担货物通常来自不同的发货人，他们的货物可能具有不同的特性、目的地和运输要求。运输公司需要根据发货人的要求，将这些货物进行分拣、组装和安全包装，然后放置在货车或集装箱中进行运输。货物在运输过程中可能需要经过多个中转点或分拨中心，以便根据目的地和收货人的要求进行分别配送。一旦货物到达目的地，运输公司会根据收货人的信息和送货地址，将货物进行分拨并安排最后的配送。这样，每个发货人的货物可以独立地送达给各自的收货人，从而实现分散发货的要求。

（二）零担货物运输的作用

1. 降低运输成本

零担货物运输可以将不同发货人的货物集中在一辆运输工具中运输，从而降低单个货主的运输成本。由于运输成本被分摊给多个货主，每个货主的运输费用相对较低。这种成本效益使得小规模发货人也能够以较低的成本享受到高质量的物流服务。

2. 提高资源利用率

零担货物运输能够充分利用运输工具和资源，减少了空驶的发生。通过合理组织货物的装载和路线规划，运输工具可以更加充分地利用其运输能力，提高资源的利用率。这有助于减少对交通系统和运输资源的浪费，同时降低了环境影响。

3．提供灵活性和定制化的服务

零担货物运输可以根据发货人和收货人的需求进行灵活地安排和定制化服务。发货人可以根据自己的要求选择灵活的发货时间和取货时间。运输公司也可以根据收、发货人的要求进行货物的分拣和分别配送，以确保货物能够按要求准时、准确地送达。

4．促进商业发展

零担货物运输为小型企业、个体经营者和电商等商业实体提供了更便捷和经济的物流服务，为他们的业务发展提供了支持。这种运输方式通过降低物流成本和提高服务质量，促进了商业活动的便利化和流通的畅通，对推动经济的发展具有积极作用。

零担货物运输的意义在于有利于降低运输成本、提高资源利用率，通过提供灵活性和定制化的服务，为发货人提供了经济、高效和灵活的物流解决方案，同时也为整个物流行业的可持续发展做出了贡献。

（三）零担货物运输的不足

零担货物运输的不足见表3-1。

表3-1　零担货物运输的不足

项目	要点	具体内容
零担货物运输	时间较长且不确定	由于组合不同货主的货物并进行分拣和配送，运输时间可能相对较长且不确定
	增加货物安全风险	货物来自不同发货人，中途分拣和中转可能增加货物破损、丢失或混淆的风险
	需要额外协调和管理	涉及多个发货人和收货人，需要协调和管理
	增加运输中的操作风险	零担货物运输对装卸和搬运过程中的操作风险有一定影响

二、零担货物运输需求

（一）零担货物运输需求类型

零担货物运输需求广泛，涵盖了各个行业和个人的物流需求。无论是小型企业、电子商务企业、零售商、制造商以及个人货主，都可以依赖零担货物运输来满足经济、高效和灵活的物流运输需求。常见的零担货物运输需求类型见表3-2。

表3-2　常见的零担货物运输需求类型

货主类型	需求描述
小型企业	小型企业无法满足整车货运的最低发货量要求，零担货物运输可以为它们提供经济、高效的物流解决方案
电子商务企业	电子商务企业的发货人通常需要进行大量的分散发货，零担货物运输可以提高配送效率，降低成本，并确保及时送达顾客手中

(续)

货主类型	需求描述
零售商	零售商需要从多个供应商处采购商品,并通过零担货物运输将货物集中配送到不同目的地,以减少运输和库存成本,并确保货物及时到达市场
制造商	制造商需要按需求组装来自多个供应商的零部件或原材料,零担货物运输可帮助它们合理组织和管理物料配送,确保制造过程中物料供应的及时性和准确性
个人货主	个人货主可能需要运输个人物品或小批量货物到不同目的地,零担货物运输是灵活配送和降低成本的理想选择

（二）零担货物运输需求特点

零担货物运输的需求具有灵活性、多样性、高效性、经济性和对商业发展的支持等特点。这些特点使得零担货物运输成为一个重要的物流选择,能够满足不同货主的需求并提供高质量的物流服务。

（1）灵活性：发货人可以根据自己的要求选择发货时间、取货时间和运输方式,运输公司根据收、发货人的要求进行货物的分拣和分别配送。

（2）多样性：零担货物运输涉及多种货物类型,运输公司需要处理多样性和差异性的货物,同时确保它们得到妥善的保护。

（3）高效性：运输公司采用集中配送方式,提高货物的运输效率,减少空驶和重复运输,根据最优的路线规划和运输方案,在最短时间内将货物送达。

（4）经济性：将运输成本分摊给多个货主,降低单个货主的运输费用,小规模货主也能以较低成本享受到高质量的物流服务。

（5）对商业发展的支持：为小型企业、个体经营者和电子商务等商业实体提供便捷和经济的物流解决方案,促进商业的发展。

> **知识链接** 零担货物运输业务的开办条件

在现代物流行业中,零担货物运输作为一种灵活高效的运输方式,对于满足多样化的货物运输需求具有重要意义。为了确保零担货物运输的顺利进行,开办零担货物运输业务需要满足一系列具体条件。这些条件涵盖了设施设备、人力资源等多个方面,旨在保障运输的安全性、效率和质量。零担货物运输业务的开办条件见表3-3。

表3-3 零担货物运输业务的开办条件表

条件类别	具体条件	具体条件介绍
设施设备	建立零担货物仓库	零担货物仓库需要根据业务吞吐量的大小来规划建设,以满足货物的存储、中转和装卸需求。仓库的组成包括货位、通道、仓门、装卸站台等,并需要在仓库前设置装卸作业场地或停车场地
	开设零担运输营业站点	设立营业站点,用于处理零担货物的接收、分拣和配送。营业站点应选址在厂家、工业区、批发市场或交通便利之处,明确公示服务信息和禁运物品,可以采用直接经营或合作加盟模式进行运营

（续）

条件类别	具体条件	具体条件介绍
设施设备	开辟零担运输专线或搭建零担快运网络	零担货物运输专线：是一种适合中小型物流企业的点对点直达式运输方式。这种模式具有多种优势，包括运输时间有保障、价格可控、服务质量好、货物安全性高、结算便捷、问题处理方便等。虽然存在发车时间不固定的缺点，但总体来说，它是中小型物流企业的较好经营选择。这种专线模式可以让企业集中资源，做好专线两端城市及中途卸货点的相关作业，提高运输效率，增强客户信任 搭建零担快运网络：一定规模的零担运输企业采用站点分级制网络结构经营模式。按经济地理区位、货物吞吐量和节点重要程度等因素将运输场站分为不同级别。一般分为一级场站（中心站点、转运中心）、二级场站（基层站点）和三级站点（揽货站点）等。这种网络结构有助于业务量的扩大、客户满意度的提升和成本的降低。但是，需要有庞大的物流资源来支撑
	配备零担货车	零担货物运输的干线运输通常使用大吨位厢车或敞车，而支线运输则主要使用5吨、8吨和10吨的厢车或敞车
	组织零担货物联运	联运是增强零担货物运输能力的关键。通过不同运输方式或中转换装，满足托运人需求。由于零担货物运距不一，需要与铁路、水路、航空等运输方式联运
人力资源	经理	负责公司整体运营管理，制定战略规划和决策
	业务员	负责客户沟通、业务拓展和订单处理
	开票员	负责财务开票工作，确保账务准确无误
	受理员	处理客户咨询、投诉和受理货物运输请求
	统计信息员	负责收集和分析运输数据，为决策提供支持
	收款结算员	负责处理货物运输的收款和结算工作
	装卸工	负责货物的装卸作业，保证货物安全
	调度员	负责运输车辆的调度管理，优化运输路线

学习任务

通过本单元的学习，请完成以下学习任务。

学习任务清单

任务内容	任务要求	验收方式
理解零担货物运输概念	学习并总结零担货物运输的定义和特点	问答测试
理解零担货物运输的意义及商业价值	描述零担货物运输如何节约成本，提高效率	口头说明
理解零担货物智慧运输需求及特点	列举智慧化技术在零担货物运输中的应用案例	分组讨论并分享心得

智慧运输运营

> **拓展活动**　大件快递："跨界"之变

2024年8月，运联智库发布了《2024中国零担30强排行榜》，其中，顺丰快运连续第五年蝉联榜首，零担收入达到374亿元，同比增长10.2%，再创行业新高。其零担货量同比增长16.0%至1296万吨，同样排名第一，领先安能物流（1204万吨）、中通快运（1133万吨）、德邦快递（1122万吨）。

2015年，顺丰正式推出快运产品，以低于同行的价格切入，抢占中高端市场。三年后顺丰投资的顺心捷达正式成立，主打加盟型零担主体市场，推出了"顺心包裹""顺心零担""重货特惠"等产品。

目前，我国零担行业正处于加速整合期，顺丰与京东形成了双寡头垄断竞争格局。

活动要求：请你运用互联网查找快递企业进军零担行业的例子，分析快递企业从事零担运输的优势，形成小组报告。各小组选派成员针对报告进行分析讲解，进行团队成果展示。

> **课后一思**

《道路货物运输及站场管理规定》第四条规定：鼓励道路货物运输实行集约化、网络化经营。鼓励采用集装箱、封闭厢式车和多轴重型车运输。

请思考道路货物运输实行集约化、网络化经营有什么好处，采用集装箱、封闭厢式车和多轴重型车运输有哪些优势。

单元二　零担货物运输计划与管理

> **案例导入**

智慧化改革，提升橙子物流的零担运输效率

橙子物流是一家为地区中小型企业服务的物流公司，主要提供零担货物运输。随着市场竞争加剧和客户需求提高，公司为提升服务质量，决定对其运输和调度系统进行智慧化改革。

小张是橙子物流的运输经理，他接到的任务是对公司现有的零担货物运输流程进行重新规划和优化。

在进行效用指标计算的过程中，小张引入了一套智能软件，计算各种车辆的运行效率，如车速、行程和载重，通过数据分析发现了车辆调度中的浪费点。为了提升车辆利用率，他制定了一套车辆载重能力和拖运率的优化措施，并将其实施于日常运作中。

小张还需要考虑不同种类的货物运输计划。他花费了不少时间研究不同类型货物的特性，了解客户的具体需求，并结合运输成本和运输能力制定了集货、分拨和配载的多种策略。

这次智慧化改革令小张意识到创新的重要性，他开始密切关注最新的运输管理技术，如云计算、大数据和机器学习，并计划长期将这些新技术整合进公司的日常运作中，以期适应快速变化的物流环境。随着智慧化改革的实施，橙子物流的运输效率和客户满意度有了显著提升，公司在市场中的竞争力得到了增强。小张的智慧化改革案例，成为公司转型的成功范例。

思考：智能软件在运输企业制订运输计划时起到了什么作用？

业务知识

在物流领域中,零担货物运输计划是至关重要的组成部分,涉及货物的收集、分拣、配载、装载以及配送路线和方式的选择。具体来说,运输计划需要确保货物在合理的时间内进行有效集合和分拣,并根据货物特性,以及客户要求进行恰当的装载。此外,运输方式的选择、路线规划、交付时间的确定以及货物的跟踪和实时监控都是在制订运输计划时必须考虑的因素。在执行零担货物运输计划时,关键是量化运输效率,这就涉及车辆运行效用指标的计算,包括时间、车速、行程和载重能力的利用率。这些指标不仅可以帮助运输公司评估当前运输执行的表现,而且能够指导未来的优化措施。零担货物运输计划的类型繁多,如集货、分拨与配载计划,以及路线规划和送货计划。这些计划由货物的种类、运输成本、运输能力、道路条件和法规要求等多方面因素综合决定。而运用数据分析来支持计划的编制,可以确保计划的科学性和合理性。随着技术的进步,零担货物智慧运输调度和管理已成为物流领域的一大趋势。智慧化调度通过优化算法,如路径规划和车辆调度算法,来提升整个零担货物运输体系的效率和响应速度。在实施智慧化调度时,需要注意各类数据的实时性和准确性,以及调度方案的运输实时性和灵活性。通过智慧化技术,运输公司可以有效地减少运输成本,缩短货物运输时间,并提升顾客满意度。

一、零担货物运输计划

(一)零担货物运输计划的内容

零担货物运输计划是指对零担货物运输过程中的各项工作进行合理安排和规划的计划。它包括了以下几个方面的内容。

1. 货物收集和分拣

计划需要明确货物的收集地点和时间,以及货物的分拣方式和流程。对于零担货物来说,通常需要从不同的发货人处收集货物,并进行分拣和分类,以便后续的配送工作。

2. 货物配载和装载

计划需要确定货物的配载方式和装载时间。根据发货人的要求和货物特性,确定货物的配载方式,如托盘、集装箱或货架;同时,也需要安排合适的装载时间,确保货物能够准时被装载到运输工具中。

3. 配送路线和运输方式

计划需要规划合适的配送路线和运输方式,以确保货物能够按时送达目的地。在制订计划时需要考虑货物的目的地、距离和交通状况,选择最优的配送路线,并确定最适合的运输方式,如陆运、水运或空运等。

4. 运输时间和交付时间

计划需要确定货物的运输时间和交付时间。根据货物的性质和发货人或收货人的要求,规定合理的运输时间,并确保货物能够按时送达目的地。

5. 货物跟踪和监控

计划需要包括货物的跟踪和监控措施,以确保货物在运输过程中的安全和准确性。通过利用物流信息系统和工具，运输公司可以实时跟踪货物的位置和状态，并及时解决可能出现的问题。

通过制订和执行零担货物运输计划，运输公司可以有效地组织和管理货物的收集、配载、装载和配送，以提高运输效率、满足货主的需求，并确保货物安全、准时地送达目的地，有助于提高物流运作的效益和顾客满意度。

（二）车辆运行效用指标的计算

车辆运行效用指标是衡量车辆在运输过程中性能和效率的指标。车辆运行效用指标从多个方面（如时间、速度、行程及载重能力等）反映运输工具的利用情况。

1. 车辆时间利用指标

微课 02
车辆的时间利用
指标体系

车辆时间利用指标是衡量车辆在运输过程中时间利用率的指标。它表示车辆实际用于货物运输的时间与总时间之间的比例。较高的车辆时间利用率意味着车辆更有效地用于运输任务，减少了等待和闲置的时间。

车辆时间利用率是一个关键的运输效率指标，它是评估车辆运输效率的重要指标之一。以下是与此相关的其他指标和公式。

车辆工作率：是指车辆在一定时间内，营运车辆总车日中，工作车日所占比重。在其他条件不变的情况下，车辆工作率越高，表示车辆的时间利用率程度越高，通常采用百分数表示，其计算公式为：

$$车辆工作率 = （工作车日 \div 总车日）\times 100\%$$

公式中，车日是指处于各种状态下的车辆与其保有日数的乘积。车日指标关系如图 3-1 所示。

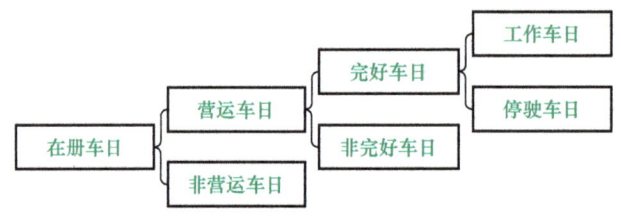

图 3-1　车日指标关系图

车辆完好率：是表明汽车运输公司技术管理和质量能力方面的一个综合性指标，其计算公式为：

$$车辆完好率 = （完好车日 \div 总车日）\times 100\%$$

平均每日出车时间：反映的是在车辆工作量一定的情况下，车辆的时间效率利用的指标，包括纯运行时间、营运停歇时间和停库时间等，其计算公式为：

$$平均每日出车时间 = 计算期出车时间 \div 同期工作车日总数$$

出车时间利用率：反映车辆运行时间占整个出车时间的比例，其计算公式为：

$$出车时间利用率 = （运行时间 \div 出车时间）\times 100\%$$

昼夜时间利用率：反映车辆出车时间长短的指标，其计算公式为：

昼夜时间利用率 =（平均每日出车时间÷24）×100%

> 【举例】某运输公司第三季度初有营运车辆 100 辆。7月1日新增 10 辆；8月1日报废 8 辆，不再参加营运；8月有 4 辆由于大修有 10 天未参加运输；9月有 20 辆因无生产任务有 20 天未参加运输。第三季度累计出车时间为 73536 小时，车辆运行时间为 55152 小时，试求第三季度该公司的有关车辆时间利用率的各项指标。
>
> 总车日 =（100+10）×（31+31+30）−8×（31+30）= 9632（车日）
> 非完好车日 = 4×10 = 40（车日）
> 完好车日 = 9632−40 = 9592（车日）
> 工作车日 = 完好车日 − 停驶待运车日 = 9592−（20×20）= 9192（车日）
> 车辆工作率 =（工作车日÷总车日）×100% =（9192÷9632）×100% ≈ 95.43%
> 车辆完好率 =（完好车日÷总车日）×100% =（9592÷9632）×100% ≈ 99.58%
> 平均每日出车时间 = 计算期出车时间÷同期工作车日总数 = 73536÷9192 = 8（小时/日）
> 出车时间利用率 =（运行时间÷出车时间）×100% =（55152÷73536）×100% = 75%
> 昼夜时间利用率 =（平均每日出车时间÷24）×100% =（8÷24）×100% ≈ 33.33%

2. 车辆速度利用指标

车辆速度利用指标是衡量车辆运输速度利用率的指标。它表示车辆实际行驶速度与理论最大行驶速度之间的比例。较高的车辆速度利用率表示车辆在运输过程中能够更接近或达到其最大速度，从而提高运输效率。

技术速度：是指营运车辆在运行时间内实际达到的平均行驶速度，反映的是车辆的动力性能、驾驶水平及道路情况等信息。在实际运输中，各种因素如道路条件、交通状况、载重程度等都会影响车辆的实际行驶速度。其计算公式为：

$$技术速度 = 总行程÷同期运行时间$$

营运速度：是按出车时间计算的车辆平均时速，即指营运车辆在出车时间内实际达到的平均行驶速度。它受装卸工作机械化程度、道路条件、调度和组织工作等因素影响。其计算公式为：

$$营运速度 = 总行程÷同期出车时间$$

平均车日行程：是衡量运营车辆在时间和速度两个方面利用程度的综合性指标。其计算公式为：

$$平均车日行程 = 计算期总行程÷同期工作车日$$

或

$$平均车日行程 = 平均每日出车时间 × 营运速度$$

或

$$平均车日行程 = 平均每日出车时间 × 出车时间利用率 × 技术速度$$

> 【举例】某运输公司第三季度有营运车辆 100 辆，车辆累计总行程为 350 万公里，累计出车时间为 73536 小时，车辆运行时间为 55152 小时，工作车日为 9192 车日，平均日出车时间为 8 小时/日，则：
>
> 技术速度 = 总行程÷同期运行时间 = 3500000÷55152 ≈ 63.46（公里/小时）
> 营运速度 = 总行程÷同期出车时间 = 3500000÷73536 ≈ 47.60（公里/小时）
> 平均车日行程 = 计算期总行程÷同期工作车日 = 3500000÷9192 ≈ 380.77（公里）
> 平均车日行程 = 平均日出车时间 × 营运速度 = 8×47.60 = 380.80（公里）

车辆速度利用率指标结合了技术速度、营运速度以及平均车日行程等参数，可以帮助运输公司评估车辆运输性能和效率，优化车辆调度和行驶路线，提高车辆营运速度和利用率，从而可以提高运输效率、降低运输成本和增强客户满意度等。

3. 车辆行程利用指标

车辆行车利用指标一般用来衡量车辆的行程利用率，即车辆在运输过程中实载行驶里程与总行程之间的比例。车辆行程利用率受货物流量时间和空间分布状态，以及车辆运行调度等多种因素的影响。总行程由载重行程和空驶行程组成，其计算公式为：

$$总行程 = 平均车日行程 \times 工作车日数$$

或

$$总行程 = 平均营运车数 \times 日历天数 \times 车辆工作率 \times 平均车日行程$$

$$行程利用率 = （载重行程 \div 总行程）\times 100\%$$

或

$$行程利用率 = [（总行程 - 空驶行程）\div 总行程] \times 100\%$$

【举例】某运输公司第三季度的车辆累计总行程为 350 万公里，而车辆实际载重行驶了 245 万公里，则该车辆的行程利用率为：

$$行程利用率 = （载重行程 \div 总行程）\times 100\% = （245 \div 350）\times 100\% = 70\%$$

4. 车辆载重能力利用指标

车辆载重能力利用指标可以衡量车辆的载重能力利用率，即车辆实际载重量与额定载重量之间的比例。较高的车辆载重能力利用率表示车辆能够更充分地利用其额定载重能力，提高运输效率和经济性。

吨位利用率：是衡量车辆运输载重能力利用程度的指标，它表示车辆实际载重量与额定载重量之间的比例。实际载重量指运输工具实际装载的货物重量，额定载重量指运输工具设计的最大货物承载能力。其计算公式为：

$$吨位利用率 = （实际载重量 \div 额定载重量）\times 100\%$$

【举例】假设一辆货车的额定载重量是 10 吨，而实际上它在运输过程中只装载了 7 吨货物，其吨位利用率为：

$$吨位利用率 = （实际载重量 \div 额定载重量）\times 100\% = （7 \div 10）\times 100\% = 70\%$$

当考查全部营运车辆在一定时间内载重能力利用程度时，实质是考查平均吨位利用率，其计算公式为：

$$吨位利用率 = （计算期总周转量 \div 同期载重行程载质量）\times 100\%$$

$$计算期总周转量 = 总货运量 \times 货物运输距离$$

$$同期载重行程载质量 = 额定总载重量 \times 载重行程$$

周转量即货物周转量，是指运输公司在一定时期内完成的运输工作量，是货运量和货物运输距离的乘积，单位为吨公里。载重行程载质量是指在一定时期内全部营运车辆的载重行程载质量总和，是每一辆营运车的载重行程与其额定吨位的乘积的合计数。载重行程载质量的含义是：载重运行的全部车辆在满载时能够完成的运输工作量（吨公里）。

【举例】某运输公司第三季度有营运车辆100辆，车辆累计总行程为350万公里，载运行程245万公里，车辆的平均额定载质量为10吨，第三季度共计完成1715万吨公里，吨位利用率为：

同期载重行程载质量＝额定总载重量×载重行程＝10×245＝2450（万吨公里）

吨位利用率＝（计算期总周转量÷同期载重行程载质量）×100%＝（1715÷2450）×100%＝70%

这表示该货车的吨位利用率为70%，即它实际装载的货物仅占其额定载重量的70%。运输公司应通过优化货物的装载和配送计划、合理分配运输任务等方式，提高车辆的吨位利用率，以达到更高的运输效率和经济效益。

实载率：是研究车辆行程利用程度和载重能力利用程度的综合反映。其计算公式为：

实载率＝（计算期总周转量÷同期总行程载质量）×100%

或　　　　　　　　实载率＝行程利用率×吨位利用率

【举例】某运输公司第三季度有营运车辆100辆，车辆累计总行程为350万公里，载运行程245万公里，车辆的平均额定载质量为10吨，第三季度共计完成1715万吨公里，实载率为：

实载率＝（计算期总周转量÷同期总行程载质量）×100%＝[1715÷（10×350）]×100%＝49%

或

行程利用率＝（载重行程÷总行程）×100%＝（245÷350）×100%＝70%

吨位利用率＝（计算期总周转量÷同期载重行程载质量）×100%＝（1715÷2450）×100%＝70%

实载率＝行程利用率×吨位利用率＝70%×70%＝49%

通过优化货物的装载、减少空载运输、增加装载率或调整运输任务等方式，可以提高车辆的实载率，进而提高运输效率和经济效益。实载率的提高不仅有助于降低运输成本，还有助于减少车辆数量和能源消耗，对环境保护也具有积极意义。

（三）零担货物运输计划种类及编制步骤

零担货物运输计划是指为零散货物（非整车货物）的运输安排制订的计划，与整车货运相比，零担货物运输需要更为精细地管理和规划，以确保高效、可靠的服务。零担货物运输通常涉及多个货物的组合装车与分拨，以及多个地点的提货和送货。以下是一些常见的零担货物运输计划种类及其编制步骤。

1. 集货计划

集货计划是用于收集和集中零散货物的计划，通常在货物运输前执行。它包括从多个发货地点收集货物，然后汇总到一个集货中心。制订集货计划的具体步骤和主要工作内容见表3-4。

表 3-4 制订集货计划的具体步骤和主要工作内容

序号	步骤	工作内容
1	货物信息收集	获取货物的详细信息,包括种类、体积、重量和送达时间,确认发货地点和货物准备时间
2	分析与预测	分析每个发货地点的货物量和运输路线,预测可能产生的运输成本并对货物装载进行优化
3	集货点选择	确定集货点位置,确定集货点的人员和设施需求
4	车辆调度	安排车辆调度计划,确定发车和到达时间
5	集货操作	在各个发货地点收集货物,运输货物到集货中心或临时集货点
6	优化包装和装载	对货物进行适当的包装和标记,优化车辆装载以提高运输效率

2. 分拨计划

分拨计划是指针对集中来货进行分类、分拨,以便能高效地装载到不同的运输工具上,并安排后续运往不同目的地的计划。分拨计划是物流过程中的关键步骤,主要涉及对汇集至集货中心的零担货物进行分类,以便根据目的地高效运转。制订分拨计划的具体步骤和主要工作内容见表 3-5。

表 3-5 制订分拨计划的具体步骤和主要工作内容

序号	步骤	工作内容
1	货物接收	收集来自不同地点的货物,确认货物完好无损、清单准确无误
2	分类和分拨	根据目的地、种类、体积和重量对货物进行分类,将货物分拨至不同的分运区域
3	配载计划	制订配载计划,考虑目的地和运输工具的要求,优化空间和重量分配
4	装载排程	安排合适的装载时间,调配人力,确保装载顺利进行
5	运输文档	准备必要的运输文档,如托运单、发票等,确认文档准确无误
6	信息系统更新	在物流信息系统中更新货物的状态和位置,并提供货物追踪服务
7	货物调度	对优化的运输路线进行确认,并针对特殊需求进行专门调度

3. 配载计划

配载计划涉及如何高效利用运输工具的载货能力,将不同的零散货物经过合理规划后装载到同一运输工具上,以提高运输效率和降低成本。配载计划是物流行业中对运输工具货物装载进行优化,以提高运输效率和降低成本的一个关键过程。制订配载计划的具体步骤和主要工作内容见表 3-6。

表 3-6 制订配载计划的具体步骤和主要工作内容

序号	步骤	工作内容
1	收集货物信息	获取即将装载的货物的详细信息,确定送货优先级
2	确定运输资源	根据货物总量、类型和特性确定合适的运输工具类型和数量

（续）

序号	步骤	工作内容
3	货物分类	根据目的地、大小、重量、形状和货物性质对货物进行分类
4	制定装载策略	确定装载顺序和放置方法，确定每个货物在运输工具中的位置
5	调整配载方案	使用配载软件或经验进行配载方案的模拟和调整，确保可以获得最优的空间和重量利用率
6	制订装载和卸货计划	确定货物装卸顺序，考虑货物安全和防护措施
7	文档准备确认	准备配载清单和相关运输文档，记录每箱货物的位置和信息
8	实施装载	根据配载计划严格执行每一步，确保货物按照预定方案放置
9	审核和改进	审核配载计划的执行情况，提取经验教训用于未来计划的改进

4. 路线规划

路线规划是指确定运输路线，以确保货物可以按时、安全地送达目的地，同时考虑成本和效率。路线规划是物流管理中一个核心环节，涉及选定最适合的运输路线来确保货物快速、安全而经济地送达目的地。路线规划的具体步骤和主要工作内容见表 3-7。

表 3-7 路线规划的具体步骤和主要工作内容

序号	步骤	工作内容
1	收集分析信息	收集货物相关信息，分析道路状况和交通规则，分析地理特点和历史交通数据
2	确定折点和分拨中心	评估选择合适的分拨中心，根据货物流向选择关键折点
3	考虑运输模式	确定适宜的运输模式，考虑多种运输方式的组合
4	确定备选路线	设计几种可能的运输路线，评估时间效率和成本效率
5	评估风险和依赖程度	评估每条路线的风险，评估对关键点的依赖程度
6	运费计算	估算每条路线的运输费用和其他潜在成本
7	路线优化	使用软件或经验确定最优路线，以最低成本和合理时间到达目的地
8	制订应急预案	针对最佳路线制订应急预案，应对可能出现的意外情况
9	决策与执行	确定最终运输路线，并将最终运输计划传达给驾驶员、调度人员和客户

> **行业新知**
>
> **不合理运输**
>
> 在确定车辆行驶路线方案时，必须避免不合理运输现象，以确保经济效益最大化，减少运力浪费，降低运费，提高货物流通速度并减少货物损耗。不合理运输主要表现为以下几种形式：空驶、对流运输、迂回运输、倒流运输、重复运输、过远运输和无效运输。各种不合理运输现象的具体说明见表3-8。

表 3-8 不合理运输现象汇总表

形式	定义	原因	图示
空驶	空车无货载行驶	工作失误、货源计划不周或车辆过分专用	
对流运输	同种或可替代货物在同一路线或平行路线上相对方向运输	计划不周、地理位置不熟或组织不当	
迂回运输	货物经多余路线绕道运行,增加运输距离和时间	计划不周、地理位置不熟或组织不当	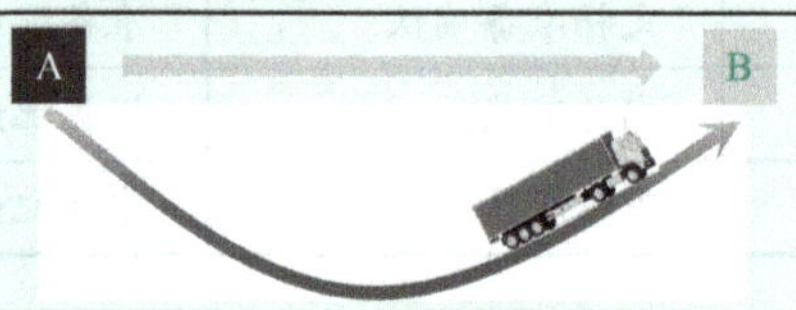
倒流运输	货物从销售地向产地或从其他地点向产地倒流	供应链决策失误、产品质量问题、退货政策、渠道冲突、物流网络缺陷及法规要求等	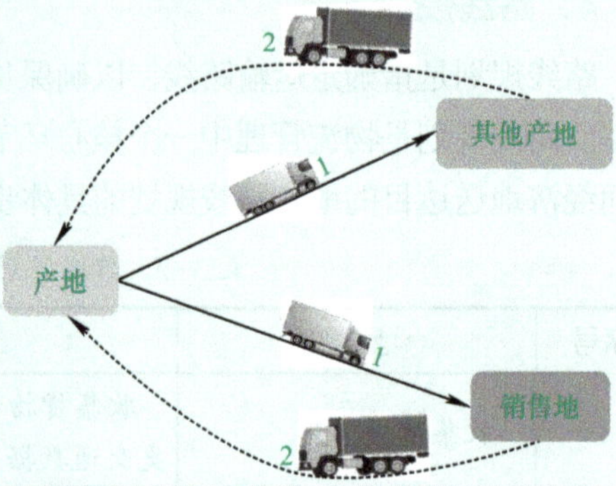
重复运输	货物本可直达目的地,却中途卸下,增加运输环节和时间	物流仓库设置不当或运输计划不周	
过远运输	近处有资源,却从远处运来,舍近求远,增加货物运输距离	资源(库存)系统信息更新慢、信息共享滞后	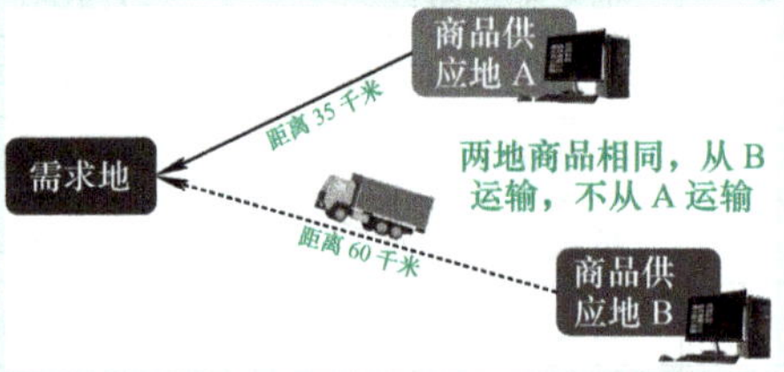
无效运输	运输的货物杂质过多,导致运输能力浪费在不必要的物资运输上	对货物使用需求情况不明,没有做运输前初加工	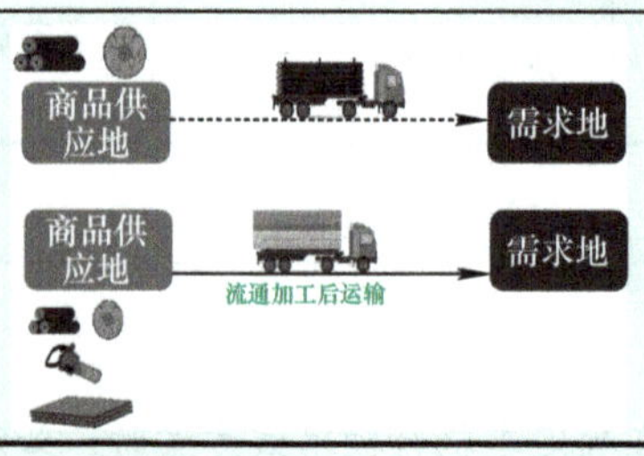

通过识别和避免这些不合理的运输方式,企业可以显著提高物流效率,降低成本,并确保货物安全、快速地到达目的地。合理规划运输路线,优化货物装卸和仓储流程,以及加强信息共享和资源调配,是实现这一目标的关键措施。只有这样,才能在激烈的市场竞争中保持竞争力,实现可持续发展。

5. 送货计划

送货计划是指根据目的地的货物分布，规划配送路线和时间，以便高效将货物分送到各个收货点的计划。送货计划是物流和配送服务中至关重要的一环，涉及最后一公里（即从配送中心到最终客户的配送过程）的配送优化。制订送货计划的步骤和主要工作内容见表3-9。

表3-9 制订送货计划的步骤和主要工作内容

序号	步骤	工作内容
1	订单聚合	收集所有待配送货物的订单，包括订单详细配送地址、货物大小和重量
2	地理分群	根据配送地址进行地理编码，将订单按照地理位置分群，形成可执行的配送区域
3	路线规划	对每个配送区域设计优化路线，确保驾驶员行驶距离最短并满足所有配送时间要求
4	资源分配	根据货物体积和重量，分配适当的运输资源
5	时间计划	对每条配送路线制定详细的配送时间表，在客户预期的时间内送达
6	预案制订	针对交通延误、车辆故障等潜在问题制订应急预案
7	车辆装载	基于配送计划，安排货物的装车顺序，确保高效装载
8	实施和跟踪	路线计划和时间表下达至驾驶员，利用GPS和移动设备实时跟踪
9	客户沟通	通过信息系统提醒客户配送状态和预计到达时间
10	反馈和优化	收集配送过程中的数据和客户反馈，用于服务改进和优化

二、零担货物智慧运输调度及优化算法

（一）零担货物智慧运输调度的含义和特点

零担货物智慧运输调度是指运用现代信息技术、通信技术、自动化控制技术和人工智能等先进技术来优化和改进零担货物（即非整车货物）运输中的调度过程。其目标是提高效率、降低运输成本、提升服务质量，并提高零担货物运输系统的灵活性和响应能力。

1. 零担货物智慧运输调度的含义

（1）数据驱动。利用大数据分析技术，智慧化调度系统可以根据历史数据和实时数据对货物流向、运输需求、运力分布等进行精准预测和分析，以更好地制订或调整运输计划。

（2）实时追踪。运用GPS定位系统、物联网技术等工具进行货物和运输车辆的实时位置追踪，实现对运输过程的动态监控和管理。

（3）自动化调度。通过算法优化，如用路径规划算法、调度优化算法等，智慧化调度系统能够自动化地为零担货物分配最优的运输资源和路线，更好地处理订单调度任务。

（4）响应式调整。在运输过程中，如遇突发事件或实际运输状况与计划不符，智慧化调度系统能够根据实时信息反馈自动调整调度方案，如重新规划路线、重新分配车辆等。

（5）人机交互。系统提供友好的用户界面，使调度人员能够轻松地与系统交互，监视运输过程，手动调整调度计划，或处理系统无法自动解决的复杂问题。

（6）集成通信。智慧化调度系统能够通过集成通信技术，使调度中心、驾驶员、客户之间保持高效的信息交换，确保信息的同步和共享。

零担货物智慧运输调度的实施可以显著提升整个物流过程的智慧化水平，通过科学的决策支持和优化算法降低运输成本，同时提高零担货物运输系统的可靠性和准时率，且能够适应不断变化的运输需求和复杂的市场环境。

2. 零担货物智慧运输调度的特点

（1）集成高级技术。利用人工智能、大数据、物联网、移动互联网等技术可以实现运输过程的自动化和智慧化。

（2）动态优化。通过实时数据分析，智慧化调度系统能够动态优化路线和运输计划，应对各种突发事件，如交通拥堵、天气变化、车辆故障等。

（3）实时追踪与监控。零担货物运输通过 GPS 和其他跟踪技术，允许实时监控货物和车辆的位置，提供透明的运输进度信息给调度者和客户。

（4）高效的资源分配。智慧化调度系统能够根据货物的特性和要求，以及运输工具的实际情况，实现运输资源（车辆、人员、路线等）的高效分配和利用。

（5）自动决策支持。通过预设的算法模型和业务规则，智慧化调度系统能够给出调度建议，或者在特定条件下自动执行决策，减少人工干预。

（6）提高准时性和可靠性。通过精准的调度计划和及时地调整，智慧化调度系统能够确保货物准时到达目的地，提高整个运输过程的可靠性。

（7）客户体验改善。通过智慧化调度系统提供的货物追踪信息、预计送达时间等服务，运输公司可以提升客户体验，增强客户对服务的满意度。

（8）降低成本。智慧化调度系统通过优化路线和提升车辆利用率，有助于降低运输、人工、管理等方面的成本。

（9）可扩展性和灵活性。智慧化调度系统在设计时考虑了未来的拓展需求，因此该系统可以灵活地添加新功能或修改现有功能，从而可以适应不断变化的市场和技术要求。

（10）环保效益。通过优化路线和提高载货量使用效率，智慧化运输调度有助于减少能源消耗和碳排放，对环保起到积极作用。

零担货物智慧运输调度通过这些特点提供了一个更加高效、灵活、实时的运输管理解决方案，支持物流公司在复杂多变的运输环境中做出及时、合理的调度决策。

（二）零担货物智慧运输调度优化算法

在零担货物智慧运输调度中，开发和应用优化算法是关键环节，特别是对于路径规划和车辆调度这两个方面。

1. 路径规划优化算法

路径规划的主要目的是确定运输货物的最有效路径。这通常涉及多个变量，包括道路状况、距离、预计时间、成本等。主要的路径规划优化算法包括以下几个方面。

（1）最短路径算法：用于寻找单个起点到目的地的最短路径。

（2）旅行商问题（TSP）算法：用于找到经过所有必须访问点一次并返回起点的最短可能路线。

（3）车辆路径问题（VRP）算法：TSP 的延伸，它考虑了车辆容量、配送/收集需求、时间窗等约束，适合多货物配送问题。

（4）启发式/元启发式算法：如基于蚁群优化（ACO）、遗传算法（GA）、模拟退火（SA）等，它们用于求解大规模和复杂的优化问题。

（5）动态规划算法：考虑时序变化和历史数据，为动态环境中的路径选择提供解决方案。

2. 车辆调度优化算法

车辆调度优化算法主要解决如何利用有限的车辆资源来执行运输任务。这通常涉及车辆的分配、装载、调动等。主要的车辆调度优化算法包括以下几个方面。

（1）整数线性规划（ILP）：一种数学优化方法，它可以找到最佳的车辆分配和调度方案。

（2）约束满足问题（CSP）算法：通过定义问题的约束进行求解，适用于有明确限制条件（如时间窗、车辆限制等）的调度问题。

（3）多智能体系统（MAS）：利用多个智能体集成合作解决问题，适用于大型网络中的车辆调度。

（4）规则引擎：使用事先定义好的业务规则自动决定车辆分配，并随着业务变动灵活调整规则。

（5）机器学习算法：采用强化学习优化车辆调度策略，通过智能体与环境的交互学习最优决策，动态调整运输路径和资源分配，以持续提升调度效率。

3. 算法应用的注意事项

在实际应用中，这些算法往往需要结合使用，以解决复杂的调度问题。例如，一个智慧化调度系统可能先使用 VRP 算法来规划一天内的配送路线，并在路线规划的基础上，利用 ILP 算法进行车辆分配，同时根据实时交通和货物状态，动态调整运输路径和车辆分配方案。

在开发和应用这些算法时，需要注意以下几个方面。

（1）适应性：算法需要能够适应复杂多变的运输环境和业务需求。

（2）扩展性：随着业务的扩大，算法应方便添加新的变量和参数。

（3）效率：高效的算法可以减少计算时间，加快反应速度。

（4）准确性：算法结果必须反映实际情况，确保调度的可靠性。

（5）用户友好：虽然算法本身可能很复杂，但其输出和用户界面需要简洁明了。

优化算法的应用不仅提高了零担货物运输调度的效率，还为运输企业节约了成本，并提升了客户的整体满意度。

4. 算法应用的步骤

零担货物智慧运输调度优化算法应用的步骤和工作内容见表 3-10。

表 3-10　零担货物智慧运输调度优化算法应用的步骤和工作内容

序号	步骤	工作内容
1	系统输入与数据准备	收集货物信息，包括尺寸、重量、类型、目的地和特殊要求；收集可用车辆信息，包括数量、类型、载重和可行的运输时间窗；收集实时交通情况、天气信息和道路限制等外部信息

(续)

序号	步骤	工作内容
2	算法选择与调整	选择适合业务需求的算法,如最短路径算法、旅行商问题(TSP)算法或车辆路径问题(VRP)算法;根据具体情况调整算法参数;在动态环境中使用启发式或元启发式算法提高调度的灵活性和适应性
3	服务监测与运行调度系统	使用GPS和跟踪技术监控货物和车辆的运输状态;基于实时交通信息实时更新和调整路线规划
4	处理异常情况	关注并处理可能影响运输计划的异常情况,如车辆故障、交通事故或极端天气;使用智慧化调度系统的自适应功能进行快速调整;与驾驶员和客户沟通更改的运输信息
5	客户沟通与服务	通过客户界面提供基于实时运输信息的客户服务;快速响应客户查询并提供协助
6	持续优化与反馈学习	收集运输过程中的数据并反馈至系统中,以便未来优化;使用机器学习算法让系统根据历史表现自我优化

通过以上步骤,操作者能高效地利用零担货物智慧运输调度系统中的优化算法来提高运输效率和服务质量。同时,通过不断的学习和优化,零担货物智慧运输调度系统将持续进步以满足日益增长和变化的物流需求。

学习任务

通过本单元的学习,请完成以下学习任务。

学习任务清单

任务内容	任务要求	验收方式
学习零担货物运输的定义和流程	列举关键步骤,解释作用	提交报告,描述流程
学习计算车速、行程、载重能力利用指标	完成案例练习,理解指标用途	提交答案及解释
了解智慧化调度和优化算法基础知识	分析智慧化调度和优化算法为何能提高运输效率,理解其作用	准备演讲,介绍概念和优点,采用表格形式进行输出

拓展活动　某运输公司第三季度运营统计报告

在第三季度,某运输公司对运营情况进行了详细的统计与分析。截至6月底,公司拥有营运车辆100辆,构成了其运输业务的核心力量。为了进一步提升运输能力,公司在7月1日新增了10辆营运车辆,为业务的扩展提供了有力支持。然而,随着时间的推移,部分车辆因老化或技术原因无法继续参与营运,于是在8月1日,公司报废了8辆车辆。此外,在9月份,由于生产任务减少,有20辆车辆共计20天未能参与运输,这在一定程度上影响了公司的运营效率。

在整个第三季度,车辆在实际运输中的使用情况如下:公司的车辆累计行驶了450万公里,其中载运行程为405万公里,车辆的平均额定载质量为10吨,共完成周转量3240万吨公里。

活动要求:请你计算总车日、工作车日、车辆工作率、平均车日行程、吨位利用率、行程利用率和实载率,运输过程中存在一定的空载或轻载情况,请提出优化措施或建议。

> **课后一思**
>
> 随着电子商务的快速发展，快递挤占了大部分传统零担货物运输的市场份额，请思考零担货物运输未来的出路在哪里。

单元三　零担货物智慧运输业务流程操作

案例导入

智能物流在行动：某电子公司的跨城市零担货物运输优化

某电子公司正面临着将一批高价值的电子元件，从其上海分仓库安全且迅速地运到北京生产工厂的物流挑战。鉴于货物的易损性及对运输时效性的严格要求，公司决定采用智阳物流提供的零担货物智慧运输服务，以确保运输的可靠性和效率。

在订单提交阶段，该电子公司的客户服务代表通过智阳物流的在线平台细致地输入了货物的具体规格、重量和特殊搬运要求，以及必要的地址和预期的送货时间。订单信息包括了易损电子元件的确切名称、数量，以及与之相关的服务水平协议。订单一经在系统中确认提交，便触发了后续的智慧化处理流程。

智阳物流平台自动对接收到的订单信息，并对其进行审核，验证其数据准确性，并结合货物特点和目的地距离，运用先进的算法为订单定价。在资源分配环节，平台会智能建议哪些车辆和装备可用于本次运输，并自动分配最合适的物流资源。订单确认后，客户会收到一个明确的订单确认通知，包含运输细节和预计送达时间。

在订单执行阶段，智阳物流调度中心基于平台推荐的调度计划，迅速安排车辆和人员准备货物装载。一旦货物装载完毕便会出发，通过智能追踪系统，客户能够实时了解货物的运输状态，整个过程中执行团队也会实时监控运输路线和货物的安全情况，确保运输过程万无一失。

货物在完成跨城市的运输并抵达北京工厂后，智能追踪系统会自动更新状态至"已交付"，并通知客户服务代表和工厂接收部门。工厂的工作人员按照既定流程接收货物，并严格检查货物的完整性。随后，根据某电子公司的指导，完成物流文件的交接，将货物成功纳入工厂的生产线。

完成交付后，工厂主管使用智阳物流平台提交对整个运输服务的评价。这些宝贵的客户反馈被物流公司用于进一步优化服务流程中。智阳物流通过整合客户评价和内部数据，对服务流程进行定期评估并实施改进，确保未来的运输服务能更好地满足客户需求。

思考：使用在线平台进行零担货物运输业务有哪些优势？

业务知识

零担货物运输作为现代物流体系的重要组成部分，是指将多个货主的零星货物通过智能配载系统进行整合，采用同一运输工具完成配送服务的专业化物流模式。随着物联网、大数据和人工智能等新一代信息技术的深度应用，零担货物智慧运输已构建起从智能订单处理、自动化货物分拣、动态运输调度、可视化在途监控到数字化交付确认的全流程智能化管理体系。该系统通过机器学习算法持续优化运输路径和资源配置，依托智能传感设备实现货物状态的实时监控与预警，并借助移动互联网技术为客户提供全程透明的物流信息服务，从而提高运输效率和服务质量。

零担货物智慧运输业务流程是一个集成了多个步骤的复合操作过程，每一步都通过智能系统来优化和简化操作。以下是零担货物智慧运输的典型业务流程。

一、订单提交

订单提交是零担货物运输流程的首要环节，通过智能化的信息采集系统，客户可便捷地录入货物信息、收发地址、运输时效等关键数据。系统将自动进行数据校验和标准化处理，确保信息的完整性与准确性，为后续的运输作业奠定基础。智慧化的订单提交不仅提高了操作效率，更通过智能预filling功能大幅降低了人工录入的错误率，有效提升了整体服务质量。零担货物智慧运输订单提交的步骤见表3-11。

表3-11 零担货物智慧运输订单提交的步骤

任务	步骤
访问系统	查找服务提供商、创建账户、登录账户、账户设置
输入详情	选择货物属性、填写发货人和收货人信息、输入运输要求、确认订单细节
货物信息	选择货物分类、提供标准尺寸和重量、填写是否需要特殊运输条件
地址信息	提供详细的地址信息，系统自动验证
交货时间	输入取货时间、输入送达时间、输入时间窗口
服务要求	加急服务、保险服务、货物追踪服务、仓储服务、装卸服务
预览与提交	预览订单细节、确认订单准确性、提交订单

二、订单处理

订单处理是企业对客户订单进行接收、管理和执行的关键业务活动，旨在确保货物或服务高效、准确地交付给顾客，以提升客户满意度和保持供应链的顺畅。其特点包括系统的实时性、订单数据的自动化处理、通过数据智能分析进行资源优化、跨平台多渠道的接入能力、数据安全和隐私的严格保护、提供优质用户体验以及通过系统的弹性和可伸缩性来适应不同规模的业务需求。这些特点共同构成了零担货物智慧运输的订单处理体系，确保企业在快速变化的市场中保持竞争力。零担货物智慧运输订单处理步骤见表3-12。

表3-12 零担货物智慧运输订单处理步骤

任务	步骤
系统接收	系统接收订单、初步审核订单信息、数据清洗和归一化、数据存储和管理
数据验证与审核	系统自动验证订单信息的完整性和有效性、检查订单信息是否符合要求、发现问题并提示客户修改或提供缺失信息、提供具体的修改或补充要求、接受客户的修改或补充信息
定价计算	提供货物基础信息并选择服务、计算货物的体积重量和运输距离、应用定价规则和费用计算公式、提供估算的运费和其他费用、提供优惠和折扣信息

（续）

任务	步骤
资源分配	分析货物属性和运输要求、预估需求量和时间窗口、资源匹配和路径规划、智能路径规划和优化、分配资源和确认运输方案
订单确认	审核订单信息、计算预估价格、预估取货和送达时间、确认订单信息、提供货物跟踪方式、发送订单确认通知

三、订单执行

订单执行是指企业在接到订单后，快速而准确地完成货物运输和交付的过程，它是实现客户服务承诺的关键步骤，对提升客户满意度和维护公司声誉至关重要。在零担货物智慧运输中，订单执行的特点主要包括实时监控货物位置和状态、运用智能算法确保时效性、进行异常管理以保障运输连续性、提高信息透明度以提升客户信任、对数据进行分析以提高运输效率，以及利用多方协同工具促进各参与方有效沟通。这些特点共同作用，提升了订单执行的效率、准确性和客户体验。以下是零担货物智慧运输订单执行的步骤。

（1）调度安排：系统进一步将订单插入到运输调度计划中，与其他订单组合优化以提高运输效率。调度安排步骤见表3-13。

表3-13 调度安排步骤

序号	步骤	描述
1	订单池管理	将所有订单信息组成订单池，根据不同因素进行智慧化调度安排
2	订单筛选和匹配	根据零担货物的特性和需求，系统会自动筛选和匹配订单，综合考虑货物体积、重量等因素
3	调度计划编制	根据筛选和匹配结果，系统会制订智慧化的调度计划，会考虑订单取货地点、路线、优先级等因素
4	车辆和驾驶员调配	根据调度计划，调配最适宜的车辆和驾驶员，根据订单需求匹配不同的运输资源
5	路径规划和导航	根据调度计划、交通状况、货物特性等因素，系统会进行智慧化的路径规划和导航
6	状态监控和异常处理	实时监控运输状态，预防或处理异常情况，如车辆故障、交通拥堵等问题

> **行业新知**
>
> **双班运输**
>
> 双班运输是指在一个工作日内，组织车辆出车两个或两个以上车班的一种运行组织方式。其最大特点是"歇人不歇车"，从而充分利用车辆的运力。因此，在条件许可的情况下，大力组织双班运输，可在不增加投资和设备的情况下，提高运输能力，增加运输产量，对提高货物运送速度，降低运输成本都有重要意义。

（2）货物追踪：随着货物的运输和处理，客户可以通过系统或提供的链接使用订单号来

智慧运输运营

追踪货物的实时状态。货物追踪步骤见表 3-14。

表 3-14 货物追踪步骤

序号	步骤	描述
1	订单生成	在货物开始运输前，为每个订单生成一个唯一的订单号，并将订单号与相关货物信息关联
2	货物扫描	在货物进入运输流程时，通过扫描货物上的条码或使用其他自动识别技术，将货物与订单号进行关联并记录在系统中
3	实时更新	在运输过程中，通过物流系统或相关设备不断监控货物的位置和状态。实时记录货物的路线、途经地点、装卸情况、仓库操作等信息
4	系统追踪	客户通过系统或提供的链接，使用订单号进行货物追踪。系统查询订单号，获取与订单关联的实时状态信息，并将其展示给客户
5	更新通知	客户会收到货物追踪的更新通知，包括货物的当前位置、预计交付时间以及其他相关信息。这些通知可以通过短信、电子邮件、App 推送等方式发送给客户
6	异常处理	在运输中遇到异常情况时，如延误、损坏或其他问题，系统会自动触发异常处理流程，并通知相关人员进行及时处理。同时，客户也会收到相应的异常通知
7	交付确认	当货物成功送达目的地时，系统会记录货物的交付并更新其状态为已交付。客户也可通过系统或链接获取交付确认的信息

（3）执行监控：智能系统不仅能给客户提供信息，还能持续监控运输过程，确保任何偏差或延误都能被及时捕捉，并采取必要的调整措施。执行监控步骤见表 3-15。

表 3-15 执行监控步骤

序号	步骤	描述
1	状态监测	通过物流系统或相关设备实时监测货物的位置、状态和运输过程中的各种参数数据，如温度、湿度等
2	数据收集	将监测到的数据收集并记录在系统中，包括货物的实时位置、订单状态、运输时间等信息
3	数据分析	对收集到的数据进行分析处理，通过智能算法和规则引擎实现异常检测和偏差分析
4	异常识别	根据分析结果，识别出设备故障、运输延误、货物损坏等异常情况，并及时发出警报或通知
5	警报通知	向相关人员（如调度员、驾驶员、客户）发送警报通知，提醒他们注意并采取必要措施来处理异常情况
6	异常处理	处理异常情况，包括紧急采取行动、重新安排运输计划、与客户沟通和寻求解决方案等
7	数据记录	将异常情况的处理结果和相关反馈记录在系统中，以供日后分析和追溯

四、货物接收与分类

货物接收与分类是物流过程中对进入仓库的货物进行确认、记录和组织的活动,它确保货物得到正确处理并进行有效配送,对提高整个供应链的效率和降低物流成本具有重要意义。在零担货物智慧运输中,这一过程的特点包括:自动化技术实现对货物信息的快速、准确录入,多元化处理满足各种货物的运输需求,实时性保证及时调整与优化流程,数据化管理方便货物追踪和查询,安全性措施确保货物在运输途中的安全,同时实现与其他系统的无缝对接和信息共享,提升整体作业效率和服务质量。

(一)货物接收

货物接收步骤见表3-16。

表3-16 货物接收步骤

序号	步骤	描述
1	到达确认	仓库或配送中心接收到货物后,通过扫描或手动确认,将货物的到达信息输入系统,确保与预期订单数据一致
2	核对信息	仓库工作人员核对货物的提货单、包装清单和运输文件等,确认货物信息与系统中记录的信息是否匹配
3	物理检查	对货物进行实际的视觉和物理检查,确认货物的外观、包装和数量是否与记录一致。检查货物是否存在损坏、污染或异常情况
4	数据录入	将货物的接收信息输入系统,包括货物的实际状态、包装状态、数量等信息,确保信息的准确性和完整性
5	异常处理	一旦发现货物存在损坏、异常或与订单不符,应及时通知相关部门或客户经理,记录异常情况,并采取相应措施进行处理,如拍照、封存等
6	签收确认	如需要进行客户签收,仓库工作人员会将货物交给客户并要求签字确认。确保客户已经收到货物,并记录签收信息
7	货物上架	根据货物的不同特性和仓库的管理规定,将货物按照合适的方式和位置上架,准备进入下一阶段的处理流程
8	数据同步	将货物接收的数据进行同步更新,确保系统中的货物信息与实际状态保持一致

(二)货物分类

货物分类步骤见表3-17。

表3-17 货物分类步骤

序号	步骤	描述
1	扫描录入	使用扫描设备,如条码扫描器或RFID读取器,将货物的标识信息扫描录入进系统,确保货物的标识信息真实、准确、清晰
2	智能分类	系统根据录入的标识信息对货物进行智能分类,可能会包括货物种类、大小、重量、材质、目的地、特殊要求(如温度控制、易碎、危险品等)

(续)

序号	步骤	描述
3	存放策略	系统依据分类结果和当前仓储空间状况，计算并决定货物最适合的存放位置，以优化库存管理和后续的出库过程。同时，将货物的存放位置记录到系统中，以便后续查询和调取
4	运输计划准备	系统会综合考虑货物的目的地、客户要求的交货时间，以及运输资源的可用情况等因素，然后准备后续的运输计划。对于重要货物或有特殊要求的货物，可能需要采用定制化的运输方案，以满足客户的要求

五、需求分析

需求分析在零担货物智慧运输中指的是运用先进的数据处理技术来解读和预测客户的运输需求。这一过程对于优化资源分配、提升服务水平以及策划高效的运输方案非常关键。它的特点包括数据驱动的决策支持，采集和利用大量的实时和历史数据；多维度分析，综合货物属性、路线条件等因素以制订最优运输计划；实时性确保系统能对即时情况做出反应；高效性提升分析速度，降低对人力资源的依赖；预测性能帮助企业提前适应可能的市场变动；自动化流程减少错误并提高分析的准确性。总体而言，需求分析通过智慧化的方式赋予了物流行业新的活力，提升了其适应力和竞争力。以下是零担货物智慧运输需求分析的步骤。

（1）订单数据聚合：系统聚合所有已接收和待处理的订单信息，进行综合分析。订单数据聚合步骤见表3-18。

表3-18 订单数据聚合步骤

序号	步骤	描述
1	数据收集	系统自动收集从客户或供应链环节中发出的货物运输订单信息，包括货物种类、数量、起始地和目的地、运输方式、配载和路线要求等
2	数据处理	对收集到的订单数据进行初步处理和清洗，去除重复数据、冗余数据、异常数据。对缺失信息进行询问和补充，确保订单数据的准确性和完整性
3	订单分析	基于收集的订单数据，系统对订单信息进行分析和统计，包括订单量、货物类型、运输方式、配载要求等方面的统计和分析
4	优化和规划	根据订单分析的结果，系统自动进行路线规划、配载优化和运输计划的制订。系统会综合考虑货物种类、数量、目的地和时效要求等因素，制订最优的运输方案
5	数据共享	将整合和处理后的订单数据共享给相关的供应链环节，包括客户、仓储和运输车队等，实现订单数据的实时交互和信息共享
6	数据更新和记录	对订单数据进行及时更新和记录，记录订单状态、运输历史、成本和收益等信息。对数据进行归档、备份和管理，确保数据的安全和有效性

（2）资源匹配：主要指的是将可用的运输车辆、驾驶员和搬运工人与货物运输订单进行有效匹配。资源匹配步骤见表3-19。

表 3-19 资源匹配步骤

序号	步骤	描述
1	资源数据收集	系统自动收集从车队、仓储和人力资源管理系统中获取的车辆、驾驶员和搬运工人的可用性、性能和特征数据，包括可用车辆数量、载重限制、特殊运输要求、驾驶员驾照和工作时间等信息
2	资源分析与筛选	基于收集的资源数据，系统对车辆、驾驶员和搬运工人进行分析和筛选，根据货物的尺寸、重量、特殊要求等条件，选择适合的运输资源
3	车辆选择	根据货物的尺寸、重量和特殊处理需求，系统从可用的车队中选择适合的运输车辆，如普通货车、冷藏车辆等。考虑到装载效率和运输成本，系统也会考虑车辆的载重限制和其他特殊要求
4	配载优化	系统使用算法计算最优的货物配载方案，在同一车辆上合理安排不同订单的货物，同时考虑运输路线和货物特点等因素，以提高运输效率和减少成本
5	运输航次合并	系统根据不同订单的目的地的重叠或接近性，将多个订单的货物规划在同一运输航次中，以减少空驶和运输成本。在运输航线合并时，系统会综合考虑订单的时效性和运输成本等因素
6	调度计划生成	系统自动生成详细的运输调度计划，包括驾驶员的分配、预计出发时间、运输路线和途经站点等信息。系统会考虑驾驶员的驾驶时间和休息要求，确保调度计划的合理性和驾驶员的安全
7	资源匹配结果通知	系统将资源匹配结果通知相关的车队、驾驶员和搬运工人，以便他们准备和安排相关的运输任务。系统还可以提供信息的动态更新和调整，以应对运输过程中的变化或突发情况

行业新知

科学的车辆装载技术

为了提高运输效率、节约成本并确保商品安全，改进商品包装和采用科学的装载技术是至关重要的。通过轻重配装、解体运输、紧密装载、散装运输、多层装载以及加宽、加高装载等方法，可以充分利用运输工具的载重和容积，提高装载效率，减少损耗，并改善劳动条件。这些方法不仅需要熟悉运载工具和商品特性，还需要应用数学方法和辅助器材来确保装载的科学性和安全性。货物装载方法见表 3-20。

表 3-20 货物装载方法

装载方法	适用情况	优点	注意事项
轻重配装	轻泡商品和实重商品搭配	充分利用运输工具载重和容积，节约运力和费用	熟悉运载工具和商品特性，应用数学方法计算装载比例
解体运输	体积大、形状不规则的商品	提高装载效率，便于搬运装卸	确保部件包装安全，防止损坏
紧密装载	形状不规则或大小混装的商品	提高装载量	必要时使用隔垫物保护商品

(续)

装载方法	适用情况	优点	注意事项
散装运输	块状、粒状、粉状和液态大宗货物	提高装载量，节约包装成本，减少损耗，改善劳动条件，提高装卸效率	做好掩盖，防止物料撒漏
多层装载	活猪、牛、羊、家禽等	增加装载空间	做好清洁消杀，防止交叉感染
加宽、加高装载	轻泡商品，如毛竹、杂木杆等	提高装载量，保证运输安全	在保证安全的前提下使用辅助器材

通过以上各种科学的装载方法，运输企业可以显著提高运输效率，降低运输成本，并确保商品在运输过程中的安全。随着科技进步和运输行业的不断发展，这些装载技术将会不断完善和创新，为物流行业带来更多的经济效益和社会效益。

六、跟踪和调整

在零担货物智慧运输中，跟踪和调整指的是对运输过程中货物的位置、状态和运输进度的实时监控，以及对运输计划的及时优化和变更。这个过程对于保障运输的透明性、及时响应各种突发情况并最大化运输效率非常重要。其特点包括：实时性保证货运状况得到持续监控；自动化减轻了人工负担并提升了处理速度和准确性；数据驱动的决策支持，通过分析历史和实时数据提供优化建议；协同性提高了团队之间的协作效率；异常处理机制有效降低了运输过程中的风险；系统的灵活性使其能迅速适应不断变化的运输要求。这样的特点使得零担货物智慧运输能在动态变化的市场环境中保持竞争力。以下是零担货物智慧运输跟踪和调整的步骤。

（1）动态调整：在执行过程中，如果发生任何变化（如交通情况或急单），系统能够动态调整原有计划，重新匹配资源。动态调整步骤见表3-21。

表3-21 动态调整步骤

序号	步骤	描述
1	监控和检测	系统通过实时监控车辆位置、订单状态和交通情况，以及接收实时的运输信息和反馈，来检测是否需要进行动态调整
2	分析和评估	系统对收集到的监控数据进行分析和评估，判断是否需要进行动态调整。根据数据分析结果，系统可以量化交通情况、订单优先级和资源可用性等因素，以支持决策
3	重新匹配资源	如果系统判断需要进行动态调整，它将重新匹配可用的资源，包括车辆、驾驶员和搬运工人。根据新的要求和限制条件，系统从可用的资源中重新选择，以实现最佳的资源利用和任务执行效率
4	更新调度计划	系统生成新的调度计划，包括驾驶员分配、预计出发时间、路线规划等信息。调度计划会考虑新的资源匹配结果和变化的任务需求，以确保在动态调整过程中保持运输过程的连贯性和高效性

（续）

序号	步骤	描述
5	通知相关人员	系统会及时通知相关的车队、驾驶员和搬运工人，告知动态调整的结果和相关变化，以便他们做好相应的准备和安排。这样可以确保相关人员对调整进行及时响应，并保持与系统的协同工作
6	实施和监控	系统将实施新的调度计划，并继续监控运输过程，以确保实施过程顺利进行。系统会持续监测新的动态调整结果和运输执行情况，及时发现和解决潜在问题，并根据实际情况进行进一步调整和优化

（2）反馈机制：系统设有反馈机制，会持续跟踪执行过程中的效率和问题，以用于未来的改进和优化。反馈机制运行步骤见表3-22。

表3-22　反馈机制运行步骤

序号	步骤	描述
1	监控和分析	系统通过收集和分析运输过程中的数据和反馈信息，以评估运输效率和识别潜在问题。这些数据包括运输时间、成本、货物状态等
2	生成报告	系统将数据分析结果转化为报告，展示各种关键指标、数据趋势和运输绩效等信息。指标包括订单处理时间、派送时间、满意度等
3	识别问题	系统通过比较实际结果和预期结果，识别出运输过程中的问题和优化空间。比如未按时派送、运输成本过高等
4	提出建议	系统根据分析结果生成改进建议，比如优化调度计划、改进货物分类和配载等
5	反馈和优化	系统将分析结果和建议反馈给相关人员，以便他们及时处理。反馈方式包括邮件、短信和系统内部通知等。反馈信息也会用于系统的优化和改进，以提高未来的运输效率

七、车辆调度与配载

车辆调度与配载是零担货物智慧运输中对运输车辆进行合理安排以及对货物进行有效配置的过程，它的关键在于在确保货物能够高效、准时送达目的地的同时，降低运输成本并提升整体物流效率。智慧化系统的特点包括实时性，能够快速处理车辆和货物的实时信息以便适时调整；自动化，减少人为干预并提高调度配载过程的效率与精度；数据驱动的决策，这意味着系统能基于数据分析做出更加精准的调度策略；多元化，能够处理不同类型的货物并满足各种配载需求；优化性，应用算法和模型实现最佳的车辆利用和货物装载；协同性，确保运输过程中各个角色的信息共享和高效协作，从而提高整个运输系统的灵活性和响应能力。以下是零担货物智慧运输车辆调度与配载的步骤。

（一）车辆调度

车辆调度步骤见表3-23。

表 3-23　车辆调度步骤

序号	步骤	描述
1	数据采集	通过GPS、传感器等设备实时采集车辆位置、货物状态、行驶数据等信息
2	效率评估	系统自动分析运输时效、油耗、路线合理性等关键绩效指标
3	异常监测	智能识别运输延误、路线偏离、车辆故障等异常情况
4	报告生成	自动生成包含运输时效、成本分析等关键数据的可视化报表
5	问题诊断	系统对比计划与实际执行差异,准确定位问题环节
6	优化建议	基于算法模型提出路线调整、车辆调配等改进方案
7	方案实施	将优化方案推送至调度人员终端,确认后执行
8	效果追踪	持续监控改进措施实施效果,形成管理闭环

（二）装载优化

装载优化步骤见表3-24。

表 3-24　装载优化步骤

序号	步骤	描述
1	排装顺序	根据运输路线上各个卸货点的顺序,系统使用专门算法计算最合理的装载顺序,确保卸货过程高效无误
2	空间优化	系统综合考虑货物的体积、形状和重量等因素,计算出最佳的装载方式,以充分利用车厢空间
3	装载指导	系统提供给仓库搬运工人具体的装载指引,确保货物的稳定性和安全性。指导包括货物分类、装载位置、固定方法等
4	特殊需求考虑	对需要特殊处理的货物（如易碎品、危险品等）进行妥善安排,按照规定和安全标准进行装载,需要确认特殊要求是否得到满足
5	装载完成确认	在装载完毕后,驾驶员或搬运员会在系统中标记确认,以便系统更新车辆状态并进行下一步的跟踪和管理

（三）运输合并

运输合并步骤见表3-25。

表 3-25　运输合并步骤

序号	步骤	描述
1	货物合并	系统会根据订单和货物信息,检查是否有多个订单的货物可以共享同一运输资源。如果有,系统会将这些订单的货物合并进行运输
2	同步更新	在装载过程中,系统持续监控并调整计划,确保车辆装载的实时信息同步更新,比如添加或删除订单、调整装载顺序等
3	应急响应	如果出现紧急情况,比如货物损坏或车辆故障,系统能够迅速响应并重新调整车辆安排和配载计划,以最大程度减少影响

八、运输执行

运输执行是指在零担货物智慧运输流程中,按照既定计划实际移动货物从起点到终点的阶段,它可以确保货物安全、及时地送达目的地,这直接关系到物流服务的效率和客户满意度。在智慧化系统中,运输执行的特点包括:自动化的运输任务调度减少人为错误,提高运作效率;实时监控货物位置和运输进度,提高运输透明度;运用数据分析和优化提升运输计划的效能;异常处理和预警机制降低运输风险;通过增强客户交互优化客户体验;系统的灵活性和可扩展性使其能够适应不同的业务需求和应对多样化的市场挑战。这些特点共同提升了运输执行的智慧化水平,提供了更可靠、适应性更强的物流服务。

> **行业新知**
>
> **零担货物运输组织方式**
>
> 零担货物运输的组织方式因运送时间、方式、收发、装卸及交接等需求的差异而有所不同。这些差异导致了不同的运行组织方式,构成了零担货物运输的基本形式。根据零担车辆(即装载零担货物的车辆)的发车时间,零担货物运输可以分为两大类:定期零担货运班车和不定期零担货运车。零担货物运输组织方式见表3-26。
>
> 表3-26 零担货物运输组织方式
>
> | 组织方式 | 运行方式 | 描述 | 特点 | 图示 |
> |---|---|---|---|---|
> | 定期零担货运班车的运行组织方式 | 直达式零担班车 | 起运站将同一到站且性质适宜配载的零担货物同车装运后直接送达目的地 | 尽可能组织直达零担车,简化运输组织工作 | |
> | | 中转式零担班车 | 起运站将同一线路、不同到达站的零担货物同车装运至中转站,卸后复装,运往目的地 | 组织形式复杂,但适应零担货物量少批多、流向分散的现实需求 | |

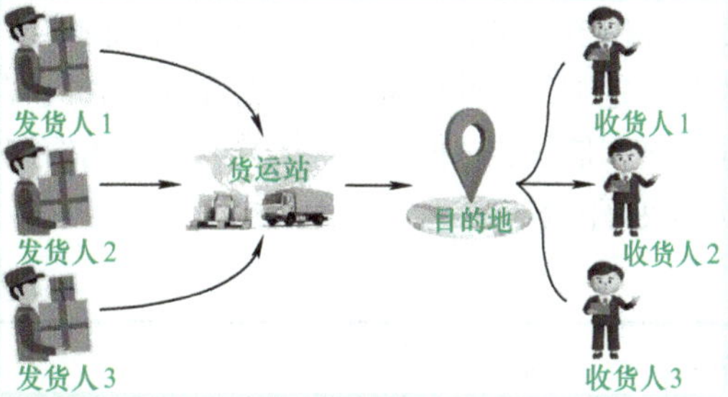

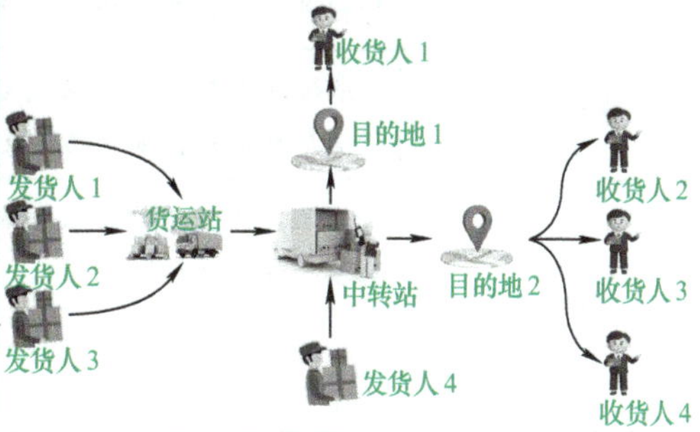

(续)

组织方式	运行方式	描述	特点	图示
定期零担货运班车的运行组织方式	沿途式零担班车	起运站将同一线路、不同到达站的零担货物同车装运后,在沿途各站卸下或装上货物直至目的地	组织工作复杂,车辆在途时间长,满足沿途货主需求	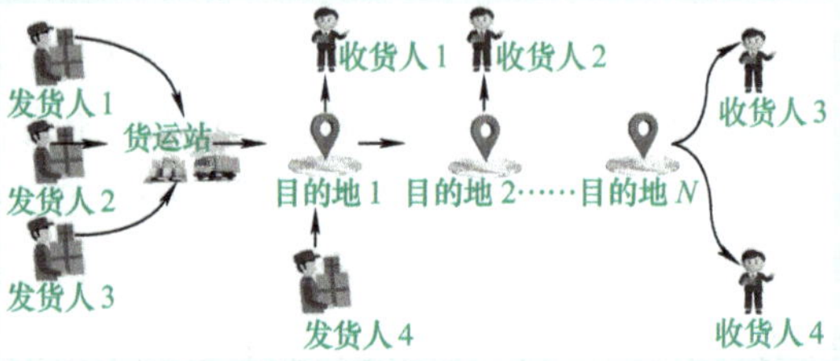
不定期零担货运车的运行组织方式	不定期零担货运车	根据货流量需要随时组织运行的零担车,用于新开辟或季节性零担货运路线	作为定期零担货运班车的补充,有时称为加班车,以满足特定路线的运输需求	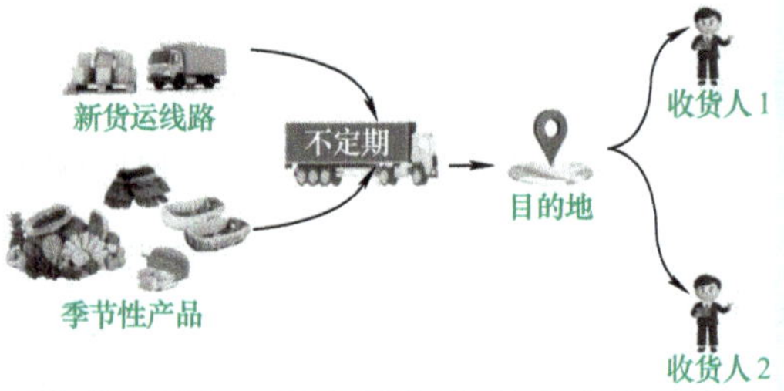

九、客户沟通

客户沟通在零担货物智慧运输中指的是运输企业与客户之间的互动与信息交流,它至关重要,因为沟通的质量直接影响客户满意度与企业声誉。在智慧化运输系统中,客户沟通的特点体现在提供多元化的沟通渠道,保障信息的实时反馈,方便客户畅通无阻地提供反馈,为客户提供量身定制的个性化服务,通过系统通知向客户提供实时状态信息,以及实现数据共享,增加透明度和信任。这些特点共同作用,使得客户能够体验到更高水平的服务,并使运输企业能够构建良好的客户关系,从而维持竞争优势。客户沟通步骤见表3-27。

表3-27 客户沟通步骤

序号	步骤	描述
1	货物状态追踪	系统为客户提供货物状态追踪服务,客户可以轻松了解货物的运输状况、行程进度,以及预计配送时间等
2	信息更新通知	系统通过短信、电话或电子邮件等多种渠道,向客户提供货物状态实时更新信息和通知,如货物的发运、到站、装卸等关键运输节点
3	异常处理	如果发生任何问题或延误,系统会及时通知客户,并提供解决方案,同时向客户提供反馈和解释
4	客户反馈	系统鼓励客户提出建议和反馈,以帮助运输企业进一步优化服务体验,提升客户满意度
5	保护客户隐私	系统要确保客户信息的保密性和安全性,只有经授权的人员才能获取和使用客户数据

十、交付货物

（一）零担货物智慧运输交付货物的特点

1. 实时追踪

智慧化系统可以实时追踪货物的位置和运输进度，客户可以通过系统获得准确的货物位置信息，以便及时做出相应的准备和安排。

2. 提供准确的货物到达时间

智慧化系统能够根据实时数据和算法进行预测，提供准确的货物到达时间，让客户能够做出相应的安排和准备。

3. 即时通知

智慧化系统可以通过短信、电子邮件等方式发送即时通知给客户，告知货物的交付时间、地点和进展情况，从而提高信息的传递和沟通效率。

4. 签收方便、快捷

智慧化系统可以提供电子签收功能，客户可以通过手机或其他设备进行签收，无须纸质文件和手写签名，从而可以提高签收的便利性和快捷性。

5. 货物安全保障

智慧化系统可以实时监控货物的运输状况，在货物运输过程中提供安全保障措施，如货物保险、防盗措施等，确保货物的安全。

6. 数据共享

智慧化系统可以将货物交付的相关数据分享给客户，让客户能够获得交付凭证、交付记录等信息，提高货物交付的透明度和信任度。

（二）零担货物智慧运输交付货物的步骤

零担货物智慧运输交付货物的步骤见表 3-28。

表 3-28 零担货物智慧运输交付货物的步骤

序号	步骤	描述
1	到达目的地	运输车辆按照规定路线到达指定交付地点
2	卸货准备	驾驶员准备卸货所需的设备和工具，并与收货方确认交货细节要求
3	卸货过程	驾驶员和收货方共同确认货物的数量、品质和完整性，进行卸货操作
4	确认交付	收货方确认货物已安全送达，并签署货物交付凭证（比如收据或送货单）作为交付证明
5	异常处理	如发现货物损坏、数量不符等问题，收货方应立即通知相关方并启动问题解决流程
6	交付录入	驾驶员将货物交付的相关信息，包括交付地点、交付时间等录入系统，并更新货物状态
7	客户满意度调查	通过调查或回访，了解客户对交货服务的满意度，并提供改进机会

十一、服务评价与优化

(一)零担货物智慧运输服务评价与优化的特点

1. 多维度性

涉及运输效率、服务质量、成本控制、信息化水平等多个维度。例如,运输效率包括货物的中转时间、运输时长;服务质量涵盖货物的完好率、配送的准确性等。

2. 数据依赖性

依赖大量的运输数据,如车辆行驶数据、货物跟踪数据、订单数据等,通过对这些数据的分析来准确评价服务水平。

3. 动态性

运输过程是动态的,受到路况、天气等多种因素影响,所以评价也具有动态性,需要实时或定期更新评价结果,以反映服务的真实状况。

4. 精准性

借助大数据和人工智能等技术,精准识别运输过程中的问题环节,如精准定位运输路线中的拥堵点或配送时间过长的节点。

5. 系统性

不是单一地优化某个环节,而是从整个运输系统出发,考虑车辆调度、货物配载、仓储管理等各个环节的协同优化,以实现整体效益最大化。

6. 实时性

能够根据实时的运输数据和突发情况,及时调整运输计划和策略,如遇到道路临时管制,能实时重新规划路线。

7. 智能化

利用智能算法和模型,自动生成优化方案,如通过智能配载算法,提高车辆的装载率,降低运输成本。

(二)零担货物智慧运输服务评价与优化的步骤

零担货物智慧运输服务评价与优化的步骤见表3-29。

表3-29 零担货物智慧运输服务评价与优化的步骤

序号	步骤	描述
1	客户反馈	运输企业鼓励客户提供反馈和评价,了解客户需求和意见,以提高服务质量,并针对问题采取措施
2	数据分析	系统会采集运输数据,包括货物状态、运输时间、交付时间、成本、客户评价等,并对数据进行分析,从而优化调度策略和提高服务水平
3	预测和计划	通过分析历史数据,系统会预测运输需求、货运流量等重要变量,优化运输计划

(续)

序号	步骤	描述
4	持续改进	运输企业通过客户反馈和数据分析，不断改进服务，提升效率，增强运营竞争力
5	知识共享	运输企业与同行业其他企业合作，分享数据和知识，共同应对新的挑战和机遇

学习任务

通过本单元的学习，请完成以下学习任务。

学习任务清单

任务内容	任务要求	验收方式
学习使用智慧化平台提交货物运输订单	熟悉平台功能，准确录入订单信息，完成提交	演示订单提交流程或提交操作截图
理解数据验证、定价计算等核心操作流程	能描述各阶段核心操作，初步掌握系统操作方法，理解流程的重要性	提交流程操作和理解报告
练习分析问题及客户沟通	分析情景，提出解决方案，模拟沟通过程，总结经验	角色扮演模拟沟通，由评审团队进行评分

拓展活动　华宇物流有限公司零担货运业务流程设计

2024年，华宇物流有限公司为了提升零担货运服务质量，解决客户投诉问题，决定对零担货运业务流程进行优化设计，由项目经理张伟和流程优化专家李娜负责，他们需要基于公司资源、项目业务情况及零担运输作业程序，结合流程设计知识，完成业务流程的优化和文件编写。

公司名称：华宇物流有限公司

管理人员：张伟（项目经理），李娜（流程优化专家）

具体数据：零担运输作业流程涉及10个主要环节；企业拥有50辆配送车辆、100名配送员工；平均每天处理5000件零担货物。

事件：公司近期接到大量客户投诉，反映货物配送延迟和错误配送问题。配送延迟的具体原因包括物流信息更新不及时，导致客户无法及时了解货物配送进度；恶劣天气和交通拥堵等不可抗力因素影响物流运输速度；在物流高峰期，配送人员短缺，无法及时完成所有货物的配送任务。错误配送的具体原因则包括物流信息录入错误，如地址、联系电话等；货物分拣环节操作不当或设备故障导致货物被错误分拣；配送人员在配送过程中疏忽大意或操作不当，导致货物被错误送达。

项目业务情况：公司主要服务于电子产品、家具和食品等行业，客户包括50家长期合作企业

活动要求：针对现有问题，说说华宇应如何优化零担货运业务流程。

> **课后一思**
>
> 请思考如何开展零担货物智慧运输业务，并尝试绘制出典型业务流程图。

实训练习

一、单项选择题

1. 制订和执行零担货物运输计划的主要目的包括（　　）。
   A. 降低运输成本
   B. 提高运输效率，满足货主需求，并确保货物安全、准时送达
   C. 仅仅确保货物安全送达
   D. 提高物流运作效益但无须考虑顾客满意度
2. （　　）指标反映了车辆运输速度的利用情况。
   A. 车辆的运行效率　　　　　　　　　B. 车辆的速度利用率
   C. 车辆的平均速度　　　　　　　　　D. 车辆的最大载重
3. 运输企业在一定时期内完成的运输工作量，通常用（　　）指标来衡量。
   A. 货运量　　　　　　　　　　　　　B. 货物运输距离
   C. 载重行程载质量　　　　　　　　　D. 周转量
4. 订单处理的特点不包括（　　）。
   A. 系统的实时性　　　　　　　　　　B. 订单数据的自动化处理
   C. 跨平台多渠道的接入能力　　　　　D. 市场调研与分析
5. 零担货物智慧运输的特点不包括（　　）。
   A. 实时性允许货运状况得到持续监控
   B. 自动化减轻了人工负担并提升了处理速度和准确性
   C. 数据驱动的决策支持，通过分析历史和实时数据提供优化建议
   D. 货物重量可自由调整

二、多项选择题

1. 零担货物运输的优点包括（　　）。
   A. 成本效益　　　　　　　　　　　　B. 灵活性和定制化
   C. 资源利用率　　　　　　　　　　　D. 便捷性和广泛覆盖
   E. 促进商业发展
2. 以下哪些类型的货主可能会选择零担货物运输？（　　）
   A. 小型企业　　　B. 电子商务　　　C. 零售商　　　D. 制造商
   E. 个人货主
3. 制造商依赖零担货物运输的原因包括哪些？（　　）
   A. 合理组织和管理物料配送　　　　　B. 确保制造过程中物料供应的及时性
   C. 确保制造过程中物料供应的准确性　D. 降低原材料采购成本

4. 零担货物运输计划包括以下哪些方面的内容？（　　　　）
   A. 货物收集和分拣
   B. 货物配载和装载
   C. 配送路线和运输方式
   D. 货物跟踪和监控

5. 在零担货物智慧运输中，车辆调度与配载是对运输车辆进行合理安排以及对货物进行有效配置的过程。以下关于智慧化车辆调度与配载的描述，哪些是正确的？（　　　　）
   A. 车辆调度与配载的关键在于确保货物高效、准时送达目的地，同时降低运输成本并提升整体物流效率
   B. 智慧化系统的特点包括实时性、自动化、数据驱动的决策、多元化、优化性和协同性
   C. 实时性意味着系统能够快速处理车辆和货物的实时信息，以便进行适时调整
   D. 数据驱动的决策是指系统基于数据分析，能够做出更加精准的调度策略
   E. 优化性强调应用算法和模型，以实现最佳的车辆利用和货物装载

三、简答题

1. 描述在零担货物运输的过程中运输公司需要执行的关键步骤。
2. 零担货物智慧运输调度的实施需要考虑哪些注意事项？
3. 请简述零担货物运输调度的步骤。

模块四
整车货物智慧运输运营

学习目标

知识目标：
- 认识整车货物智慧运输的基本概念，理解其在提升物流效率中的价值和意义。
- 了解智慧化运输涉及的主要技术（如TMS、GPS、GIS）的基础功能和用途。
- 掌握整车货物智慧运输的基本流程，包括货物准备、装载、运输、追踪和配送等环节。

能力目标：
- 掌握如何使用基本的智慧运输系统工具进行运输任务的简单规划。
- 能解决运输过程中的一些常见问题，并实施基础的优化措施。
- 利用智慧运输系统，进行基础的数据记录和简单分析。

素质目标：
- 适应并接受使用智慧运输工具和系统的变化。
- 了解运输过程中可能存在的风险，以及安全性与保险的基本知识。
- 提升以客户为导向的服务态度，力求完成客户的基本运输要求和满意度。

单元一 整车货物智慧运输概述与需求

案例导入

绿途物流的革新之旅：智慧化和可持续性的运输优化

绿途物流针对客户对整车货物运输的新需求进行了彻底智慧化改革。首先，该公司引入了智能装载系统，该系统使用3D扫描和未来派装载算法，在每个货运任务前自动规划最优的货物装载方案，显著提升了装载效率，货车的运输能力得到了最大化利用，大大减少了不必要的空间浪费和往返次数。

为了进一步细化运输过程，公司运用了实时的动态路径规划软件，它可以实时接收交通情况，从而调整运输路线避免拥堵，减少了交通延误的风险，确保货物能够按时送达。并且，该公司通过部署全车配备的物联网设备，实时跟踪每辆运输车辆的精确位置、车速以及环境条件，包括温度和湿度，特别是对于那些对环境要求严格的货物，如食品和药品，这些信息至关重要。

在管理层面，绿途利用集成的智慧化运输管理系统进行管理，该系统不仅可以提供车辆和货物的实时监控，还可以实现高度自动化的调度，同时促进了内部和外部信息的共享，使得数据驱动的决策更为高效。在安全方面，公司采用了智能分析工具来评估路途中的潜在风险，并设置了预警系统，提前规避可能发生的事故。绿途也在环保方面下了功夫，比如运用电子载重系统优化燃油使用，以及训练驾驶员采取省油的驾驶习惯。

最为显著的是，绿途引进了自动卸载系统，它不仅使卸货效率倍增，同时极大地减轻了工人的劳动强度，并确保了运输过程中货物的完好无损。通过这次变革，绿途物流不仅提升了自身的服务质量和运输效率，还响应了可持续发展的呼声，为客户提供了快速、安全、经济且环保的一站式物流解决方案。

思考： 绿途物流在提升运输效率方面，采用了哪些智慧化手段？

📈 业务知识

在现代物流领域，整车货物智慧运输已成为行业创新的重要组成部分。其核心含义在于利用高科技手段实现对整车货物运输过程的优化和智能管理。这种运输模式具备多样的特点和功能，最重要的包括：通过采用智能算法与装载规划技术来实现装载的最大效率及合理利用运输空间，从而减少空间浪费；利用实时数据与智慧化软件进行动态的路径规划和车辆调度，以提升整体运输效率；采用物联网和传感器技术，实现对运输车辆和货物的实时监测与追踪；整合智慧化运输管理系统，加强实时监控、运输调度、信息共享与数据分析，以提高服务质量。此外，智慧化安全监测设备搭配风险评估技术有助于提高运输安全性并降低潜在风险。绿色和可持续发展理念的融入，通过优化路线、减少无效运输和污染排放以降低对环境的影响。自动化装卸技术则在提升装卸效率的同时，减少人工成本并增加作业的安全性。针对整车货物运输，这些智慧化措施特别适用于处理大宗货物或大批量货物的运输需求，实现快速且安全的运输流程，确保大订单的准时配送，有效应对跨境长途运输的复杂性，同时满足可持续发展的运输要求。这些业务创新不仅提升了物流公司的竞争力，还确保客户能享受到更快捷、安全、高效和环保的服务。

一、整车货物智慧运输的含义、功能和优势

（一）整车货物智慧运输的含义

整车货物智慧运输是指将货物整体装载在一辆或多辆整车运输工具上，通过应用先进的技术和智能系统，实现对整车货物的装载优化、路径规划、运输管理和环境监测等全过程的智慧化运输方式。这种运输方式通常适用于大宗货物或大批量货物的运输，如集装箱运输、散装物品运输等。

（二）整车货物智慧运输的功能和优势

通过使用自动化和集成调度工具，可以提高整车货物运输的装载效率和空间利用率，优化路径规划和提高运输效率，实现实时监测和追踪，提升运输管理和安全风险管理，推进绿色和

可持续发展,并应用自动化装卸技术提高工作效率。这些功能和优势有助于提高整车货物运输的效率、安全和可持续性。整车货物智慧运输的功能和优势见表4-1。

表4-1 整车货物智慧运输的功能和优势

功能	优势
装载优化和空间利用率最大化	通过智能算法和装载规划技术,提高装载效率,减少货车空间浪费
优化路径规划和提高运输效率	利用实时数据和智能系统,进行路径规划和车辆调度,提高运输效率
实时监测和追踪	通过物联网和传感器技术,实时监测货物的位置、状态和环境条件
智慧化运输管理系统	提供实时监控、调度、信息共享和数据分析,提高运输效率和服务质量
安全和风险管理	应用智能安全监测设备和风险评估技术,识别和应对潜在的安全风险
绿色和可持续发展	优化路线选择、减少空驶里程和排放,采用环保的能源和装载技术,降低运输对环境的影响
自动化装卸技术	应用自动化装卸设备和技术,提高装卸效率,降低人工成本,提高工作安全性

二、整车货物智慧运输需求

整车货物智慧运输主要有以下几类运输需求。

(一)大宗货物或大批量货物的运输

整车货物智慧运输适用于大宗货物或大批量货物的运输,如集装箱、大宗散装物品、大型设备、重型机械等。这种货物一般体积大、重量重、尺寸超过普通货物,需要专门的运输工具和技术进行装载、运输和卸载。

(二)需要快速安全地运输

整车货物智慧运输通过应用智慧化技术和系统规划运输路径和时间,并配备实时监测设备和风险评估技术,能够确保货物的快速到达和安全运输。

(三)订单量大且需准时配送

整车货物智慧运输通过整车运输,将批量订单货物进行集中运输,能够提高装载效率和空间利用率,降低运输成本,同时通过智能路线规划和实时监测,能够准时配送货物。

(四)需要跨境的长途运输

整车货物智慧运输适用于需要跨境长途运输的货物。通过智慧化运输管理系统,跟踪货物的位置和状态,并实时监测运输路线和环境条件,从而提高运输效率,确保货物安全、准时地送达目的地。

(五)要求环保和可持续地运输

整车货物智慧运输通过采用环保的能源和装载技术、优化路线选择、减少空驶里程和排放等措施,降低运输对环境的影响,实现绿色和可持续的运输。

学习任务

通过本单元的学习，请完成以下学习任务。

学习任务清单

任务内容	任务要求	验收方式
理解整车货物智慧运输的概念	学习并总结整车货物智慧运输的含义、功能和优势	问答测试
接触实际的智慧化运输管理系统，并学会基本的监控和调度功能	能够登录系统，执行简单的监控和调度任务	操作演示
创建一个针对特定运输需求的整车货物智慧运输流程图	根据实际情况绘制出简单明了的运输流程，包含装载、路径规划、追踪到安全管理等关键环节	提交运输流程图并讲解

拓展活动　地铁沙石运输任务安排

N市地铁5号线建设正在紧张地进行，现有大量的沙石需要运输。某车队有载重量为8吨、10吨的货车共12辆，全部车辆一次能运输110吨沙石。

（1）该车队载重量为8吨、10吨的货车各有多少辆？

（2）随着工程的进展，该车队需要一次运输沙石超过165吨，为了完成任务，准备新增购这两种货车共6辆，车队有多少种购买方案，请你一一列出。

（3）若载重量8吨的货车一次运费是500元，载重量10吨的货车一次运费是600元，现用这两种货车运送至少100吨沙石，怎样安排这两种货车运费最少？最少运费是多少？

课后一思

整车货物运输和零担货物运输相比，请思考哪个更有难度，为什么。

单元二　整车货物智慧运输调度

案例导入

科技引领绿色之路——浩运物流智慧化管理实现效率与责任双提升

浩运物流公司是一家专业从事跨省运输的货运企业，近年来公司规模不断扩大，业务量激增，但同时也面临着运输调度效率低、成本控制难、实时监控不足的问题。为了提升服务质量并减少运营成本，公司决定引入智慧化运输调度和管理技术。

首先，公司投资建立了一个基于云计算的运输管理系统（TMS），该系统能够智慧化地进行调度和路径规划，同时通过实时监控和跟踪功能，增强对车辆的控制和货物运送过程的透明度。此外，该系统集成了数据分析和决策支持模块，提供了实时数据分析，为调度决策提供科学依据。随后，公司在所有车辆中安装了GPS定位传感器并使用地理信息系统（GIS），这让车队在路上的位置能够被实时监控。物联网传感技术让车辆和货物的状态得到了实时监控，传感器记录的温度、湿度等数据和运动异常信息，有助于减少货物破损，进一步强化企业精益求精、安全高效的服务理念。针对车辆维护，公司采取了预测性维护策略，提高了运输可靠性，降低了综合运行成本，体现了科学发展视角下的成本控制与风险管理。借助路径规划功能，调度中心能够为驾驶员提供更加高效的路线。

浩运物流通过数字化转型，不仅推动了业务发展，还加强了对环境和安全风险的管控，确保运输过程中货物的安全，借此展现出对客户负责、对社会负责的担当。

思考：浩运物流在智慧化运输管理系统的加持下，在哪些方面实现了提升？

业务知识

一、整车货物智慧运输调度概述

在现代物流领域，整车货物智慧运输调度和管理是十分关键的业务，这涉及使用先进的技术和方法来优化运输过程、提高效率并降低成本。核心技术包括运输管理系统（TMS），它集成了智慧化调度、实时监控、资源优化以及数据分析等功能；GPS追踪和地理信息系统（GIS），二者结合使用能帮助运输单位实现对货物的实时跟踪，优化路线规划，并提前预警可能发生的事故和风险。

物联网（IoT）与传感器技术在货物状态监控中扮演着关键角色，能够提供实时的温度、湿度、震动、位置和油量数据，确保运输过程中货物状态的稳定和安全。机器学习与数据分析技术进一步加强了预测模型的准确性，优化了路线和排班计划，并对客户行为进行了深入分析。

实时通信技术保证了调度指令的即时传达，信息共享的顺畅，以及紧急情况下的高效处理。而电子文档和自动化办公则提高了文档处理的速度和准确性，确保了运输文档的高效管理。自动化和集成调度工具与仓库管理系统无缝协同，提高了整个供应链的效率。

高级路线规划和路线优化依赖高级算法和大量数据分析，以确定最佳的运输路径。云计算和移动技术的融合则实现了数据的集中管理、安全共享，以及在任何地点的便捷访问。此外，预测性维护通过分析传感器数据，应用机器学习算法，为运输车辆及时维护提供了支持。智能合同和区块链技术为运输合同提供了新的透明度和安全性级别，同时在成本控制方面起到了积极作用。

总体而言，这些技术和方法的融合提升了货物运输的智慧化水平，不仅保障了运输过程的高效和货物的安全，也为整个物流行业的现代化发展奠定了基础。

二、整车货物智慧运输调度和管理的方法和技术

整车货物智慧运输调度和管理是通过最新的信息技术、物联网、人工智能和自动化工具对运输过程进行高效、实时地协调和控制。以下是实现整车货物智慧运输调度和管理的一些主要方法和技术。

（一）运输管理系统

整车货物智慧运输调度和管理是运输行业迎接数字化和智慧化时代的重要发展方向。运输管理系统（Transportation Management System，TMS）是一种基于计算机技术和信息系统的解

决方案，用于实现智慧化的运输调度和管理。运输管理系统结合了数据分析、人工智能、物联网和云计算等技术，以提供以下关键功能和优势。

1. 智慧化调度和路径规划

TMS 利用数据分析和人工智能技术，根据运输需求和实时交通情况，智慧化地进行调度和路径规划。它考虑多个因素，如货物类型、交货时间要求、运输成本等，以找到最佳的运输路线和方案。

2. 实时监控和跟踪

TMS 通过与物联网技术结合，能够实时监控运输车辆的位置、状态和运输进展。这对运输管理者和客户来说，都能提供实时的运输信息和可视化的运输跟踪，以及及时的到达时间预测。

3. 运力调配和资源优化

TMS 可以实时了解运输车辆和承运商的可用运力，根据需求进行智慧化的运力调配和资源优化，这有助于提高资源利用率、降低运输成本，并保证运输的及时性和可靠性。

4. 数据分析和决策支持

TMS 能够收集和分析大量的运输数据，以提供决策支持和业务洞察。它可以生成各种报表和分析结果，帮助管理者进行业务决策、运营优化和业绩评估。

5. 效率提升和成本控制

通过自动化和智慧化的运输调度和管理，TMS 可以提高运输的效率和准确性，降低人工和时间成本。同时，它能够找到最佳的运输路线和方案，以降低运输成本，提高企业竞争力。

通过运输管理系统的应用，运输企业可以实现整车货物运输过程的数字化、智慧化和可控性，从而提高运输效率、降低运输成本，并提供更好的客户服务。同时，TMS 还为运输企业提供了数据驱动的管理手段，帮助运输企业做出更明智的决策和战略规划。

（二）GPS 追踪和地理信息系统

在整车货物智慧运输调度和管理中，GPS 追踪和地理信息系统（GIS）是两个关键的技术和工具。它们可以结合使用，提供实时的位置追踪和地理空间信息分析，以支持运输调度和管理决策。

GPS 追踪：全球定位系统（GPS）是一种卫星导航系统，可以通过接收卫星信号来确定接收装置（如车辆）的精确位置。运输车辆上配备的 GPS 设备可以实时追踪车辆的位置、速度和行驶路径等信息。这可以帮助运输管理者监控运输过程，确保货物按时送达目的地。

地理信息系统（GIS）：地理信息系统是一种用于收集、管理、分析和展示空间数据的技术系统。运输企业可以使用 GIS 来处理和分析与运输相关的地理空间数据，如地图、路网、货物分布等。通过 GIS，运输企业可以可视化运输网络、路线和运输资源的空间关系，从而可以更好地进行位置选择、路径优化和资源调度。

通过 GPS 追踪和 GIS 的结合使用，可以实现以下效益和应用。

1. 实时跟踪和监控

GPS 追踪可以提供实时的车辆位置信息，结合 GIS 技术可以在地图上显示车辆的实时位置和行驶路径，这有助于运输管理者和客户进行实时的运输跟踪和监控。

2. 路线优化和路径规划

通过收集和分析车辆位置数据、交通流量等信息，运输企业可以使用 GIS 技术进行路线优化和路径规划。GIS 可以综合考虑交通拥堵、道路条件等因素，为运输车辆提供最佳的行驶路线，以提高运输效率和准时性。

3. 事故和风险预警

通过 GIS 技术，运输企业可以将车辆位置信息与地理空间风险因素进行关联。当监测到车辆接近某些风险区域或发生事故时，GIS 会进行预警和提醒，通过调整路线和采取相应措施，有效保障运输安全。

4. 数据分析和可视化

运输企业通过收集和整理 GPS 追踪数据，并结合 GIS 技术可以进行地理空间数据分析和可视化。这可以帮助运输企业了解运输网络的覆盖情况、瓶颈点和热点区域，为管理决策提供数据支持。

5. 服务质量评估

通过 GPS 追踪和 GIS 技术，运输企业可以跟踪和记录运输车辆的位置、时间和运输过程。这有助于运输企业评估运输服务的质量、准时性和可靠性，为客户提供更好的服务并改进运输流程。

GPS 追踪和地理信息系统（GIS）是整车货物智慧运输调度和管理中的重要技术工具。通过利用这些技术，运输企业可以实现实时跟踪、路线优化、风险管理和数据分析，提高运输效率、降低成本，并提供更好的客户服务。

（三）物联网与传感器技术

物联网（Internet of Things，IoT）和传感器技术在整车货物智慧运输调度和管理中发挥着重要的作用。将传感器安装在车辆和货物上，可以实时监测货物的状况和车辆的性能，并提供必要的数据支持智慧化决策。以下是物联网和传感器技术在整车货物运输过程中的一些重要应用。

1. 温度传感器

在需要控制货物温度的运输中，运输车辆可以安装温度传感器来实时监测货物的温度，这对于运输敏感货物（如食品、药品等）非常重要，以确保温度在适宜范围内，防止货物受损。

2. 湿度传感器

湿度传感器可以用于监测运输环境的湿度水平。对一些对湿度敏感的货物（如电子设备、纸张等）来说，湿度的控制至关重要。通过湿度传感器获取湿度数据，可以确保货物在适宜的湿度条件下运输。

3. 震动传感器

震动传感器可以用于监测货物在运输过程中的振动和冲击情况。对于易碎货物或需要防护的货物，及时监测震动和冲击可以防止货物损坏，并采取适当的保护措施。

4．GPS 定位传感器

GPS 定位传感器可以用于实时获取车辆的位置信息。通过 GPS 定位，可以进行实时车辆跟踪和路线优化，提高货物的可跟踪性和运输效率。

5．油量传感器

油量传感器可以用于监测车辆燃油的消耗情况。通过实时监测燃油消耗量，可以进行燃油管理和成本控制，合理规划加油站点和时间，减少燃油浪费。

通过物联网和传感器技术，运输管理系统可以实现实时监测和数据收集，提供运输过程中关键参数的实时信息。这些数据可以用于智慧化的决策支持，优化运输路线、调度车辆和资源，并确保货物的安全和质量。此外，物联网和传感器技术还可以提供数据分析和预测，帮助企业进行运输效率优化和运营决策。

（四）机器学习与数据分析

机器学习和数据分析技术在整车货物智慧运输调度和管理中也具有重要作用。通过收集和分析大量的运输数据，如货物类型、交通状况、气候变化等，可以生成数据模型和算法，用于预测可能的问题并提供调度建议。以下是机器学习和数据分析技术在整车货物运输中的一些重要应用。

1．预测模型

利用历史数据，可以使用机器学习算法和数据分析技术构建预测模型，预测可能发生的问题和故障，如车辆故障、交通延误等。这可以帮助运输企业及时调整运输计划和安排，提高运输效率和可靠性。

2．路线优化和排班计划

利用机器学习算法和数据分析技术，可以生成路线和排班计划建议。这些算法可以根据各种因素，如货物类型、交通状况、天气等，优化运输路线和排班计划，以提高运输效率和准时性。

3．数据分析和业务智能

通过对运输数据的收集和分析，可以发现运输流程中的瓶颈和优化点，并提供数据驱动的业务智能。这有助于企业从数据角度优化运营和管理，提高运输效率、降低成本，并提高客户满意度。

4．健康监测

利用机器学习算法和数据分析技术，可以对运输车辆和货物进行健康监测，可以通过分析车辆性能和货物状况的数据，提前预警可能出现的问题并进行维修和保养，以确保运输的安全和可靠性。

5．客户行为分析

通过数据分析和机器学习算法，可以分析客户的运输需求、行为和偏好，还可以提供个性化的运输服务，根据客户需求进行优化，提高客户满意度和保持长期合作关系。

机器学习和数据分析技术在整车货物智慧运输的调度和管理中发挥着重要作用。通过收集和分析大量的运输数据，可以优化运输路线、调度车辆和资源，并预测可能发生的问题和故障，以提高运输效率、降低运输成本并提供更好的客户服务。

（五）实时通信技术

实时通信技术在整车货物智慧运输调度和管理中起着至关重要的作用。通过采用实时通信工具，如移动应用、短信、无线设备等，可以确保驾驶员、管理人员和客户之间的即时信息交流，以保障运输过程中的信息同步和高效沟通。以下是实时通信技术在整车货物运输中的一些重要应用。

1．即时调度通知

通过实时通信工具，调度人员可以即时通知驾驶员有关运输任务、路线、交通状况等的变更信息。这可以帮助驾驶员及时做出调整，并确保运输任务的顺利进行。

2．运输信息共享

运输企业可以利用实时通信工具将货物跟踪信息和运输状态与客户实时共享。这可以让客户对货物状态及时了解，提高透明度和满意度。

3．故障报告和维修请求

驾驶员和车辆在运输过程中可能会遇到故障或问题。通过实时通信技术，驾驶员可以即时向管理人员报告问题并提出维修请求。这可以加快故障处理和维修响应时间，减少运输中断时间。

4．紧急事件处理

在紧急情况下，如事故、交通拥堵等，实时通信技术可以帮助驾驶员与管理人员迅速联系，共享关键信息并采取相应措施。这有助于及时处理紧急事件，减少潜在的损失和延迟。

5．实时位置共享

通过实时通信工具，管理人员和客户可以实时获取运输车辆的位置信息，以便更准确地预测到达时间、优化路线和提供实时跟踪，这可以提高运输过程的可视化和管理能力。

通过实时通信技术，不同角色之间的信息交流更加迅速和高效，有助于提高运输流程的可控性和响应能力。它可以提供实时的信息同步，防止误解和错误的发生，以及支持及时决策和问题解决。这对于实现整车货物智慧运输调度和管理至关重要。

（六）电子文档和自动化办公

电子文档和自动化办公在整车货物智慧运输调度和管理中有非常重要的作用。通过电子化运输文档和单据处理，如电子运单和电子签收证明，可以减少纸质文件的使用，提高工作效率，减轻行政负担，并提供更好的用户体验。以下是电子文档和自动化办公在整车货物运输中的一些重要应用。

1．电子运单

传统的纸质运单需要手工填写、打印和处理，耗时且容易出错。通过使用电子运单，可以将运输信息数字化，并通过电子手段生成、传输和存储。这减少了文档处理时间，提高了准确性，并促进了信息的实时交流。

2. 电子签收证明

传统的货物签收需要使用纸质签收单，并可能导致签收证明的丢失或损坏。通过使用电子签收证明，可以实现数字化签收过程，包括使用移动设备进行签名和发送电子确认。这样可以减少纸质文件的使用，提高签收过程的效率和可靠性。

3. 自动化报表和分析

通过自动化办公工具（如电子表格和数据分析软件），可以快速生成和分析各种报表和数据。这减少了手工报表的制作时间，并提供了更准确、实时地分析和决策支持，以优化运输管理和决策。

4. 电子合同和协议

通过电子合同和协议，可以实现运输合同和相关协议的电子化签署和存储。这减少了纸质合同的使用和存储成本，同时提高了合同管理的效率和安全性。

5. 运输数据管理和共享

通过采用电子化文档和自动化办公工具，可以更轻松地管理和共享运输数据。数据可以集中存储和备份，减少了纸质文件的管理和存档成本，并提供了更便捷的数据访问和共享。

采用电子文档和自动化办公技术可以提高整车货物运输的工作效率、准确性和可追溯性。它们减少了纸质文件的使用、处理和存储成本，同时提供了更快速、更便捷和更可靠的信息交流和处理方式，这有助于提升整车货物运输的数字化水平和管理效能。

（七）自动化和集成调度工具

自动化和集成调度工具在整车货物智慧运输调度和管理中扮演着重要角色。通过使用自动化工具对车辆进行调度，并与仓库管理系统（WMS）等其他系统集成，可以实现货物从仓库到车辆的转运过程更加高效和无缝衔接。以下是自动化和集成调度工具在整车货物运输中的一些重要应用。

1. 车辆调度自动化

借助自动化调度工具，可以根据运输需求、路线、车辆状态等因素对车辆进行智慧化调度。这可以减少人工干预，提高调度效率和准确性。自动化调度工具可以考虑多种因素，如优先级、交通情况、货物特性等，来决定最佳的车辆调度计划。

2. 与仓库管理系统集成

将调度工具与仓库管理系统（WMS）等其他系统集成，可以实现货物从仓库到车辆的紧密衔接。集成后，可以实时获取货物的详细信息、库存状况、装货和卸货进度等，从而更好地规划和调度车辆。这种集成可以提高货物的可追溯性、准确性和安全性。

3. 数据共享和协同

通过自动化和集成调度工具，不同的系统和团队之间可以实时共享运输数据，并进行协同工作。例如，调度系统可以通过与车辆跟踪系统集成，实时获得车辆位置和状态信息，以便做出及时的调度决策。同时，仓库管理系统可以向调度系统提供货物信息和装货时间，以便做出更准确的调度安排。

4. 运输状态监控

通过集成调度工具和车辆跟踪系统，可以实时监控和跟踪货物的运输状态。这样，管理人员可以随时了解运输进展、延误情况和车辆位置等，以便做出及时调度和决策。

5. 效率分析和优化

自动化和集成调度工具可以提供丰富的数据和分析功能，帮助管理人员评估运输效率，并找出优化的机会。通过对运输数据进行分析，可以发现优化点，从而可以减少运输成本并提高服务质量。

自动化和集成调度工具在整车货物运输中发挥着重要作用。它们可以减少人工干预，提高调度效率和准确性。通过与仓库管理系统等其他系统的集成，可以实现货物从仓库到车辆的高效衔接。此外，通过数据共享和协同工作，可以实现实时的运输状态监控和效率分析，从而优化运输管理和决策。

> **绿色物流**
>
> **新能源货车：开启物流低碳运输新篇章**
>
> 新能源货车以清洁能源驱动，零排放或低排放，有效减少尾气污染，契合环保要求，对改善城市空气质量、推动物流行业绿色转型意义重大。
>
> 在城市配送领域，新能源货车凭借固定路线、短途行驶的优势，尽享油电成本差价，既控成本，又为城市减排，让天空更湛蓝。
>
> 在快递领域，新能源货车宽敞的车厢可以满足"多装少拉"需求，零排放或低排放特性契合环保大势，运营成本降低，为快递加速送达注入"绿动力"。
>
> 在搬家领域，其业务路线虽不固定，但单次里程短、用车间隔长，如蚂蚁搬家等公司巧用快充技术，让新能源货车灵活穿梭于街巷，提高搬运效率，塑造绿色形象。
>
> 电商崛起催生自建配送潮，京东、菜鸟物流等电商企业，以城市周边仓库为依托，启用新能源货车，将包裹快速送达消费者手中，夯实行业根基。

（八）高级路线规划和路线优化

高级路线规划和路线优化是整车货物运输中的关键要素之一。对于路线规划和调度问题，可采用遗传算法、模拟退火算法等高级算法。这些算法能够在考虑多个因素的情况下，找到最优的路线和调度方案。以下是高级路线规划和路线优化在整车货物运输中的重要应用。

1. 优化指标确定

确定适合运输业务的优化指标，如最短路径、最小成本、最短时间等，根据具体情况权衡不同指标并设置适当的权重，以实现最优的路线规划和调度。

2. 路况和需求数据收集

收集和整理相关的路况和需求数据，包括交通拥堵情况、货物量、运输要求等。这些数据将作为高级算法的输入，用于生成优化的路线和调度方案。

3. 算法实施与优化

将高级算法应用于路线规划和调度问题，并进行优化。通过迭代和调整算法参数，不断改进和优化生成的路线和调度方案，以获得更好的运输效率和成本控制。

实施高级路线规划和路线优化可以提高整车货物运输的效率、减少成本，并更好地满足客户需求。这对于运输业务的发展和竞争力的提升至关重要。

（九）云计算和移动技术

云计算和移动技术在整车货物运输中发挥着重要的作用。以下是几个重要应用领域。

1. 云端集中管理

利用云计算技术，可以将系统中的数据和应用集中存储在云端服务器中。这样可以实现跨地域的高效操作和集中管理，保证不同地区的调度系统能够实时更新和通信。

2. 数据共享与协同

通过云端服务，不同地区的调度系统可以实现数据共享和协同工作。调度人员可以随时查看和更新运输任务、货物信息和路线规划等，加强信息共享和协作，提高运输调度的效率和准确性。

3. 移动设备访问

借助移动技术，驾驶员和管理人员可以通过移动设备（如智能手机、平板电脑）随时随地访问系统信息，查看运输任务、货物状态、交通情况等，及时响应调度指令，提高运输过程的灵活性和反应速度。

4. 安全性与可靠性

在采用云计算和移动技术的同时，需要确保系统安全和数据隐私，防止信息泄露或被篡改。运输企业可采用安全加密和身份验证等措施，保障数据传输和存储的安全；同时，建立稳定的网络连接和备份机制，确保系统的可靠运行。

通过云计算和移动技术的应用，整车货物运输可以实现更高效地调度和管理，提升信息的实时性和准确性，为运输业务带来更大的便利和竞争优势。

（十）预测性维护

预测性维护是整车货物运输中的关键要素之一。以下是预测性维护在整车货物运输中的重要应用。

1. 传感器数据收集

利用车辆的传感器设备，收集车辆的运行状态、故障和维修记录等数据。这些数据将用于机器学习算法的训练和车辆故障预测。

2. 机器学习算法

采用机器学习算法对车辆的传感器数据进行分析和处理，预测车辆故障和需要维修的部件。机器学习算法能够根据不断更新和迭代的数据，提高预测准确性和可靠性。

3. 维护计划制订

根据机器学习算法的预测结果，制订合理的维护计划。在车辆维修前，提前准备备件和维修工具，以最短的时间完成维修，降低故障产生的影响和损失。

4．系统实时监测

在整个运输过程中，通过实时监测车辆的运行状态和故障信息，及时发现并处理车辆故障，防止在运输途中出现车辆故障和延误。

采用预测性维护技术可以提高车辆的可靠性和运行效率，同时减少维护成本和损失。这将对整车货物运输的安全性和稳定性产生积极影响。

（十一）智能合同和区块链技术

智能合同和区块链技术在整车货物运输中的应用可以带来许多好处。以下是几个重要应用领域。

1．区块链技术

区块链是一种去中心化的分布式数据库，记录了交易数据的完整历史记录。通过使用区块链技术，货物运输的交易信息可以被安全地记录在不可篡改的分布式账本中，确保信息的透明和可验证性。

2．智能合同

智能合同是基于区块链的自动执行合同，无须第三方干预。通过设定预设条件和自动触发机制，智能合同可以确保交易的执行和支付的准确性。智能合同可以提供更高的安全性和可靠性，并减少纠纷的发生。

3．透明性和可溯性

使用区块链技术可以实现交易信息的透明性和可溯性。所有交易记录和相关信息都可以被可信的参与者访问，确保在货物运输过程中的信息一致性和可验证性。

4．提高效率和节约成本

智能合同和区块链技术可以减少中间环节和纸质文档的使用，加快交易执行的速度，并降低管理和操作的成本。通过自动化合同执行和透明的交易记录，可以提高合作效率和降低交易风险。

应用智能合同和区块链技术可以为整车货物运输带来更高的安全性、透明性和效率性，减少纠纷的发生，并提升合作效果和提高客户满意度。

行业新知

甩挂运输

甩挂运输是指将货物装载在挂车上，通过牵引车与挂车连接或分离，实现货物的快速转运。这种运输方式具有显著的经济性，能够降低运输成本，提高运输效率，降低劳动强度，并实现节能减排。通过减少等待时间，提高车辆利用率，甩挂运输能够降低能耗和人工成本；同时，加快货物装卸速度，减少车辆闲置时间，提高整体运输效率。此外，甩挂运输还能减少重复劳动，减轻工人劳动负担，减少空驶和等待时间，降低燃油消耗，减少环境污染。甩挂运输组织形式见表4-2。

智慧运输运营

表4-2 甩挂运输组织形式表

组织形式	描述	适用场景	图示
一线两点甩挂	在一条线路上，两个固定点之间进行甩挂作业	适用于两点之间货物往返运输频繁，且运输距离相对固定的场景，如城市间的物流配送、港口与内陆运输节点之间的货物运输等	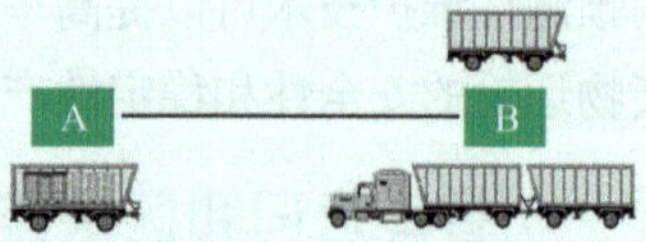 图注：汽车列车在A地装货后驶往B地，卸货工人卸下挂车，然后牵引车返回A地并挂上新挂车。与此同时，B地的卸货工人完成卸车。当汽车列车返回A地后，装货工人装上货物，挂上新挂车驶向B地。重复此过程直至任务完成
循环甩挂	在环形路线上进行的甩挂作业方式。它要求在环形路线上各装卸点配备一定数量的周转集装箱或挂车	适用于多个运输节点之间需要连续、高效的货物运输，且货物种类和数量相对稳定的情况，如物流园区内的货物运输、长途干线运输等	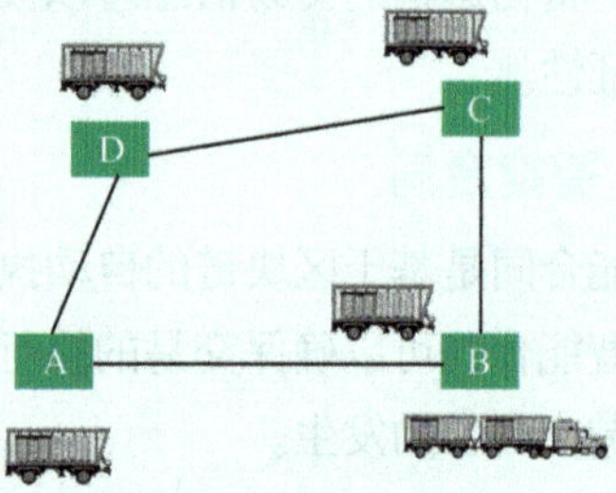 图注：汽车列车到达装卸点后，卸下所带装有货物的挂车，装卸工人集中完成主车的装卸作业，然后牵引车装上事先准备好的带货挂车继续行驶
多线一点轮流甩挂	多个线路的挂车在同一个点轮流进行甩挂作业	适用于多个运输线路交汇于一个中心节点，且各线路货物需要在此节点进行中转或分拣的场景，如大型物流中心、货运枢纽等	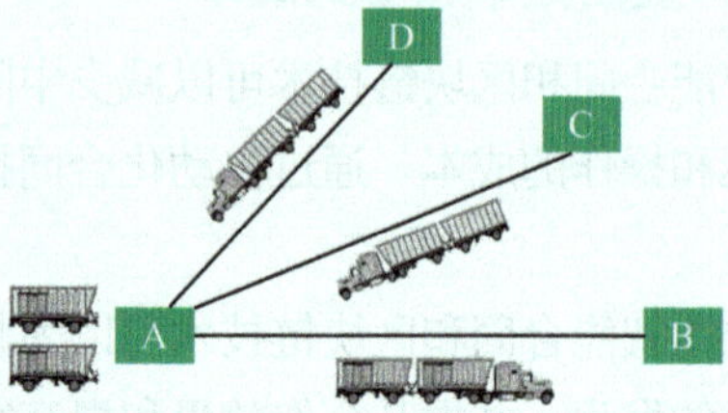 图注：在货物集中的地点安排周转挂车，预先装卸货物。汽车列车到达后，卸下挂车，集中装卸主车。装卸完成后，牵引车挂上预先装好货物的挂车并拖走。各线汽车列车轮流拖带甩下的挂车

学习任务

通过本单元的学习，请完成以下学习任务。

学习任务清单

任务内容	任务要求	验收方式
掌握 TMS 软件基础操作	学习如何在 TMS 软件中创建和管理运输任务	提交一份操作报告并进行班级演示
使用 GPS 和地图规划路径	理解 GPS 技术并使用地图软件规划最优运输路线	准备一份规划路线的报告和比较分析的 PPT
货物状态监控与数据记录	学习使用传感器并记录数据，使用电子表格软件绘制数据趋势图	提交一份包含数据记录和图表的实践报告

拓展活动

某物流公司采用一线两点甩挂运输方式，负责在城市 A 和城市 B 之间运输货物。城市 A 和城市 B 之间的距离为 200 千米，每趟运输需要 2 小时（包括装、卸货物时间）。每辆牵引车配备两个挂车，一个挂车在城市 A 装货的同时，另一辆挂车在城市 B 卸货。每辆牵引车每天可以完成 4 趟往返运输。

已知：每个挂车的载重量为 20 吨；每趟往返运输的平均耗油量为 100 升；柴油价格为 6 元/升；每趟往返运输的人工成本为 500 元。

活动要求：
1. 计算该物流公司每天通过甩挂运输可以运输的货物总量。
2. 计算该物流公司每天的总运输成本（包括燃油成本和人工成本）。

课后一思

请思考智慧运输调度系统的应用，可以从哪些方面提高整车货物运输效率。

单元三　整车货物智慧运输组织

案例导入

绿色航标，智慧之旅——速运达物流公司的智慧化系统升级故事

速运达物流公司，在高速成长的同时，深刻认识到了提升运输效率与降低成本的双重任务。更为重要的是，作为一家有社会责任感的企业，速运达坚持绿色、智慧、高效的物流服务理念，致力于推动物流行业的可持续发展。

面对为国际建材公司 A 提供服务的挑战，速运达物流公司运用了最新的运输管理系统（TMS），集合了先进的科技与严谨的工作流程，凸显出公司勇于创新和追求卓越的精神。在实施定制物流解决方案的过程中，速运达不仅注重经济效益的最大化，还重视贯彻绿色发展理念，体现了环保与效益相结合的发展策略。

针对建材货物的特性和运输要求，速运达精心策划了一系列环节，有效实现了货物的安全、快捷运输。系统的装载优化技术和高效路线规划，减少了不必要的中转与往返，降低了能源消耗与排放，展现出公司对生态环境保护的担当。同时，该公司采取的实时货物跟踪和风险管理策略，确保了运输过程的安全并提升了客户满意度。

成功的方案实施与高效的运输完成，不仅彰显了速运达智慧化系统升级的决策智慧，更体现了企业在社会责任实践中的担当。速运达物流公司以此为契机，进一步树立了绿色物流的行业典范，致力于推广低碳运输方式，并与客户共同创造可持续的价值。

思考：新版运输管理系统是如何为速运达物流公司降低运输成本的？

业务知识

在探索整车货物智慧运输的生产过程中，我们必须全面理解各个关键环节的业务知识。首先，在货物准备阶段，业务知识包括如何彻底检查货物并采用合适的打包材料以防止损伤，同时确保所有操作符合国际运输规定。接下来是装载优化技术，在这一步，我们需要精通扫描技术和货物尺寸识别，以及怎样利用装载规划算法和模拟工具高效地布置货车空间。此外，对仓库管理系统的了解能允许我们通过高级软件提高库存精度和降低成本。

其次，在运输管理系统（TMS）环节，业务知识应涵盖运输需求分析、车辆调度策略、路径优化和实时货物跟踪的方法。而在信息技术和实时数据方面，关键业务知识点包括物联网（IoT）的运输应用、大数据分析技术以及如何集成实时交通情况以优化运输策略。

对于装载自动化技术，我们需要了解机器人装载系统的运作原理、自动装载流程的步骤，以及装载过程中出现异常时的处理方案。而在运输执行环节中，高效的路线规划、实时通信系统以及驾驶员辅助系统都是确保顺利运输的要素。

考虑到潜在的风险，一个深入地了解风险管理与应急响应的策略是必需的，这包括对如何识别风险、制订应急计划以及维护货物安全和保险策略有着全面的理解。在客户服务方面，业务知识涵盖了如何操作客户门户和在线跟踪系统，对服务质量进行监控，以及如何运用客户反馈进行持续性的服务改进。

最后，智能货运系统中一个日益重要的领域是绿色运输和可持续发展。在这个领域中，业务知识旨在促进使用环保包装材料、提高能源效率、控制排放，以及实施绿色供应链管理。这些业务知识点的掌握不仅有助于提高运营效率和降低成本，还能提升公司在市场中的竞争力和品牌形象。

一、货物准备

（一）货物准备步骤

在整车货物智慧运输运营中，货物准备是非常重要的环节。货物准备步骤见表4-3。

表4-3 货物准备步骤

步骤	描述
规格和包装标准	了解每种货物的规格和包装标准，确保包装符合标准
货物质检	对货物进行质检，确保货物符合指定的质量和标准
货物标识与追踪	在货物上标识出明确、准确的信息，使用标识码进行追踪

通过考虑这些要素，可以确保整车货物运输中的货物质量、安全和可控，从而提高运输效率，降低运输风险和成本，进而推进行业的可持续发展。

（二）注意事项

1. 细节至关重要

货物准备时必须小心翼翼地把每一件货物和相关信息排列整齐妥善，确保不会造成货损、货漏、货差等状况，以及防止误运或错运的情况。

2. 按照标准操作

货物准备的每个步骤必须按照国家和地区的法规和要求操作。所有的运输条件必须符合规定标准，使货物在整个运输过程中始终处于安全状态。

3. 全方位监控

物流服务商应配备先进的设备和技术，以确保所有货物及时地被监控和管理，包括实时的货物追踪系统、物流管理系统等。

4. 国际运输规定

对于跨国运输，货物必须符合国际运输规定，并且需要满足目的地国家的进口要求。如果货物不符合进口要求，将不能顺利过关，会导致延误或退回。

二、装载优化技术

在整车货物智慧运输运营中，装载优化技术起着重要的作用，可以提高装载效率和空间利用率。以下是装载优化技术应用及注意事项。

（一）扫描与货物尺寸识别

通过使用先进的 3D 扫描技术，可以对货物进行扫描并获取准确的尺寸数据。这样可以精确地识别货物的体积、形状和重量，以便合理安排货物的装载次序和位置。需要注意的是：确保使用高质量的 3D 扫描设备和软件，以获得准确的尺寸数据；同时，保证货物在扫描过程中不被损坏或变形。

（二）装载规划算法（软件工具）

通过使用装载规划算法的软件工具，可以对货物进行智慧化的装载规划。这些算法能够根据货物的尺寸、重量、目的地等信息，自动生成最优化的装载方案，以最大限度地利用装载空间，减少空隙和空载。需要注意的是：选择适合公司需求的装载规划软件工具，并确保该软件具有可靠的优化算法和良好的用户界面；还需要对工具进行更新和维护，以适应不断变化的需求和技术。

（三）整车货物装载模拟

使用模拟软件来进行整车货物装载的虚拟模拟，这样可以在实际装载前预测货物放置的最佳位置，优化装载顺序，尽可能减少装载时间和人工错误。需要注意的是：确保模拟软件准确反映实际的装载情况，并考虑车辆的重量限制和平衡性；此外，还需要在实际装载前进行验证，以确保模拟结果符合实际情况。

通过合理应用装载优化技术，可以提高整车货物运输的效率和性能；同时，也需要密切关注技术的更新和改进，以满足不断变化的运输需求。某软件的装箱算法如图4-1所示。

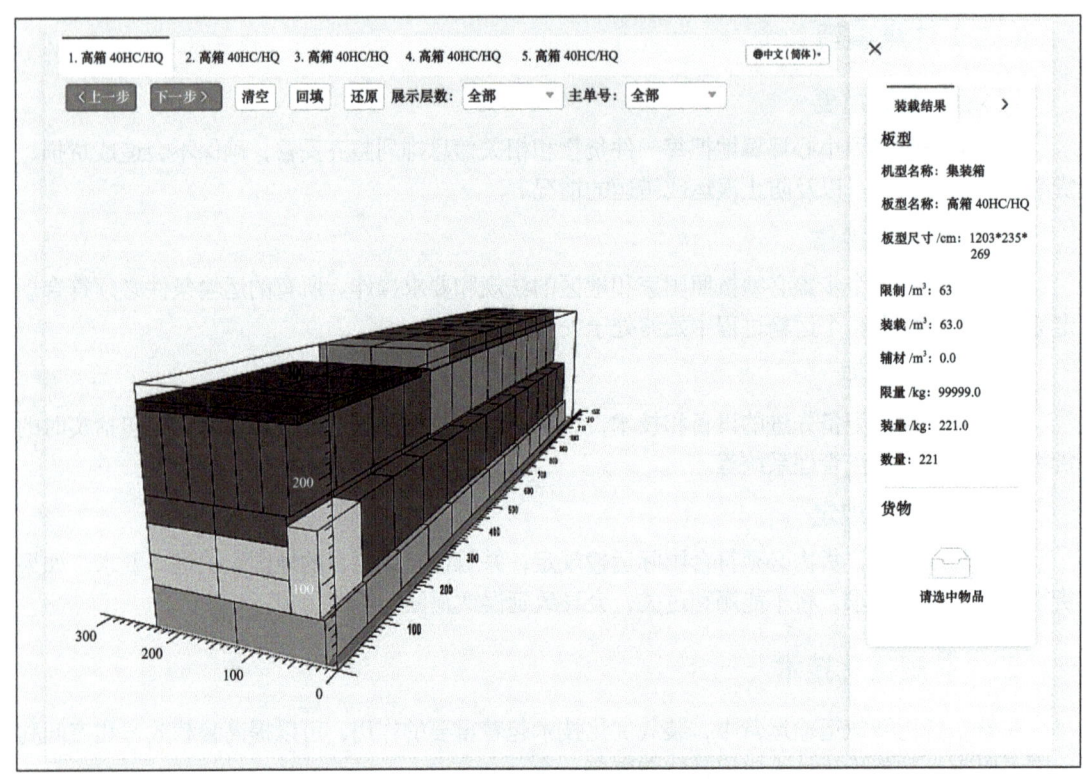

图4-1 某软件的装箱算法

三、仓库管理系统

在整车货物智慧运输运营中，仓库管理系统起着至关重要的作用，可以提高仓库内部的物流效率和降低成本。仓库管理要素与要点见表4-4。

表4-4 仓库管理要素与要点

要素	要点
启用智能仓库管理系统	安装智慧化的仓库管理系统，以便管理仓库内部物流和自动化操作
自动化拣选和装箱	通过使用自动化拣选和装箱设备，提高仓库内部物流效率
仓库内部物流机器人	在仓库中使用物流机器人可以提高物流效率和减少人工操作

通过合理应用仓库管理系统的技术和方法，可以有效提高物流效率、减少成本，并提高客户满意度；同时，也需要注意安全和合规性，以确保所有的操作和管理都符合相关的法规和标准。

四、运输管理系统

在整车货物智慧运输运营中，运输管理系统（TMS）是必不可少的一环，可以为单次或多次运输安排提供完整的物流解决方案。以下是运输管理系统的功能应用及注意事项。

（一）运输需求分析

使用数据和分析模型，可以对运输需求进行详细的分析和预测，并根据实际情况建立相应的计划和方案。这些分析包括货物数量、尺寸、目的地、运输时间和条件等信息。注意事项：确保数据的准确性和完整性，同时根据不同的运输需求和运输方式，选择适当的计划和方案。

（二）车辆调度和路径优化

基于运输需求和实际情况，使用车辆调度和路径优化的算法，可以挑选出适合的车辆和最优化的路线。这一步是确保物流过程的高效性和安全性的关键。注意事项：选择适当的算法和软件，以便对不同的运输需求、交通状况和天气变化做出快速和可靠的决策。

（三）实时货物跟踪与监控

通过使用实时货物跟踪与监控技术，可以实时监视货物的位置和状态，以便及时重新规划和调整路线。这些技术包括 GPS、RFID、传感器技术等。注意事项：选择适当的技术和设备，确保跟踪和监控的可靠性和准确性，并实现对货物运输的全方位监控。

通过合理地应用运输管理系统的技术和方法，可以提高物流效率、降低成本并提高客户满意度。同时，需要注意安全和合规性，以保障整个物流过程的顺畅性和可持续性。

五、信息技术和实时数据

在整车货物智慧运输运营中，信息技术和实时数据起着关键性作用。以下是信息技术和实时数据的具体技术应用及注意事项。

（一）物联网在运输中的应用

物联网技术可以通过物联网传感器，实时监测运输过程中的温度、湿度等信息，并将这些信息反馈到智能控制中心，以便对运输过程进行实时优化或分析，如使用温度传感器来避免高温或低温对货物的影响。注意事项：选择可靠的传感器设备，并确保与现有的信息技术基础设施具有兼容性；应遵循国家和地区的数据隐私法规，以确保用户的隐私安全。

（二）大数据分析

利用大数据技术对实时数据进行详细分析，可以获得可视化的运输信息和决策支持。这些数据包括货物状态、运输时间、交通情况、路线和汽车位置等信息，可以对运输过程中的各个关键点进行详细分析和优化。注意事项：选择合适的大数据技术和工具，并结合人工智能技术，以便从海量数据中提取有效信息。

（三）实时交通情况集成

通过集成实时交通数据，运输管理系统可以提供实时路线和路径规划。交通数据可以通过集成卫星导航和交通监控系统获得。这可以帮助运输服务供应商根据道路拥堵情况和其他交通状况的实时变化来调整路线，并提供实时交通信息。注意事项：确保准确性和兼容性，选择可靠的交通数据源，避免错误信息对决策的影响。

通过合理地应用信息技术和实时数据，可以为整车货物运输提供可靠的数据支持和决策支持，使物流服务商能够快速响应并适应变化的需求，从而为客户提供最佳服务和体验。

六、装载自动化技术

在整车货物智慧运输运营中，装载自动化技术的应用可以提高装载效率、降低劳动成本，并确保装载过程的准确性和安全性。以下是装载自动化技术的应用和注意事项。

（一）机器人装载系统

机器人装载系统可以取代传统的人工装载过程。这种系统利用先进的机器人技术和视觉识别系统来自动化完成货物的装载。机器人可以准确地识别货物的位置和形状，并进行合理地堆放和安排。注意事项：选择合适的机器人装载系统，确保其能够适应不同类型和尺寸的货物；此外，需要对机器人进行适当的保养和维护，以确保其正常运行。

（二）自动装载流程

建立自动装载流程，可以确保整个装载过程的顺畅性和高效性，这包括货物的分拣、分类、安排和定位等环节。自动装载流程应与其他物流和运输系统进行集成，以实现无缝地转换和协调。注意事项：确保自动装载流程的各个环节对于装载系统来说是可控和可管理的；同时，需要注意人机交互和安全防护，确保装载过程中避免发生意外和人身伤害。整垛柔性装车平台如图 4-2 所示。

图 4-2　整垛柔性装车平台

（三）装载异常处理方案

通过制订装载异常的处理方案，可以应对可能出现的问题和障碍。装载异常可能包括货物尺寸或重量超出范围、堆放不稳定或装载顺序错误等情况。在装载自动化系统中，需要设立适当的监控和报警机制，及时发现和解决装载异常问题。注意事项：建立应急响应机制和相应的培训计划，以保证装载异常的迅速处理和解决。

通过合理地应用装载自动化技术，可以提高整车货物运输的效率和安全性，同时减少人力成本和人为错误。

七、运输执行

在整车货物智慧运输运营的运输执行阶段，以下是关键的技术和步骤。

（一）高效路线规划

使用先进的路线规划算法和地理信息系统（GIS），可以对货物的运输路线进行高效的规划。这涉及交通状况、道路条件、交通限制和货物特性等因素，以确保最佳的路线选择。注意事项：选择合适的路线规划软件和数据源，以提供准确的交通和路况信息，并进行实时更新和调整。

（二）实时通信和指令传递

借助实时通信技术，如移动通信设备或物联网（IoT）设备，可以与驾驶员和运输团队进行实时沟通和指令传递。这包括实时交通情况、路线调整、目的地更新以及货物状态的信息反馈等。注意事项：确保通信设备的可靠性和安全性，选择适当的通信协议和加密机制，以保护通信的隐私和安全。

（三）驾驶员辅助系统

引入驾驶员辅助系统，如 GPS 导航系统、车辆监控系统和驾驶员行为分析系统等，以提供实时导航、车辆状态监控和驾驶员行为评估等功能。这可以帮助驾驶员安全、高效地完成运输任务。注意事项：选择可靠的驾驶员辅助系统，并为驾驶员提供相应的培训和支持，以确保他们正确使用和理解系统功能。

通过合理地应用高效的路线规划、实时通信和驾驶员辅助系统，可以提高整车货物运输的效率、安全性和准确性。同时，需要持续关注技术的更新和改进，以适应不断变化的需求。

八、风险管理与应急响应

在整车货物智慧运输运营中，风险管理和应急响应是非常重要的方面，以确保运输过程的安全性和顺利进行。以下是实现风险管理与应急响应的几个关键方面。

（一）风险识别和评估

对整车货物运输过程中的潜在风险进行识别和评估，包括路线上的安全隐患、交通拥堵、自然灾害等可能导致的运输延误，以及货物丢失、损坏或盗窃等风险。注意事项：通过使用数据分析、经验总结和专家意见等方法，确保对风险的全面评估，并将其纳入风险管理计划中。

（二）应急响应计划

建立应急响应计划，以应对运输过程中可能出现的突发事件和紧急情况。这涵盖了各种应急情况的处理方式，如交通意外、天气变化、货物丢失、驾驶员疾病等。注意事项：确保应急响应计划与相关部门、机构和供应商进行过沟通和协调，以便在紧急情况下能够快速、有效地采取应对措施。

（三）货物安全和保险

在运输过程中，运输企业应确保货物的安全，包括安全装载、防盗和防损；同时，购买货物运输保险，以便在发生意外情况时得到适当的保障。货物运输保险可以覆盖货物的丢失、损坏、盗窃或灾害等风险。注意事项：根据货物类型和价值，选择合适的货物运输保险，并与相关保险公司进行有效合作。

通过建立合理的风险管理措施和应急响应计划，以及购买适当的货物运输保险，可以最大限度地减少潜在风险和损失，在潜在的紧急情况下能够快速、有效地应对和解决问题。

九、客户交互与服务质量

在整车货物智慧运输运营中，客户交互和服务质量是构建客户满意度的关键因素。以下是关于客户交互和服务质量的几个关键方面。

（一）建立门户网站和在线跟踪

建立门户网站或在线平台，可以方便客户随时查询运输订单的状态和进展。通过提供实时跟踪信息、货物位置和预计到达时间等，可以提高客户对运输过程的可见性和透明度。注意事项：确保门户网站和在线跟踪系统易于使用，并提供准确和实时的信息。

（二）服务质量监控

通过建立服务质量监控机制，可以对服务过程中的关键指标和关键环节进行监测和评估。这包括货物的交付准时率、货物完好率、客户满意度等关键指标。注意事项：选择适当的监测工具和指标，并在必要时采取纠正措施，以提高服务质量和客户满意度。

（三）客户反馈和持续改进

运输企业应鼓励客户提供反馈意见，并建立相应的反馈渠道和机制。通过定期调查、客户访谈或在线反馈表单等方式，运输企业可以了解客户的需求和意见，并及时采取行动进行改进。注意事项：确保客户反馈机制的易于使用和便捷性，并对客户提出的问题和建议进行及时响应和处理。

通过积极地与客户互动、监控服务质量和持续改进，可以提升客户满意度和忠诚度，从而塑造良好的客户关系和口碑。客户的参与和反馈对于运输企业持续改进和服务创新非常重要。

十、绿色运输和可持续发展

在整车货物智慧运输运营中，绿色运输和可持续发展越来越受到关注。以下是促进绿色运输和可持续发展的几个关键方面。

（一）环保包装与循环使用

运输企业应采用环保、可循环和可降解的包装材料，并提倡包装的循环使用。运输企业可以采用可重复使用的木箱、塑料容器，从而减少不必要的包装，降低资源和能源消耗。注意事项：选择环保、可降解的材料，并对包装材料进行可持续评估，确保符合环保要求。

（二）能源效率和排放控制

运输企业通过采用节能、低碳和清洁的交通工具，如使用电动和混合动力车辆、燃料电池汽车等,以及对发动机和尾气进行科学管控,可以最大限度地减少污染物的排放。注意事项:定期检查和维护车辆,以确保其处于最佳的工作状况;合理规划运输路线并控制车速和水温,以减少污染物的排放。

(三)绿色供应链管理

运输企业通过建立绿色供应链管理机制,可以确保整个供应链中的产品、服务和运输环节都符合环保和可持续发展的要求;可以采用清洁能源和低碳交通工具,并考虑将环保和社会责任作为核心的生产、物流和运营模式。注意事项:加强供应链管理和监督,同时在生产过程中最大限度地减少资源和能源消耗,注重产品的环保和可持续性。

通过采取上述措施,运输企业可以实现整车货物运输的绿色化和可持续发展,降低能源消耗和二氧化碳排放,减轻对环境和社会的压力。同时,绿色运输的实践也是提高企业社会影响力和品牌形象的必备条件。

学习任务

通过本单元的学习,请完成以下学习任务。

学习任务清单

任务内容	任务要求	验收方式
探索智慧化运输管理系统	到实训基地或者上网浏览 TMS 软件的主要模块并记录其功能	提交功能概述报告
根据老师给出的运输任务制定模拟运输路线	使用在线地图服务规划并记录预计运输时间和距离	提交含路线图截图及预计时间和距离的文档
根据老师给出的运输任务估算运输成本	估算油费、通行费、人工费、折旧费等	提交成本估算表

拓展活动　职业院校技能大赛智慧物流赛项运输调度题

2024 年 3 月 18 日,北京盛通公司向山东济南旭泰电器公司采购商品,委托物流公司上门提货,以托盘为集装单元进行带板运输,并用拉伸膜对集装单元做整体加固。

1. 货物及车辆信息

(1)货物信息。采购订单见表 4-5。

表 4-5　采购订单

采购单编号:R20240318001　　　　　　　　　　　　　　计划到货时间:2024 年 3 月 25 日

序号	商品名称	包装规格(mm) (长×宽×高)	单价 (元/箱)	毛重 (千克/箱)	订购数量 (箱)
1	五金工具	300×200×250	500	22	1200
2	小厨宝	400×300×250	200	8	600

运输包装标识如图 4-3 所示。

(2)车型信息。物流公司可用车辆信息见表 4-6。

图 4-3　运输包装标识

表4-6 可用车辆信息表

车型	轴数	长（mm）	宽（mm）	高（底板）（mm）	车辆自重（千克）	数量
重型半挂牵引车	3	6990	2550	——	8800	充足
平板半挂车一	1	8600	2550	1300	5800	充足
平板半挂车二	2	10000	2550	1300	6200	充足
平板半挂车三	3	13000	2550	1300	6600	充足

注：重型半挂牵引车可与平板半挂车一/二/三连接成四/五/六轴汽车列车。

为了提高装卸搬运效率，车辆在满足国家标准《汽车、挂车及汽车列车外廓尺寸、轴荷及质量限值》（GB 1589—2016）的前提下，采用合理的码放方法，在托盘利用率最大化的情况下进行带板运输，单个托盘上只能码放同一种货物。

托盘信息：四向进叉托盘，托盘尺寸：1200mm×1000mm×160mm，托盘承重：1500千克，托盘自重20千克/个，托货集装单元高度不超过1600mm。

2. 干线运输线路选择的相关资料

（1）每种车型连接牵引车后在不同路线上行驶时的油耗情况见表4-7。

表4-7 油耗情况

车型	高速公路		国道	
	空驶	重驶	空驶	重驶
平板半挂车一	25升/百公里	每百吨公里增加0.6升	30升/百公里	每百吨公里增加0.8升
平板半挂车二	28升/百公里	每百吨公里增加0.8升	35升/百公里	每百吨公里增加1.2升
平板半挂车三	30升/百公里	每百吨公里增加1.2升	38升/百公里	每百吨公里增加1.8升

（2）从北京到济南有高速公路和国道两条路线可选择，资料如下：

1）北京到济南高速公路全程400公里，预计行驶5小时15分，卸装时间2小时，收取过路桥费。

2）北京到济南国道450公里，预计行驶8小时30分钟，卸装时间2小时，无过路桥费。

（3）其他信息：

1）无论何种车型，驾驶员平均日工资均为500元（不考虑工作时长）。

2）北京至济南高速公路收费标准见表4-8。

表4-8 北京至济南高速公路收费标准

车辆类别	总轴数（含悬浮轴）	收费标准
一类货车	2轴（车长小于6米且允许总质量小于4.5吨）	0.5元/公里
二类货车	2轴（车长小于6米且允许总质量不小于4.5吨）	0.89元/公里
三类货车	3轴	1.49元/公里
四类货车	4轴	1.89元/公里
五类货车	5轴	2.19元/公里
六类货车	6轴	2.36元/公里

3）车辆走高速公路当日返回，走国道次日返回。

（4）车辆折旧成本见表 4-9。

表 4-9　车辆折旧成本

车型	购置成本（元）	折旧年限	预计总行驶里程（万公里）
重型半挂牵引车	398000	5 年	50
平板半挂车一	100000	5 年	40
平板半挂车二	120000	5 年	40
平板半挂车三	150000	5 年	40

车辆年工作车日计 300 车日，残值率为 5%，采用里程折旧法。

（5）燃油价格为 7.5 元/升。

活动要求：

每辆车优先安排同种货物集装单元装车，在车辆不能满载的情况下可以集装单元混装。根据以上资料分析计算，选择合适车型运输该批货物，计算需要的托盘数、车辆数和每辆车装载的箱数；并从成本节约角度选取合适的运输路线进行运输调度（车辆往返选择同样的行驶路线）。注意，要有分析计算过程，计算过程保留 2 位小数，四舍五入。

> **课后一思**
>
> 党的二十大报告指出，要"加快发展方式绿色转型"。请思考运输行业应如何实现绿色化、低碳化。

实训练习

一、单项选择题

1. 在整车货物智慧运输中，可以实现实时监测和追踪的技术是（　　）。
   A. 人工智能　　　　　　　　　B. 物联网和传感器技术
   C. 虚拟现实　　　　　　　　　D. 传统物流管理

2. 在整车货物智慧运输调度和管理中，用于实时监测运输车辆位置、状态和运输进展的技术是（　　）。
   A. GPS 追踪与地理信息系统（GIS）　　B. 大数据分析
   C. 机器学习　　　　　　　　　D. 虚拟现实（VR）

3. 物联网在整车货物智慧运输调度和管理中的应用，不包括（　　）。
   A. 实时监测货物的温度　　　　B. 监控车辆的油量消耗情况
   C. 提供高精度虚拟现实体验　　D. 跟踪货物的实时位置信息

4. 在整车货物智慧运输过程中，3D 扫描技术可以用于获取货物的（　　）。
   A. 颜色　　　　　　　　　　　B. 体积、形状和重量
   C. 生产日期　　　　　　　　　D. 品牌和型号

5. 在整车货物智慧运输调度和管理中，不属于机器学习和数据分析技术应用的是（   ）。
   A. 预测可能发生的问题和故障
   B. 生成运输路线和排班计划建议
   C. 提供高精度虚拟现实运输体验
   D. 对运输车辆和货物进行健康监测

二、多项选择题

1. 以下哪些是通过使用自动化和集成调度工具在整车货物运输中可以实现的优势？（   ）
   A. 提高整车货物运输的装载效率和空间利用率
   B. 优化路径规划和运输效率
   C. 实现实时监测和追踪
   D. 提升运输管理和安全风险管理
2. 整车货物智慧运输调度和管理的运输管理系统（TMS）主要提供的关键功能包括（   ）。
   A. 智慧化调度和路径规划
   B. 实时监控和跟踪
   C. 运力调配和资源优化
   D. 数据分析和决策支持
3. 在整车货物智慧运输运营的运输执行阶段，可以提升运输效率和安全性的是（   ）。
   A. 高效路线规划
   B. 实时通信和指令传递
   C. 客户门户和在线跟踪
   D. 驾驶员辅助系统
4. 整车货物智慧运输通过整车运输，将批量订单货物进行集中运输，能够（   ）。
   A. 提高装载效率
   B. 提高空间利用率
   C. 降低运输成本
   D. 准时配送货物
5. 实时货物跟踪与监控技术包括（   ）。
   A. 全球定位系统（GPS）
   B. 射频识别（RFID）
   C. 传感器技术
   D. 电子数据交换（EDI）

三、简答题

1. 简述整车货物智慧运输的智慧化运输管理系统所包含的主要功能。
2. 概述在整车货物运输中，大数据分析对于运输过程优化的重要性。
3. 请简述智慧化货物追踪系统中的实时车辆监控如何提高整车货物运输效率。

模块五

危险货物智慧运输运营

学习目标

知识目标：
- 掌握危险货物的定义、特点和分类。
- 掌握危险货物运输的运输条件。
- 了解危险货物运输电子运单的作用。

能力目标：
- 能够根据危险货物标识识别其所属危险类别并大致判断其危险性。
- 能根据危险货物的特性选择合理的运输组织方法。
- 能够正确填写危险货物运输电子运单。

素质目标：
- 通过了解危险货物运输安全管理系统，培养文化自信和社会责任感，树立安全责任意识。
- 学习危险货物运输相关标准及法律法规，培养守法意识。

单元一 认识危险货物

案例导入

沪昆高速危化品爆燃事故

2014年7月某日，在沪昆高速湖南邵阳段，一辆自东向西行驶运载乙醇的轻型货车，与前方停车排队等候的大型普通客车发生追尾碰撞，轻型货车运载的乙醇瞬间大量泄漏起火燃烧，事故造成多人死亡、受伤，直接经济损失高达5300余万元。这起事故暴露了诸多问题：

（1）轻型货车未取得危险货物道路运输证，属于违法运输危险货物。

（2）轻型货车在《道路机动车辆产品及其生产企业公告》中车辆类型为篷式运输车，注册登记时载明车辆类型为轻型仓栅式货车。

（3）轻型货车存在非法改装和伪装。非法加装可移动的塑料罐体用于运输乙醇；在车辆前部和车身货箱两侧喷涂"××渔业"字样，用于伪装运输乙醇。

（4）轻型货车核定载货量1.58吨，实际装载乙醇6.52吨，属于严重超载运输。

（5）化工公司一直使用非法改装的无危险货物道路运输许可证的肇事轻型货车运输乙醇。

思考： 危险货物运输与一般货物运输有什么区别？

业务知识

随着物流运输业的蓬勃发展，危险货物运输及其运输安全性受到越来越多的关注，希望大家通过本单元的学习，对危险货物能有更加深入的了解。本单元将介绍危险货物的定义和特点以及危险货物的分类。

一、危险货物的定义和特点

1. 危险货物的定义

按照《危险货物分类和品名编号》（GB 6944—2012）的规定，危险货物（Dangerous Goods）是指具有爆炸、易燃、毒害、感染、腐蚀、放射性等危险特性，在运输、储存、生产、经营、使用和处置中，容易造成人身伤亡、财产损毁或环境污染而需要特别防护的物质和物品。

从以上定义看，危险货物危害性可以分为以下几类。

（1）物理危害：包括燃烧、爆炸、氧化、金属腐蚀性等。

（2）健康危害：包括急性毒性、感染性、放射性、皮肤腐蚀、致癌及细胞突变等。

（3）环境危害：污染环境及水源等。

2. 危险货物的特点

（1）危险货物的燃烧、爆炸特性。燃烧通常是指物质与氧气发生剧烈作用发出火光，放出热量的过程。燃烧必须具备三要素，即可燃物、助燃物（通常指氧气）和热能。从燃烧反应的机理看，固体和液体的燃烧大多是它们受热后分解或挥发出来的气体或蒸气的燃烧。爆炸是指有些物质得到足够的能量即迅速分解，生成大量高温、高压的气体，迅速膨胀做功，并伴有声、光效应。爆炸是一种特殊形式的燃烧。形成爆炸的要素是：能释放大量的热；能产生大量的气体；高速进行并瞬时完成。

（2）危险货物的毒害性。毒害品包括有毒物质（即吞咽、吸入或皮肤接触能造成人体健康损害、严重伤害，甚至死亡的物质）和感染性物质（即与之接触会使人和动物感染疾病的病原体）。有毒物质引起中毒的途径包括消化道、呼吸道或皮肤。

（3）危险货物的放射危害。有些元素以及它们的化合物能从其原子核内部自行放出穿透力很强、而人的感觉器官无法及时察觉的射线，具有这种放射特性的物质称为放射性物质。放射性物质所放出的射线主要有三种，即α射线、β射线和γ射线。不同的放射性物质可能放出其中一种或多种射线。当原子核裂变时，产生中子流，这也是一种放射线。放射性物质对人体造成伤害主要是通过两种途径：其一是射线的带电粒子对人体各组织、器官直接的电离作用；其二是射线的辐射作用。

对放射性物质外辐射危害的防护，主要是屏蔽防护（包括放射性物质的屏蔽和放射性环境的屏蔽）、距离防护、时间防护。对放射性物质的内辐射危害的防护，主要是防止放射性物质通过消化系统和皮肤进入人体。

（4）危险货物的腐蚀危害。腐蚀性物质的危害，主要是在运输、装卸和储存过程中，对人体组织以及与之接触的其他物质的腐蚀损害作用。腐蚀性物质对人体的伤害又称化学烧伤或化学灼伤，严重腐蚀能导致死亡。腐蚀性物质泄漏，可能导致其与其他物品接触而发生腐蚀反应，造成物品损坏或强度减小，还有可能与其他不相容的物质发生危险反应。

（5）危险货物的污染危害。危险货物的污染危害体现在多个方面。如大气方面，危险货物挥发的有毒有害气体，不仅散发异味，还可能形成光化学烟雾，危害人体呼吸等系统；水体方面，油类危险货物可能会形成油膜致水生生物缺氧，重金属盐类通过食物链危及人类健康；土壤方面，有些危险货物会改变土壤性质，降低肥力，影响植被生长，如酸碱物质致土壤酸碱化，有机污染物难降解；生态系统方面，污染会破坏生物多样性，干扰生态平衡，影响物质循环与能量流动，对整个生态系统产生不可逆的影响。

二、危险货物的分类

1. 分类和分项

在我国，危险货物分类目前主要依据《危险货物分类和品名编号》（GB 6944—2012）和《危险货物道路运输规则　第2部分：分类》（JT/T 617.2—2018）两个标准。上述标准依据危险货物具有的危险性，或最主要的危险性对其分类，共分成9个类别，其中第1类、第2类、第4类、第5类再按照危险货物性质分成项别。需要注意的是，该类别和项别的号码顺序并不是危险程度的顺序。

第1类：爆炸品。
第2类：气体（易燃气体、非易燃无毒气体、毒性气体）。
第3类：易燃液体。
第4类：易燃固体、易于自燃的物质、遇水放出易燃气体的物质。
第5类：氧化性物质和有机过氧化物。
第6类：毒性物质和感染性物质。
第7类：放射性物质。
第8类：腐蚀性物质。
第9类：杂项危险物质和物品，包括危害环境物质。

2. 判定危险货物的主要依据

目前，判定是否为危险货物的主要依据是《危险货物品名表》（GB 12268—2012）和《危险货物道路运输规则　第3部分：品名及运输要求索引》（JT/T 617.3—2018）。其中，《危险货物品名表》（GB 12268—2012）适用于所有的运输方式，包括公路、水路、航空运输等，而《危险货物道路运输规则　第3部分：品名及运输要求索引》（JT/T 617.3—2018）则主要适用于道路运输环节。

3. 危险货物包装类别

为了包装目的，除了第1类、第2类、第7类、5.2项和6.2项物质、4.1项自反应物质以外的物质，根据其危险程度，划分为三个包装类别。

Ⅰ类包装：具有高度危险性的物质。

Ⅱ类包装：具有中等危险性的物质。
Ⅲ类包装：具有轻度危险性的物质。

> **行业新知**
>
> ### 如何读懂《危险货物品名表》？

《危险货物品名表》（GB 12268—2012）是由中国国家标准化管理委员会牵头编辑和发布的一份标准文件，旨在规范危险货物的分类和识别。该标准的封面如图5-1所示。

该标准将危险货物分为9类，包括爆炸品、气体（易燃气体、非易燃无毒气体、有毒气体）、易燃液体、易燃固体、氧化性物质和有机过氧化物、毒性物质和感染性物质、放射性物质、腐蚀性物质以及杂项危险物质和物品，包括危害环境物质。每个条目都对应一个编号，便于识别和管理。

该标准适用于所有涉及危险货物运输和管理的情况，包括道路、铁路、水路和航空运输等。

图5-1 《危险货物品名表》
（GB 12268—2012）封面

微课05
教你读懂《危险货物品名表》

此外，《危险货物品名表》还规定了危险货物的包装、标记和分类标准，以确保危险货物在运输过程中的安全。该标准对于规范危险货物的管理、减少运输事故风险具有重要意义。

危险货物品名表共有7栏，详见表5-1危险货物品名表（节选）。

表5-1 危险货物品名表（节选）

联合国编号	名称和说明	英文名称	类别或项别	次要危险性	包装类别	特殊规定
3086	毒性固体，氧化性，未另作规定的	TOXIC SOLID, OXIDIZING, N.O.S.	6.1	5.1	Ⅰ	274
			6.1	5.1	Ⅱ	274
3087	氧化性固体，毒性，未另作规定的	OXIDIZING SOLID, TOXIC, N.O.S.	5.1	6.1	Ⅰ	274
			5.1	6.1	Ⅱ	274
			5.1	6.1	Ⅲ	223 274

第1栏是"联合国编号"，即危险货物编号，它是根据联合国分类制度为危险货物划定的系列编号。

第2栏是"名称和说明"，即危险货物的中文正式名称。

第3栏是"英文名称"，即危险货物的英文正式名称，用大写字母表示；附加说明用小写字母表示。

第 4 栏是"类别或项别",即危险货物的主要危险性,其中第 1 类还包括其所属的配装组。

第 5 栏是"次要危险性",即除危险货物主要危险性以外的其他危险性的类别或项别。

第 6 栏是"包装类别",是指按照联合国包装类别给危险货物划定的包装类别号码。

第 7 栏是"特殊规定",是指与物品或物质有关的任何特殊规定。

三、危险货物包装标签

危险货物包装标签就是通过图案、文字说明、颜色等信息,鲜明、简洁地在危险货物包装上标识危险货物的危险特征和类别,以便向作业人员传递安全信息的警示性资料,是由表示危险特性的图案、文字说明、底色和危险品类别组成的菱形标志。当一种危险货物具有一种以上的危险性时,应用主标志表示主要危险性类别,并用副标志来表示其他重要的危险性类别。根据《危险货物包装标志》(GB 190—2009),一共有 26 个危险货物包装标签,见表 5-2。

表 5-2 危险货物包装标签

类项号	标签图形	说明
1.1 1.2 1.3		符号:黑色 底色:橙红色 **为项号位置——如果爆炸性是次要危险性,留空白。 *号为配装组字母位置——如果爆炸性是次要危险性,留空白。
1.4 1.5 1.6		
2.1		符号:黑色或者白色的火焰 底色:正红色
2.2		符号:黑色或白色的气瓶 底色:绿色
2.3		符号:骷髅和交叉的骨头棒(黑色) 底色:白色
3		符号:黑色或者白色的火焰 底色:正红色

（续）

类项号	标签图形	说明
4.1		符号：黑色的火焰 底色：白色加上七条竖直红色条带
4.2		符号：黑色的火焰 底色：上半部分为白色，下半部分为红色
4.3		符号：黑色或白色的火焰 底色：蓝色
5.1		符号：黑色带圆圈的火焰 底色：柠檬黄色
5.2		符号：黑色或白色的火焰 底色：上半部分为红色，下半部分为柠檬黄色
6.1		符号：骷髅和交叉的骨头棒（黑色） 底色：白色
6.2		符号：三个新月形重叠在一个圆圈上（黑色） 底色：白色
7A		符号：三叶型（黑色） 底色：白色，附一条红竖条
7B		符号：三叶型（黑色） 底色：上黄下白，附两条红竖条

（续）

类项号	标签图形	说明
7C		符号：三叶型（黑色） 底色：上黄下白，附三条红竖条
7E		符号：黑色文字 底色：白色
8		符号：试管中的液体分别滴在长方体和手上，长方体和手均有破损（黑色） 底色：上白下黑
9		符号：在上半部分有7条黑色的竖直条带 底色：白色

学习任务

通过本单元的学习，请完成以下学习任务。

学习任务清单

任务内容	任务要求	验收方式
什么是危险货物	能够说出危险货物的特点	口头表述
乙醇运输存在什么危险	根据乙醇的物理及化学性质分析其运输过程中存在的危险	口头表述
危险货物与一般货物的区别	根据危险货物的定义进行分析	案例报告
不同类型的危险货物运输分别存在哪些危险	根据危险货物的分类进行分析	案例报告
工作中如何判断某种危险货物的危险性	根据《危险货物品名表》（GB 6944—2012）及包装标签进行分析并举例说明	案例报告
对案例报告进行讲解说明	选派成员选择相应的形式对案例报告进行展示	成果展示

拓展活动 荣乌高速汽油泄漏爆燃事故

2015年1月某日，某运输公司的重型罐式危货运输货车沿荣乌高速公路由西向东行驶时，因路面结冰，车辆发生侧滑，与前车发生追尾碰撞后，又被后面在冰雪路面超速行驶的大型普通客车（核载47人，实载14人）追尾碰撞，造成汽油泄漏（约2吨）爆燃。事故共造成十余人伤亡，多辆车不同程度损毁，直接经济损失约 1100 万元。

经过调查，得出该事故发生的原因包括：

（1）车辆上道路行驶前没有关闭紧急切断阀，导致发生追尾碰撞事故后大量汽油泄漏。

（2）车辆罐体实际容积与《道路机动车辆生产企业及产品公告》（下称《公告》）不一致，超过《公告》容积约 6 立方米。

（3）车辆核载 16230 千克，实载 21920 千克汽油，超载 5690 千克，超载率 35.06%。

（4）运输公司危险货物运输安全管理制度形同虚设，对挂靠车辆挂而不管，对挂靠车辆驾驶员未进行安全教育培训，致使肇事重型罐式货车长期存在重大安全隐患。

（5）罐体生产企业没有取得强制性产品认证，违法生产肇事重型罐式货车罐体，且罐体实际容积大于公告要求的容积，属于"大罐小标"。

（6）化工集团公司履行危险货物充装安全生产主体责任不到位。公司装卸管理人员不具备从业资格，未严格落实危险化学品充装查验制度，违规为肇事重型罐式货车超载充装汽油。

活动要求：请你根据以上事故原因，提出避免此类危险货物运输事故发生的措施，形成小组报告。各小组选派成员针对报告进行分析讲解，进行团队成果展示。

> **课后一思**
>
> 掌握危险货物及其分类，有助于提升运输安全，为社会减少运输成本。作为强国路上的物流奋斗者，请思考应该如何有效提升运输安全。

单元二　典型危险货物智慧运输组织

案例导入

2024 年 4 月 11 日晚，扬州市江都区交通运输局执法人员配合区商务、应急等多部门在江都区大桥镇开展"非法流动加油车"专项执法行动。发现当事人耿某所属的重型罐式货车停靠在路面西侧，该车罐体右侧下方的卸货管道口残留有刺激性味道的液体，现场测试该液体具有易燃特征。经查，该车的道路运输证标明的经营范围是道路货物专用运输（罐式），当事人耿某涉嫌未取得道路危险货物运输许可，擅自从事道路危险货物运输。

耿某违反了《道路危险货物运输管理规定》（交通运输部令 2023 年第 13 号）第八条规定，依据《道路危险货物运输管理规定》（交通运输部令 2023 年第 13 号）第五十五条第一项的规定，对当事人耿某给予罚款 3 万元的行政处罚，并责令停止运输经营。

思考：从事道路危险货物运输需要具备哪些条件？

业务知识

行业调查显示，我国危险货物运输需求呈现三大特点：内贸大于外贸、零散大于大宗、内贸陆运大于内贸水运。这说明在国内市场上，对于危险货物的需求更大，而且这种需求更多的是以小批量、零散的方式出现，而不是大规模的批量运输。此外，相对于水运方式，陆运方式在危险货物的运输中占据了更大的比例。本单元将重点介绍几种典型危险货物的道路运输组织方式，为同学们未来从事危险货物运输工作打好基础。

一、从事道路危险货物运输的条件

根据《道路危险货物运输管理规定》第八条的规定，申请从事道路危险货物运输经营，应当具备下列条件。

（一）有符合下列要求的专用车辆及设备

（1）自有专用车辆（挂车除外）5辆以上；运输剧毒化学品、爆炸品的，自有专用车辆（挂车除外）10辆以上。

（2）专用车辆的技术要求应当符合《道路运输车辆技术管理规定》有关规定。

（3）配备有效的通信工具。

（4）专用车辆应当安装具有行驶记录功能的卫星定位装置。

（5）运输剧毒化学品、爆炸品、易制爆危险化学品的，应当配备罐式、厢式专用车辆或者压力容器等专用容器。

（6）罐式专用车辆的罐体应当经检验合格，且罐体载货后总质量与专用车辆核定载质量相匹配。运输爆炸品、强腐蚀性危险货物的罐式专用车辆的罐体容积不得超过20立方米，运输剧毒化学品的罐式专用车辆的罐体容积不得超过10立方米，但符合国家有关标准的罐式集装箱除外。

（7）运输剧毒化学品、爆炸品、强腐蚀性危险货物的非罐式专用车辆，核定载质量不得超过10吨，但符合国家有关标准的集装箱运输专用车辆除外。

（8）配备与运输的危险货物性质相适应的安全防护、环境保护和消防设施设备。

（二）有符合下列要求的停车场地

（1）自有或者租借期限为3年以上，且与经营范围、规模相适应的停车场地，停车场地应当位于企业注册地市级行政区域内。

（2）运输剧毒化学品、爆炸品专用车辆以及罐式专用车辆，数量为20辆（含）以下的，停车场地面积不低于车辆正投影面积的1.5倍，数量为20辆以上的，超过部分，每辆车的停车场地面积不低于车辆正投影面积；运输其他危险货物的，专用车辆数量为10辆（含）以下的，停车场地面积不低于车辆正投影面积的1.5倍；数量为10辆以上的，超过部分，每辆车的停车场地面积不低于车辆正投影面积。

（3）停车场地应当封闭并设立明显标志，不得妨碍居民生活和威胁公共安全。

（三）有符合下列要求的从业人员和安全管理人员

（1）专用车辆的驾驶人员取得相应机动车驾驶证，年龄不超过60周岁。

（2）从事道路危险货物运输的驾驶人员、装卸管理人员、押运人员应当经所在地设区的市级人民政府交通运输主管部门考试合格，并取得相应的从业资格证；从事剧毒化学品、爆炸品道路运输的驾驶人员、装卸管理人员、押运人员，应当经考试合格，取得注明为"剧毒化学品运输"或者"爆炸品运输"类别的从业资格证。

（3）企业应当配备专职安全管理人员。

（四）有健全的安全生产管理制度

（1）企业主要负责人、安全管理部门负责人、专职安全管理人员安全生产责任制度。

（2）从业人员安全生产责任制度。

（3）安全生产监督检查制度。

（4）安全生产教育培训制度。

（5）从业人员、专用车辆、设备及停车场的安全管理制度。

（6）应急救援预案制度。

（7）安全生产作业规程。

（8）安全生产考核与奖惩制度。

（9）安全事故报告、统计与处理制度。

> **行业新知**
>
> **如何办理道路危险货物运输证？**
>
> 申请从事道路危险货物运输经营的企业，应当依法向市场监督管理部门办理有关登记手续后，向所在地设区的市级交通运输主管部门提出申请，并提交以下材料。
>
> （1）"道路危险货物运输经营申请表"，包括申请人基本信息、申请运输的危险货物范围（类别、项别或品名，如果为剧毒化学品应当标注"剧毒"）等内容。
>
> （2）拟担任企业法定代表人的投资人或者负责人的身份证明及其复印件，经办人身份证明及其复印件和书面委托书。
>
> （3）企业章程文本。
>
> （4）证明专用车辆、设备情况的材料。
>
> （5）拟聘用专职安全管理人员、驾驶人员、装卸管理人员、押运人员的，应当提交拟聘用承诺书，承诺期限不得超过1年；已聘用的应当提交从业资格证及其复印件以及驾驶证及其复印件。
>
> （6）停车场地的土地使用证、租借合同、场地平面图等材料。
>
> （7）相关安全防护、环境保护、消防设施设备的配备情况清单。
>
> （8）有关安全生产管理制度文本。
>
> 道路危险货物运输许可证样式如图5-2所示。

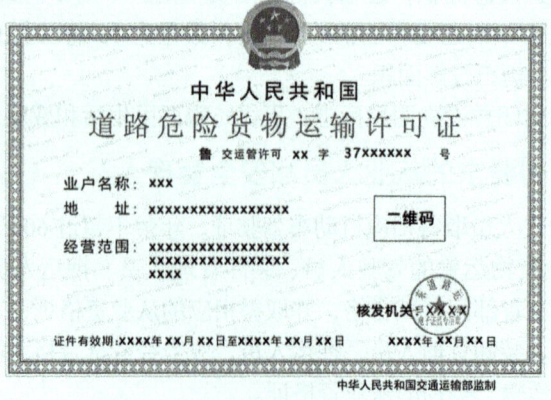

图5-2 道路危险货物运输许可证样式

二、民用爆炸物品运输组织

民用爆炸物品,是指用于非军事目的、列入民用爆炸物品品名表的各类火药、炸药及其制品和雷管、导火索等点火、起爆器材,如烟花爆竹、炸药等。

(一)运输资质

运输企业和车辆必须取得交通运输部门核发的危险货物第 1 类爆炸品或第 1.1 项、1.2 项、1.3 项、1.4 项、1.5 项、1.6 项运输资质。

(二)运输许可审批

根据《民用爆炸物品安全管理条例》第三条的规定,国家对民用爆炸物品的生产、销售、购买、运输和爆破作业实行许可证制度。

承运前,承运单位应查验公安机关核发的运输许可证,手续齐全有效后方可承运。

> **行业新知**
>
> **如何办理民用爆炸物品运输许可证?**
>
> 根据《民用爆炸物品安全管理条例》第二十六条的规定,运输民用爆炸物品,收货单位应当向运达地县级人民政府公安机关提出申请,并提交包括下列内容的材料。
>
> (1)民用爆炸物品生产企业、销售企业、使用单位以及进出口单位分别提供的民用爆炸物品生产许可证、民用爆炸物品销售许可证、民用爆炸物品购买许可证或者进出口批准证明。
>
> (2)运输民用爆炸物品的品种、数量、包装材料和包装方式。
>
> (3)运输民用爆炸物品的特性、出现险情的应急处置方法。
>
> (4)运输时间、起始地点、运输路线、经停地点。
>
> 受理申请的公安机关应当自受理申请之日起 3 日内对提交的有关材料进行审查,对符合条件的,核发民用爆炸物品运输许可证;对不符合条件的,不予核发,书面向申请人说明理由。
>
> 民用爆炸物品运输许可证应当载明收货单位、销售企业、承运人,以及一次性运输有效期限、起始地点、运输路线、经停地点,还有民用爆炸物品的品种、数量。
>
>
>
> 微课 06
> 带你走进爆炸品
> 运输作业现场

(三)运输前的注意事项

(1)运输民用爆炸品应使用厢式货车,且核定载质量不得超过 10 吨(符合国家有关标准的集装箱运输专用车辆除外)。

(2)厢式货车的车厢内不得有酸、碱、氧化剂等残留物。

(3)不具备有效的避雷电、防湿潮条件时,雷雨天气应停止对爆炸品的运输、装卸作业。

(四)运输过程注意事项

(1)携带民用爆炸物品运输许可证。

（2）不得违反运输许可事项。

（3）运输车辆悬挂或者安装符合国家标准的易燃易爆危险物品警示标志。

（4）烟花爆竹的装载符合国家有关标准和规范。

（5）装载烟花爆竹的车厢不得载人。

（6）运输车辆限速行驶，途中经停必须有专人看守。

（7）出现危险情况立即采取必要的应急处置措施，并报告当地公安机关。

三、液化石油气运输

液化石油气是在常温下加压得到的液化的石油气，主要成分包括丙烷、丁烷、丙烯、丁烯等，属于危险货物中的 2.1 项——易燃气体。

（一）运输前准备

（1）承运人要具备第 2 类危险品运输资质。

（2）承运人要到当地消防部门申办《易燃易爆化学物品准运证》。

（3）运输气瓶的车辆应配置危险品标志灯和标志牌。

（4）驾驶员和押运人员应接受消防监督部门培训，培训考试合格后领取安全培训证。

（5）运输时，驾驶员应随身携带以上证件，根据车型大小还应配带 1～2 具干粉灭火器。

（6）汽车进出液化气站应在排气管上安装防火帽（阻火器），防火帽可由承运人配置，也可由液化气站配置。

微课 07
揭秘液化石油气运输作业

（二）装车要求

（1）五不装，即漏气瓶不装；超重（超装）瓶不装；超期使用的气瓶不装；汽车超载不装；不混装其他货物，尤其不能混装氧气、氯气等氧化性物品。

（2）15 千克气瓶立放装车时不能超过两层。

（3）保证上层的瓶体横向中线在汽车厢板上沿以下。

（4）进行必要的捆扎，防止运输中气瓶滚落。

（三）运输要求

（1）尽量避开人流、车流密集的道路。

（2）不要在重要建筑物和人员密集地点停放。

（3）行驶中尽量不要急刹车。

（四）意外情况紧急处置

液化石油气运输意外主要有漏气和着火两种情况，要根据具体原因采取不同的措施进行处置，具体见表 5-3。

表 5-3　液化石油气运输意外处置措施

意外情况	具体原因	处置措施
漏气	角阀关闭不严，从瓶嘴漏气	关紧角阀
	角阀盘根没能压紧，从盘根压紧螺帽处漏气	
	由于阀座、阀芯或阀杆有缺陷，使角阀不能关严而漏气	迅速将车开至就近液化气站，请液化气站的专业人员处置
	角阀与瓶体紧固不严而漏气	
	体侧钢材或焊缝有缺陷、有砂眼或裂缝而漏气	
着火	从角阀出口处漏气着火	关严角阀、切断气源，火可自灭
	从盘根压紧螺帽处漏气着火	
	从瓶体或其他处漏气着火	将车就近停放在宽阔的地方，将着火气瓶从车上提出，保持火焰上喷或侧喷，用少量水不时地冷却，使其燃尽
	多个气瓶爆破起火，车辆行驶在人流、车流密集地区或重要建筑附近	迅速将车开至人员稀少地点，并设法将气瓶弄散，然后迅速撤离现场，拨打火警电话，并警告群众不要围观

四、汽油、柴油运输

汽油、柴油属于第 3 类危险货物——易燃液体，其中，汽油的闪点范围在 −50 ～ −20℃之间，属于低闪点液体；柴油的闪点范围在 55 ～ 60℃之间，属于高闪点易燃液体。

微课 08
揭秘汽、柴油运输作业

> **行业新知**
>
> ### 什么是闭杯闪点？
>
> 闭杯闪点是指易燃液体在特定密闭容器中加热至其蒸气与空气混合物遇到火源能产生闪燃的最低温度。这一指标对于评估液体的燃烧危险性至关重要，尤其在运输和安全法规中用于定义"易燃液体"。闭杯闪点通常比开杯闪点低，因为密闭环境更有利于蒸气的积累，从而降低了点燃所需的温度。
>
> 闪点是表示易燃液体燃爆危险性的一个重要指标，闪点越低，燃爆危险性越大。
>
> 初沸点是指一种液体的蒸汽压力等于标准压力（101.3kPa），第一个气泡出现的温度。
>
> 在《危险货物分类和品名编号》（GB 6944—2012）中，对于易燃且易燃为其唯一危险性的液体，使用表 5-4 确定其危险类别。

表 5-4　按易燃性划分的易燃液体危险类别表

包装类	闪点（闭杯）	初沸点
Ⅰ	—	≤ 35℃
Ⅱ	<23℃	>35℃
Ⅲ	≥ 23℃和≤ 61℃	>35℃

汽油、柴油是最为常见的易燃液体，都具有易燃易爆、受热膨胀、易产生和积聚静电、高度流动性和易氧化性等特性。针对这些特性，可在运输过程中采取相应的措施，保证汽油、柴油运输的安全。汽油、柴油运输注意事项见表 5-5。

表 5-5 汽油、柴油运输注意事项

特性	危险性	运输注意事项
易燃易爆	在常温条件下遇明火极易燃烧，当易燃液体表面上的蒸气浓度达到其爆炸浓度极限范围时，遇到明火即会发生爆炸	1. 运输车辆必须加装防爆器和防爆装置，加装防爆灯和标识，车辆贴上易燃易爆和危险品警示标识，严格禁止车辆在容易引发火灾的区域通行 2. 运输途中应防暴晒、防高温，中途停留时应远离火种、热源和高温区；车辆排气管必须配备阻火装置，禁止使用易产生火花的机械设备和工具装卸；驾驶员禁止在装载和运输过程中吸烟，严禁使用明火 3. 装卸员、驾驶员和押运员按规定穿着防静电工作服上岗，避免摩擦或穿脱衣服时产生静电
受热膨胀	易燃液体的膨胀系数一般较大，储存在密闭容器中的易燃液体，一旦受热会导致体积膨胀，蒸气压增加，使容器所承受的压力增大，若该压力超过了容器所能承受的最大压力，就会造成容器的变形甚至破裂，产生极大危险	1. 根据液体的密度、罐车标记载重量、标记容积确定充量 2. 充装量不得大于罐车标记载重量，要留有膨胀余量，充装量上限不得大于罐体标记容积的95%，以防止运输过程中液体膨胀导致溢出 3. 为维持油罐内的压力平衡，在运输时要保持油罐呼吸阀在开启的状态
易产生和积聚静电	在输送、灌装、搅拌、流动时极易产生和积聚静电，累积到一定程度后将会产生火花，而火花极易引起易燃液体燃烧	1. 严格控制输油和卸油的速度，禁止喷溅式作业，防止油品冲击油罐壁产生大量静电 2. 运输罐体必须设置静电接地端子，并在端子上方涂写明显标识 3. 安装导电橡胶拖地带，装油后保持触地，以防止静电积聚产生电火花
高度流动性	易燃液体大都黏度较小，一旦泄漏则会很快流向四周低处，随着接触空气面积的增加，空气中蒸气浓度迅速提高，易燃蒸气在空气中的体积增大，增加爆炸危险性	必须使用专用罐车装载和运输，罐车必须具有防漏、防爆和防静电等功能，以确保汽油、柴油运输的安全。此外，罐车应定期进行检查和维护，以防止罐车出现问题导致汽油、柴油泄漏或爆炸
易氧化性	易燃液体一般含有碳、氢元素，容易接受氧元素而被氧化。当遇到强氧化剂或强酸时，能迅速被氧化且放出大量的热而引起燃烧或爆炸	在运输过程中必须避免与氧化剂、酸等物质接触

> **行业新知**
>
> **全国危险货物运输量前十货物排名**
>
> 根据全国危货电子运单数据显示，2022年度我国危险货物运输量前十的货物依次为：①柴油；②汽油；③氢氧化钠；④液化石油气；⑤石油原油；⑥硫酸；⑦甲醇；⑧液化天然气；⑨氢氯酸；⑩煤焦油。
>
> 可见，排名靠前的货物主要为能源类石化产品。其中，柴油共运输14587.82万吨，占危险货物运输总量的17.10%；汽油共运输11969.87万吨，占危险货物运输总量的14.03%；氢氧化钠、液化石油气等8项品名共运输21053.68万吨，占危险货物运输总量的24.68%。

学习任务

通过本单元的学习，请完成以下学习任务。

学习任务清单

任务内容	任务要求	验收方式
从事道路危险货物运输需要满足什么条件	能够根据《道路危险货物运输管理规定》，分别说出车辆、停车场地、人员、制度方面的要求	口头表述
任选两类危险货物，分析其运输的注意事项	结合各类危险货物的特性进行分析	案例报告
对案例报告进行讲解说明	选派成员选择相应的形式对案例报告进行展示	成果展示

拓展活动　连霍高速义昌大桥重大运输烟花爆竹爆炸事故

2013年2月某日，KD运输有限公司（无道路危险货物运输经营资质）一辆重型特殊结构货车（核载5925千克，实载12365千克民爆物品，超载6440千克，超载率108.69%，无道路危险货物运输证）由石某（无道路危险货物运输从业资格证）驾驶，从陕西省蒲城县HS花炮制造有限公司违法装载运输烟火药剂爆炸物（土地雷）和烟花爆竹（开天雷），在行驶至连霍高速河南省三门峡市境内义昌大桥时，因途中紧急刹车，导致车厢内爆炸物发生撞击、摩擦引发爆炸，致使义昌大桥坍塌，车辆坠落桥下（另有8辆车坠桥受损，其中货车6辆、小型轿车2辆）。事故共造成13人死亡，9人受伤，直接经济损失约7632万元。

经过调查，该起事故发生的原因包括以下几点。

（1）石某等人使用不具有危险货物运输资质的货车，不按照规定进行装载，长途运输违法生产的烟火药剂爆炸物（土地雷）和烟花爆竹（开天雷）。途中紧急刹车，导致车厢内爆炸物发生撞击、摩擦引发爆炸，是事故发生的直接原因。

（2）KD运输有限公司及有关人员未落实安全生产主体责任，对所属车辆实行挂靠经营，疏于管理，不按规定对所属车辆驾驶员进行安全教育及运输行业相关法律法规的培训，无危货物道路运输资质，使用普通货运车辆从事危险货物运输。

（3）陕西省蒲城县XG货运部、HZ货运部违反《道路危险货物运输管理规定》，为不具有危险货物运输资质的企业和车辆联系介绍运输危险货物，用百货名义替代危险物品填写运输合同。

*活动要求：*请你根据以上事故原因，结合烟花爆竹的特性运输注意事项，提出避免此类事故发生的措施，形成小组报告。各小组选派成员针对报告进行分析讲解，进行团队成果展示。

> **课后一思**
>
> 危险货物运输一旦发生事故往往后果严重，可能对国家和人民群众的生命财产安全以及生态环境造成严重损失，请思考应该如何加强从业人员的安全责任感。

单元三　填报危险货物道路运输电子运单

案例导入

运送危险货物未按规定填电子运单物流公司被处罚

2022年3月31日，六盘水市交通运输综合行政执法支队执法人员在对贵州YA危货运输有限公司进行安全生产"打非治违"行政执法检查过程中发现，该公司有两辆货车在3月25日至30日间动态监控有9次共计1793千米的行驶轨迹，但均无电子运单，经进一步调查核实，该公司承认这两辆车辆在执行运输任务时未按规定制作危险货物运单。

上述行为，违反了《危险货物道路运输安全管理办法》第二十四条第一款"危险货物承运人应当制作危险货物运单，并交由驾驶人随车携带。危险货物运单应当妥善保存，保存期限不得少于12个月"的规定。六盘水市交通运输综合行政执法支队依据《危险货物道路运输安全管理办法》第六十条第一款第二项的规定，给予贵州YA危货运输有限公司两起未按规定制作危险货物运单并罚款人民币1万元的行政处罚。

思考：实施电子运单，对保障危险货物的运输安全有哪些重要的作用？

业务知识

2019年，交通运输部等六部委联合印发《危险货物道路运输安全管理办法》明确要求危险货物承运人应当制作危险货物运单并交由驾驶人随车携带，明确了运单的法定地位。

电子运单数据包括托运人、装货人、收货人、运输企业、车辆、驾押员、起运地、目的地以及货物信息，是承载运输过程的重要单据。根据《数字交通"十四五"发展规划》要求，未来将推进货运电子运单广泛应用。加快推进危险货物道路运输、冷链物流、零担物流等重点领域实现电子运单管理。本单元将通过介绍电子运单的作用和内容，为同学们未来从事物流工作打好基础。

一、电子运单的作用

电子运单是以电子数据的形式存在信息系统中的货运单，是实现电子物流的重要标志。

危险货物道路运输电子运单是危货运输企业在从事危险货物道路运输活动中使用的传递危险货物特性等各项重要信息的载体，可实现对危险货物全链条、全要素、全环节监管。

一是实现源头管控。通过运单管理,在危险货物托运、充装环节强化对企业、车辆、人员资质的审核,对于不具备资质的企业、车辆,不予以装载运输,解决非法托运问题,促进落实托运人源头责任。

二是落实过程监管。电子运单实行一车一趟一派,驾驶员按照运单载明的时间、地点、线路执行运输任务,并通过手机 App 将派单、发车、装货、卸货、完成等状态实时反馈到"监管平台",实现运输全过程监管。

三是开展事后分析。通过对企业上传的电子运单信息、业务过程数据、卫星定位数据、运政信息数据等的综合比对,分析排查出使用频次低、车均运单少、异常数据多的企业,实施重点监管。

二、电子运单的格式与内容

根据《危险货物道路运输规则》(JT/T 617—2018),危险货物道路运输运单格式及填写要求如下。

(一)运单格式

企业设计运单时,内容、顺序在与下述运单格式一致的情况下,版式可有所差别。运单格式示例如图 5-3 所示。

危险货物道路运输运单

运单编号:(1)

托运人	名称	(2)		收货人	名称	(6)	
	联系电话	(3)			联系电话	(7)	
装货人	名称	(4)		起运日期	(8)		
	联系电话	(5)		起运地	(9)		
目的地	(10)				□城市配送	(11)	
承运人	单位名称	(12)		联系电话		(14)	
	许可证号	(13)					
	车辆信息	车牌号码(颜色)	(15)	挂车信息	车牌号码	(17)	
		道路运输证号	(16)		道路运输证号	(18)	
	罐体信息	罐体编号	(19)	罐体容积		(20)	
	驾驶员	姓名	(21)	押运员	姓名	(24)	
		从业资格证	(22)		从业资格证	(25)	
		联系电话	(23)		联系电话	(26)	
货物信息	包括序号、UN 开头的联合国编号、危险货物运输名称、类别及项别、包装类别、包装规格、单位、数量等内容,每项内容用逗号隔开 (27)						
备注	(28)				(29)		
调度人:(30)				调度日期:(31)			

图 5-3 运单格式示例图

（二）填写要求及示例

根据《危险货物道路运输运单制作及使用指南》，运单各数据项具体填写要求如下。

（1）运单编号：系统自动生成，由24个数字或字母字符组成，共分六段，包括区划代码、承运企业标识、运单生成日期、顺序号、随机数、校验码。

（2）～（3）托运人名称及联系电话：托运人是指将危险货物交付给承运人进行运输的企业或者单位。按照托运清单，填写托运企业或货主企业的企业名称。联系电话应为托运方或其委托方中，熟悉所托运货物的危险特性及应急处置措施的人员的电话。

（4）～（5）装货人名称及联系电话：装货人是指受托运人委托将危险货物装进危险货物车辆、罐式车辆罐体、可移动罐柜、集装箱、散装容器，或者将装有危险货物的包装容器装载到车辆上的企业或者单位。按照托运清单，填写装货人（或充装人）企业的名称及联系方式。

（6）～（7）收货人名称及联系电话：收货人是指接收货物的企业。按照托运清单，填写收货企业名称及联系电话。

（8）起运日期：按照托运清单或实际情况，填写预计装货完成开始运输的日期。

（9）起运地：按照托运清单，填写装货完成，车辆开始运输的地点，可填具体地址或地址简称（包括县级行政区域）。

（10）目的地：按照托运清单，填写运输目的地所在的具体地址或地址简称（包括县级行政区域）。

（11）城市配送：勾选项，对于危险货物城市配送（如成品油配送）车辆，在某个地点完成装货，在同一个地级市范围内一个（或以上）地点多次卸货，每天可只填写一个运单，收货人、目的地可为最后一个收货人的名称及地址。

（12）～（14）承运人单位名称、许可证号及联系电话：承运人是指具有危险货物道路运输资质并承担危险货物运输作业的企业或者单位。按照道路运输经营许可证或道路危险货物运输许可证填写本运输企业的名称、许可证号以及联系方式。

（15）～（16）车辆信息：按照公安交通管理部门核发的车辆牌照号码填写车牌号码，按照道路运输证填写道路运输证号。

（17）～（18）挂车信息：按照公安交通管理部门核发的车辆牌照号码填写车牌号码，按照道路运输证填写道路运输证号。

（19）～（20）罐体信息：罐体编号为罐车罐体或罐式集装箱的唯一性编号。罐体填写车辆VIN码，可从罐体合格证、罐体铭牌获取；罐式集装箱填写集装箱生产序列号，可从安全合格铭牌上获取。罐体容积单位为立方米。

（21）～（23）驾驶员信息：填写驾驶员姓名、从业资格证号及联系电话，从业资格证号应按照从业资格证填写。

（24）～（26）押运员信息：填写押运员姓名、从业资格证号及联系电话，从业资格证号应按照从业资格证填写。

（27）货物信息：包括序号、UN 开头的联合国编号、危险货物运输名称、类别及项别、包装类别、包装规格、单位及数量等内容，每项内容用逗号隔开。

（28）备注：选填，可填写有关危险货物的某些特殊要求或道路通行情况。

（29）二维码：由省级危货系统生成二维码信息，企业电子运单管理系统据此生成二维码图形。

（30）调度人：填写运输企业运单调度人员姓名。

（31）调度日期：填写运单派发日期。

三、电子运单制作流程

危险货物道路运输运单是传递危险货物危险性等各项重要信息的载体，是《危险货物道路运输安全管理办法》要求强制使用的运输单证。全面落实运单制度，对监督危险货物道路运输企业履行车辆、人员安全管理责任，强化运输过程安全管理具有重要作用。

（一）登录方式

以广西地区为例，微信搜索或扫码关注"广西运政"微信公众号，点击"运输服务——企业公众平台"，注册登录后点击"危货运单"，登录方式如图 5-4 所示。

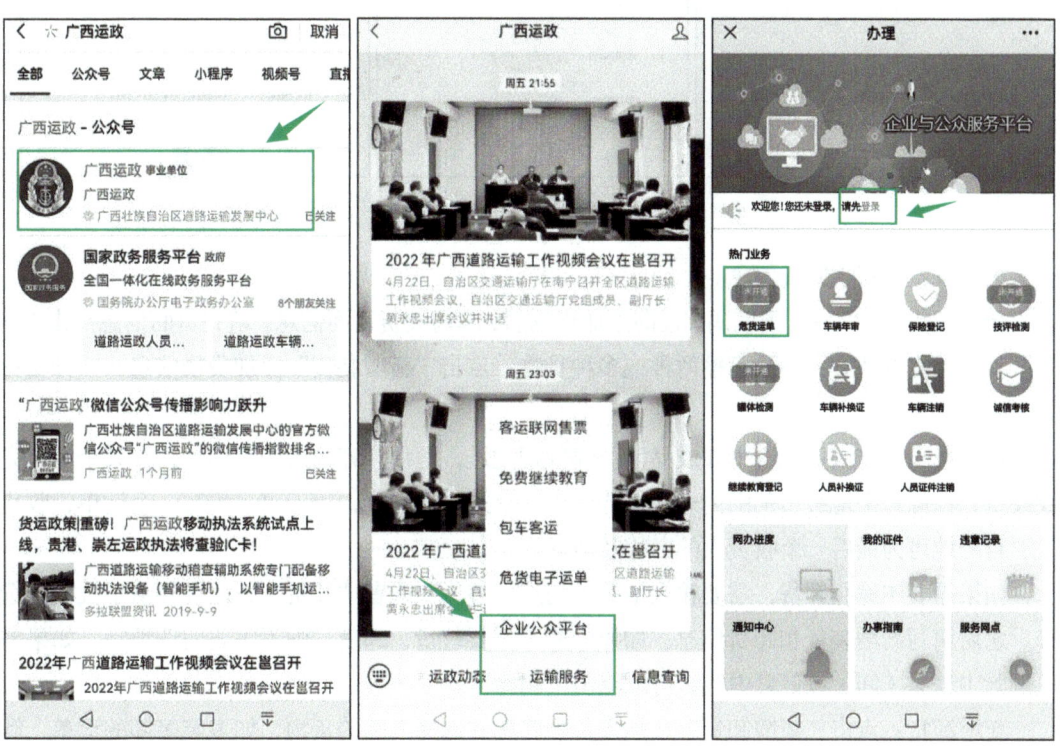

图 5-4　电子运单系统登录示意图

（二）运单填写

第一步：点击"运单填报"。

第二步：填写主体信息。

注意：装货时间不能早于当前时间，起运地和目的地地址要从下拉框中选择，手动输入预计里程，信息填写完毕点击"下一步"。电子运单系统主体信息填报如图 5-5 所示。

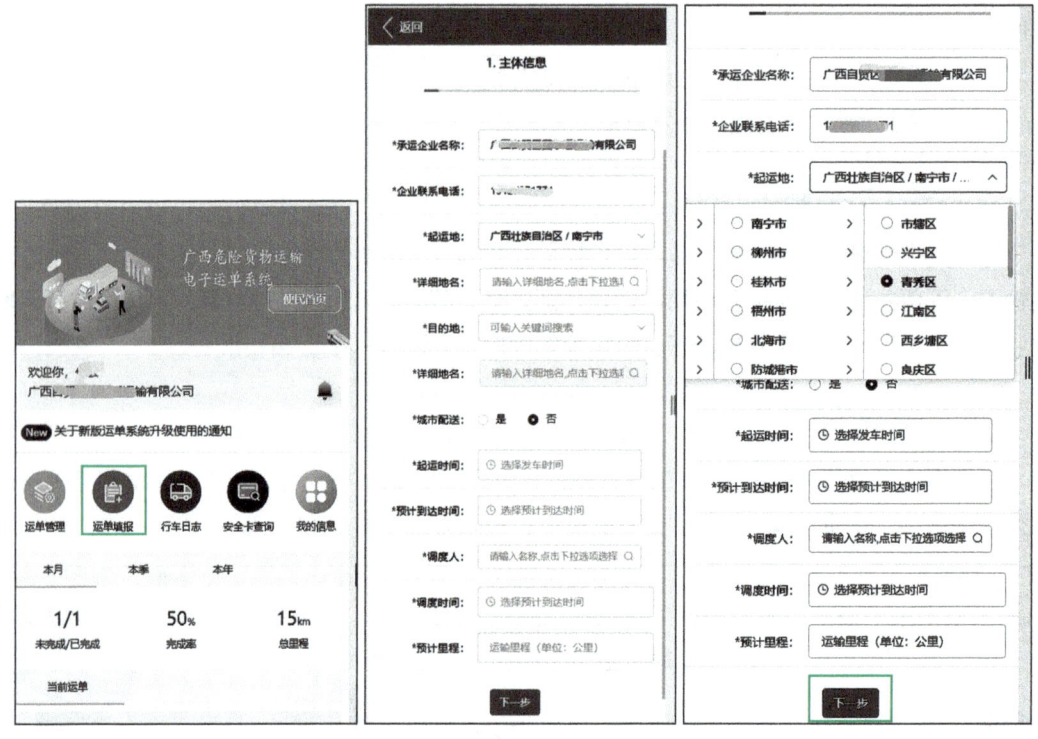

图 5-5　电子运单系统主体信息填报示意图

第三步：填写装卸货信息。

新增装货：搜索联合国编码，查询添加货物后，填写装货页面信息。填完页面信息点击"确定"。此处需要注意：如果运输两种或多种货物，点击"新增装货"添加货物信息，一种货物为一张列表。

对于危险货物城市配送（如成品油、煤气罐配送，医疗废弃物运送）车辆，在某个地点完成装货，在同一个地级市范围内一个（或以上）地点多次卸货，每天可只填写一个运单，收货人、目的地可为最后一个收货人的名称及地址。

如果需要中途装卸货，需要输入地址，勾选"装货"或者"卸货"，地址要从下拉框中选择。之后填写新增装货和卸货信息。如果中途不需要装货、卸货，则不需要勾选填写。如果需要删除中途装（卸）点信息内容，可以点击"删除"。

新增卸货：点击"新增卸货"，输入货物名称并选择未卸的货物，如多装多卸的运单，卸货的品类要和装货的一致，装了几种货物就要卸几种。注意，卸货的重量不能超过装载重量。卸货完毕点击"下一步"。

电子运单系统装卸货信息填报如图 5-6 所示。

模块五　危险货物智慧运输运营

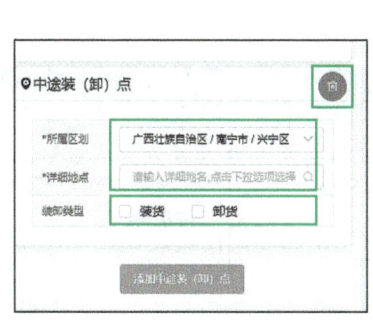

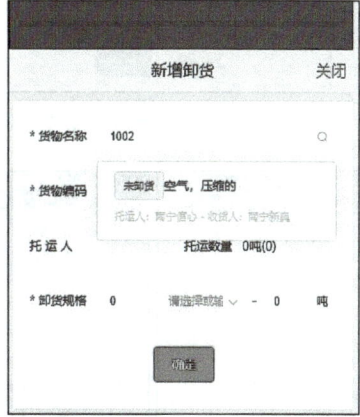

图 5-6　电子运单系统装卸货信息填报示意图

第四步：填写车辆及驾驶员信息。

填写车辆信息：点击"选择"，输入车牌号查找选择车辆。牵引车必须是本公司的车辆，挂车可以是其他企业或者是外省的（已进行异地经营备案）挂车。

选择驾驶员：点击"选择"，输入驾驶员姓名，如果是长途驾驶，主驾驶员和副驾驶员需要轮流驾驶的，可以点击勾选"兼副驾驶员"，两位人员必须是持有驾驶员和押运员双证的人员。所有信息填写完毕且检查无误之后，点击"提交申请"。电子运单系统车辆及驾驶员信息填报如图 5-7 所示。

第五步：执行电子运单。

运单提交成功后会变成（待执行）已派单的状态，点击"继续操作"可以开始执行运单。点击"执行发车"并进行装货确认和卸货确认，之后完成运单（按照运单实际进度点击后确定操作）。

电子运单执行操作如图 5-8 所示。

智慧运输运营

图 5-7 电子运单系统车辆及驾驶员信息填报示意图

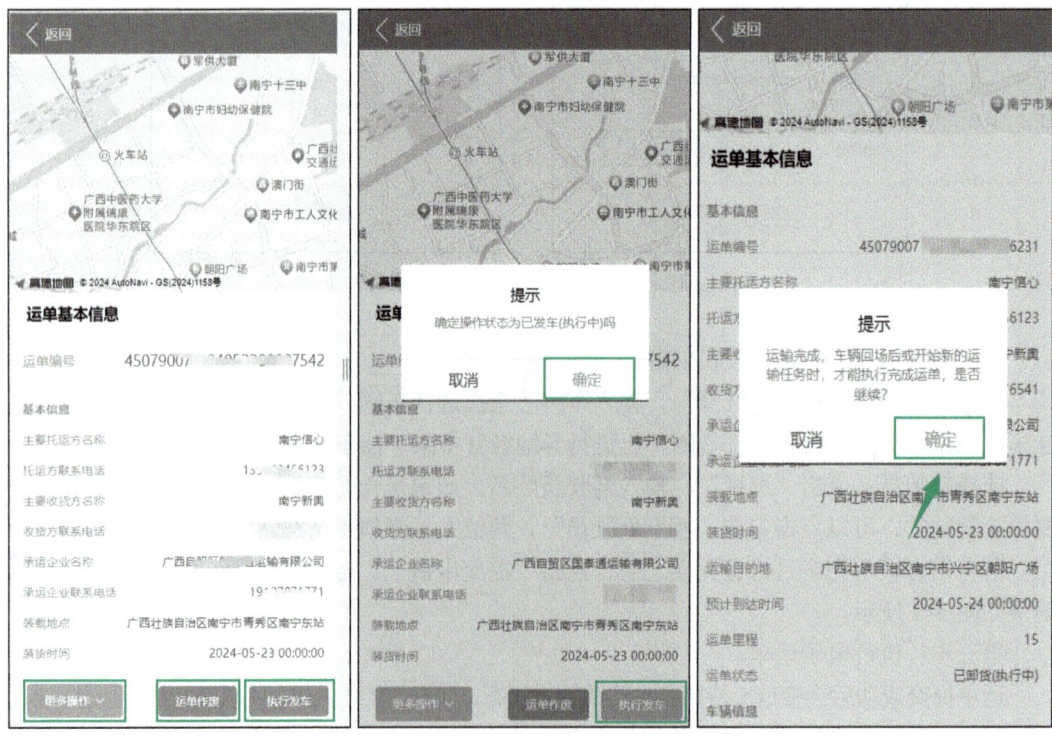

图 5-8 电子运单执行操作示意图

学习任务

通过本单元的学习，请完成以下学习任务。

学习任务清单

任务内容	任务要求	验收方式
为什么要填写电子运单	能结合个人的思考进行回答	口头表述
电子运单包含哪些内容	结合网络资源形成案例报告	案例报告
填报电子运单	要素完整，满足管理需求	材料提交
对案例报告进行讲解说明	选派成员选择相应的形式对案例报告进行展示	成果展示

拓展活动　224千克危险货物违规跨省运送案例

为节约运输成本，上海某新材料科技有限公司股东唐某仅用工业塑料桶简单包装224千克危险化学品，联系某物流公司上门取件，并谎报危险化学品为普通药品。快递员上门取件时未按规定开箱验视和核查，也未按规定要求托运人提供托运清单和寄递物品的相关证明，仅以普通快递的方式收寄。

运输件收至营业网点后，在未经任何安检的情况下，该物流公司就进行了运输，在途经多个中转场后跨省运输至上海市闵行区浦江镇中转场分流。因经验不足，两名临时聘用的分拣人员在闻到刺激性气味，并发现部分包装有液体泄漏的情况下仍违规作业两小时，并将破损包装桶交问题件处理部处理。该部门明知上述问题却擅自对该件进行简单加固包装后继续转运至颛桥中转站，并未经过任何安检便进行派件，送至收货地点。当晚两名分拣人员因吸入有毒气体被送医院进行抢救。

活动要求：请各学习小组团队协助，通过阅读材料并运用互联网查找资料，分析案例中的物流企业在管理上存在哪些漏洞，应如何进行整改，形成小组报告。各小组选派成员针对报告进行分析讲解与成果展示。

课后一思

根据《数字交通"十四五"发展规划》提出的发展目标，到2025年，我国的危险货物道路运输电子运单使用率要超过90%，请思考为什么国家要推广应用危险货物道路运输电子运单。

实训练习

一、单项选择题

1. 根据《危险货物分类和品名编号》（GB 6944—2012），危险品可以分为（　　）大类。
   A. 7　　　　　　　B. 8　　　　　　　C. 9　　　　　　　D. 10

2. 根据《危险货物分类和品名编号》（GB 6944—2012），爆炸品可以分为（   ）项。
   A. 3   B. 4   C. 5   D. 6
3. 在运输（   ）的车上会看到此标志。
   A. 硫酸   B. 汽油
   C. 液化石油气   D. 氯气
4. 根据《道路危险货物运输管理规定》，运输爆炸品、强腐蚀性危险货物的罐式专用车辆的罐体容积不得超过（   ）立方米。
   A. 10   B. 20   C. 30   D. 50
5. （   ）明确要求危险货物承运人应当制作危险货物运单并交由驾驶人随车携带。
   A. 《危险货物道路运输安全管理办法》   B. 《道路危险货物运输管理规定》
   C. 《中华人民共和国道路运输条例》   D. 《中华人民共和国道路交通安全法》

二、多项选择题

1. 以下属于易燃液体的有（   ）。
   A. 汽油   B. 柴油   C. 液化石油气   D. 原油
2. 第6类危险货物包括（   ）。
   A. 毒性物质   B. 放射性物质
   C. 感染性物质   D. 腐蚀性物质
3. 从事道路危险货物运输的（   ）、装卸管理人员应当经所在地设区的市级人民政府交通运输主管部门考试合格，并取得相应的从业资格证。
   A. 驾驶人员   B. 装卸管理人员
   C. 押运人员   D. 装卸人员
4. 以下属于易燃液体特性的是（   ）。
   A. 易燃易爆   B. 受热膨胀
   C. 易产生和积聚静电   D. 高度流动性
5. 危险货物道路运输运单中的货物信息应包括（   ）。
   A. 联合国编号   B. 类别及项别   C. 包装类别   D. 包装规格

三、简答题

1. 请阐述危险货物的分类。
2. 请描述从事道路危险货物运输需要具备哪些人员条件。
3. 简要描述危险货物道路运输电子运单的作用。

模块六
生鲜易腐货物智慧运输运营

学习目标

知识目标：
- 掌握生鲜易腐货物的定义、特点及分类方法。
- 熟悉智慧化冷链仓储设备和运输工具的功能和应用。
- 了解生鲜易腐货物智慧化运输调度和管理技术。

能力目标：
- 能通过查找资料对生鲜易腐货物概念与特征进行充分、全面地掌握。
- 能够准确对生鲜易腐货物智慧运输和其他类型货物运输运营进行区分。
- 能够结合实际案例进行实战演练，掌握生鲜易腐货物运输的关键操作流程。

素质目标：
- 通过小组合作，探究生鲜易腐货物运输安全性问题，培养团队精神。
- 通过模拟生鲜易腐货物运输，培养实践操作能力。
- 通过设计生鲜易腐货物智慧化运输路线，培养爱岗敬业精神。

单元一 生鲜易腐货物特性分析

案例导入

顺丰带来草莓生鲜物流革新　让新鲜美味更持久

顺丰拥有覆盖全国和全球主要国家及地区的高渗透率的快递网络，可为客户提供贯穿采购、生产、流通、销售、售后的一体化供应链解决方案。在草莓等生鲜产品的运输方面，顺丰深知新鲜度对于生鲜产品的重要性，并深刻理解消费者对美味的不懈追求。为了确保草莓等各种生鲜产品的品质与新鲜度，顺丰不断深化其在核心产区的驻扎，积极参与从田间到物流的"最初一公里"，通过与农户和供应商紧密合作，确保了原产地特有的新鲜味道能够完整无损地传递给消费者。

2019年，顺丰发布了《草莓寄递行业解决方案》，致力于全面革新和升级辽宁丹东东港草莓的寄递流程。为此，顺丰引入了创新的"陆铁空"多式联运模式，结合智慧设备、智慧网络、智慧决策和图像识别的技术，精准匹配冷运干线、高铁和航空等多种运输方式，确保了快速、可靠的配送服务。通过这种方式，顺丰不仅提高了草莓的运输效率，还确保了新鲜度和品质，满足了消费者对美味和新鲜的需求。

快递物流是连接生产与消费的重要纽带，像一条流动的脉络，促进着经济活动的活跃，同时也为民生服务提供坚实的支撑。

思考： 在运送新鲜水果时，需要考虑哪些问题？

业务知识

生鲜货物是社会生产和人们生活的必需品，也是重要的外贸物资。生鲜易腐货物运输在物流运输中占据着至关重要的地位，推动运输业向专业化、精细化方向发展；同时，保障生鲜货物的稳定供应，对于稳定社会民生、促进经济发展有重要意义。

一、生鲜易腐货物的定义

生鲜易腐货物是指在运输过程中，需要采取一定措施，以防止死亡和腐烂变质，并须在规定期限内抵达目的地的货物。常见的生鲜易腐货物如图6-1所示。

图6-1 生鲜易腐货物

低温是防止生鲜易腐货物发生腐烂的重要条件，大部分易腐货物适宜的运输温度，多数情况下都低于外界气温，运输企业需要在技术设备上提供适合货物性质的低温环境，进行冷藏运输。常用的保存方法有气调法、减压法、电离子法、表面涂层法、辐射处理法、冰温贮藏法、冻结真空干制法、冷藏法等。

行业新知

揭秘新鲜果蔬腐烂变质的原因

新鲜果蔬中含有丰富的维生素等营养物质，是人们生活中必不可少的食物，但不少厂商都会遇到新鲜的果蔬采摘后，短时间就会腐败变质的问题。新鲜的水果、蔬菜等含有较多的水分，Aw（水活性）值一般在0.98～0.99，适合多数微生物的生长，如果不及时加以处理，很容易发生腐败变质。新鲜果蔬被采摘后，就是切断了它们所依赖的水和无机盐的供给，断供后，渐渐无法维持正常的光合作用和代谢，于是果蔬便逐渐干枯、腐败。田间生长的果蔬容易被大肠杆菌、沙门氏菌、霉菌、酵母菌等种类的细菌、病菌和有害微生物污染。因此，采摘后的消毒及防腐保鲜工作极为重要。

二、生鲜易腐货物运输的特点

（一）需有人随车押运照料

如运输禽畜等活动物，需有人在运输途中添加饲料、上水、换水、注氧气等，可用一般敞式货车（装运耕牛或生猪时，不能使用全铁底板车厢的货车），或经适当改装的专用车、高栏板车等运输。

（二）对温度要求不同

运送肉类的温度要低，蛋类温度要适中，水果、蔬菜或鲜花均怕热又怕冷，如苹果和梨要保持 –4℃，香蕉和菠萝要保持 12～14℃、8～10℃等。运输此类货物适宜使用冷藏车、保温车。对于要保持零度以上温度的货物，可采取加盖保温材料和封闭车厢车辆运输。

（三）季节性强、货流波动幅度大

如水果主要产于夏季与秋季，海洋水产有冬汛和春汛期，鲜蛋的运输旺季在 4～6 月，蔬菜运输旺季在 11 月至次年的 5 月等。由于各地自然条件不同和气候变化不一样，往往影响这些物资产量，使货流产生波动。

三、生鲜易腐货物的分类方法

（一）易腐货物

微课 09
"生猛海鲜"
如何走上餐桌

易腐货物指在一般条件下保管和运输时，极易受到外界气温及湿度的影响而腐败变质的货物。易腐货物按温度状态（热状态）的不同分为冻结货物、冷却货物、未冷却货物三类。

（1）冻结货物：指冷藏货物时，将货物内所含大部分水分冻结成冰，其温度范围为 –18～–8℃的货物（冰除外，冰的温度在 –1℃以下），称为冻结货物。冻结货物如图 6-2 所示。

（2）冷却货物：指通过人工或天然降温，将食品的温度降低到某一指定的较低的度数，但不低于食品液汁的冰点。对大多数易腐货物来说，冷却的温度范围为 0～4℃。冷却货物如图 6-3 所示。

图 6-2　冻结货物

图 6-3　冷却货物

（3）未冷却货物：指未经过任何冷却加工处理的、完全处于自然状态的易腐货物，如采摘后未经冷却的水果、蔬菜等。未冷却货物如图 6-4 所示。

图 6-4 未冷却货物

（二）活动物

日常运输的活动物包括禽、畜、兽、蜜蜂、活鱼和鱼苗等。

行业新知

冷链物流及其分类

1. 冷链物流定义

冷链物流是指根据物品特性，从生产到消费的过程中使物品始终处于保持其品质所需温度环境的实体流动过程。

2. 冷链物流的分类

（1）按货物品类分类。冷链物流按物品类别可分为四类，具体分类及对应物品见表6-1。

表 6-1 冷链物流按货物品类分类

类型	对应物品
食品类冷链物流	果蔬类、肉类、水产类、禽蛋类、乳类、粮食类及其加工制品等
医药、医疗类冷链物流	药品、医疗器械、生物样本等
花卉、植物类冷链物流	花卉、植物及其鲜切产品等
其他冷链物流	化学品、精密仪器、电子产品、艺术品等

（2）按冷链物流温度带分类。冷链物流按温度带可分为冷藏（C）和冷冻（F）两大类，并对每一大类进行细分，具体分类见表6-2。

表 6-2 冷链物流按温度带分类

分类	类别细分	温度带
冷藏（C）	C1	10℃ <C1 ≤ 25℃
	C2	0℃ <C2 ≤ 10℃
冷冻（F）	F1	−18℃ <F1 ≤ 0℃
	F2	−30℃ <F2 ≤ −18℃
	F3	−55℃ <F3 ≤ −30℃
	F4	F4 ≤ −55℃

注：1. 表中 C 是 Cold 的英文首字母，代表冷藏的英文缩写。
2. 表中 F 是 Frozen 的英文首字母，代表冷冻的英文缩写。

学习任务

通过本单元的学习，请完成以下学习任务。

学习任务清单

任务内容	任务要求	验收方式
什么是生鲜易腐货物	用一句话总结提炼	材料提交
生鲜运输对于物流行业的挑战及机遇	用一段话描述总结	材料提交
分析生鲜易腐货物运输与其他货物运输的区别	根据分析结果形成案例报告	案例报告
对案例报告进行讲解说明	选派成员选择相应的形式对案例报告进行展示	成果展示

拓展活动 京东冷链智慧温控体系上线，全流程查看温度反馈

为全面提升用户体验，京东物流陆续在全国范围内投放超过20万个智慧保温箱，以其为载体，搭建起了全球首个冷链物流全流程智慧温控体系，近220个城市的消费者将有机会实时查看在京东上所购自营生鲜商品在仓储、运输、配送等各环节的温度反馈和实时位置，实现全流程可溯源。目前，第一批智慧保温箱已在北京、上海、广州等华东、华北、华南区域的128个城市投入使用。这些智慧保温箱是集保温、定位、实时温度监测为一体，利用物联网技术、信息技术及人工智能与自动化设备的集成，实现了冷链信息与实物的无缝对接，不仅能长时间蓄温保冷，还能够通过京东云实时监测生鲜冷链包裹地理信息、包裹内生鲜商品的温度及其他品控相关信息，为生鲜商品提供全方位、高品质物流保障。

随着消费升级的深化，无界零售时代的到来，生产和零售活动正在从"大众市场"变成"人人市场"。"人人市场"之下，消费者对商品和服务产生了更为精准化、个性化、高品质化的需求。一直以来，京东物流不遗余力大力投建冷链物流，此次更是领先于行业以智慧化手段重塑冷链服务标准，不仅将提升京东生鲜冷链的竞争优势，更将改善冷链行业粗放式建设的现状，提升整个产业链条的服务品质，让消费者享受到高品质的生鲜商品和物流服务，推动我国生鲜冷链行业获得长足发展。

活动要求：请你运用互联网查找资料，梳理生鲜易腐货物智慧运输现状，分析在生鲜易腐货物智慧运输中，如何有效确保生鲜易腐货物不受损，形成小组报告。各小组选派成员针对报告进行分析讲解，进行团队成果展示。

课后一思

冷链物流是确保食品从生产地到消费地过程中保持安全的关键环节，一旦冷链出现问题，食品就可能遭受微生物污染、变质等情况，进而对消费者的健康造成威胁。作为强国路上的物流奋斗者，请思考应如何从物流运输的角度保障食品安全。

单元二　智慧冷链设备与技术应用

📋 案例导入

警钟长鸣，冷链物流的安全与应对

某市一处进行装修施工的冷库发生火灾，事故起因为施工过程中违规使用明火。据官方报告，此次事故造成39人不幸遇难，9人受伤。此次事故不仅对受害者及其家庭造成极大损失，也显著提升了对冷链物流安全管理重要性的认识。

事故的起因是冷库地下一层进行装修过程中，施工人员违规动火施工，导致泡沫板起火。火势蔓延迅猛，浓烟涌入二楼，造成了39人遇难。从这一事件中可以看到，企业对冷链物流安全的认知缺位、管理不善。冷库作为冷链物流的核心设施，其安全性对于保障食品、医药等易腐品的质量和安全至关重要。然而，由于种种原因，冷链物流中的安全问题时有发生，这不仅损害了企业的声誉，更危害了人民群众的生命财产安全。

思考：冷链运输的关键设备有哪些？

📋 业务知识

回顾我国冷链产业的发展历程，2018年以来我国进入冷链3.0时代。我国的冷链行业始于20世纪60年代，彼时的冷链资源仍非常匮乏。随着改革开放以及20世纪90年代中期上海、北京、广州等大城市连锁超市业的发展，我国冷链产业链开始真正形成，多方开始涉足冷链市场。我国冷链物流行业发展历程见表6-3。

表6-3　我国冷链物流行业发展历程表

时间	阶段	特点
1998—2007年	1.0	冷链行业处于萌芽阶段，资源较为匮乏，冷链设施设备普遍缺失和落后
2008—2017年	2.0	2010年国家发展改革委出台首个冷链规划，冷链理念开始普及。同时，我国冷冻食品产业快速发展为冷链行业的快速发展提供了坚实基础
2018年至今	3.0	全民冷链需求爆发，基础设施体系日益完善，新技术对产业驱动强劲。3.0时代特点主要体现在产业环境升级、冷链意识升级、技术装备升级、人员管理升级和经营理念升级

一、冷链物流的概念和要求

（一）冷链物流的概念

我国的冷链物流起步于20世纪60年代，为保证市场供应、调节淡旺季的需求，开始在原产地、枢纽城市兴建大型冷库。20世纪90年代，随着终端零售业兴起，市场对于冷链的需求进一步扩大，现代冷链由此在国内获得了发展契机，同时也推动了冷链各环节的设备与技术开发、制造与建设。

冷链物流是指利用温控、保鲜等技术工艺和冷库、冷藏车、冷藏箱等设施设备，确保冷链产品在初加工、储存、运输、流通加工、销售、配送等全过程始终处于规定温度环境下的专业物流。冷链物流系统涉及环节众多，包括了产地预冷、气调系统、速冻解冻、冷冻冷藏、低温空调、自动控制系统、冷链运输车辆等。冷链物流系统涉及环节如图6-5所示。

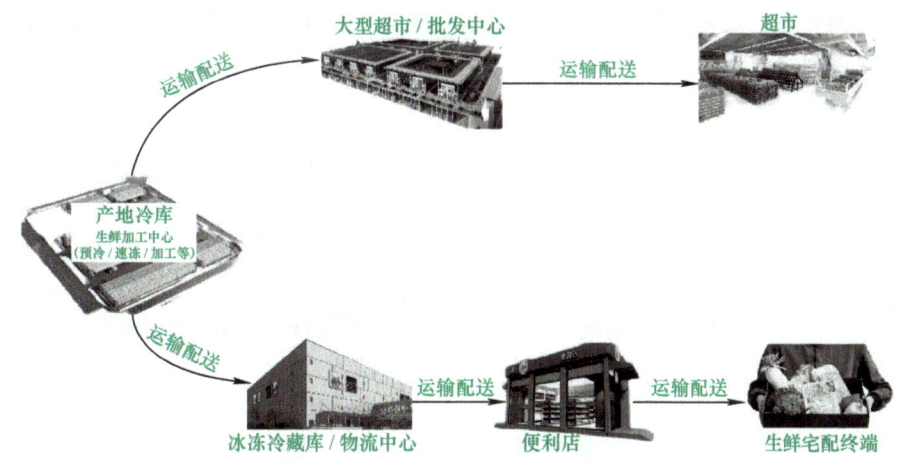

图6-5 冷链物流系统涉及环节

（二）冷链物流的要求

冷链物流相对于普通物流，在运输、仓储等方面有其独特的要求。

（1）货物的包装要求。针对不同种类的产品，制定相应的包装规范，确保货物在整个运输、储存和分销过程中的安全性和稳定性。

冷链物流包装要求具体体现在以下几方面：①包装能提供对食品良好的保护性；②包装卫生与安全；③包装方便且具有良好的推销功能，可以体现商品的价值和吸引力；④包装材料容易加工成型，包装操作简单易行，包装工艺应与食品生产工艺相配套；⑤包装成本应合理。

微课10
芒果的包装与运输

> **行业新知**
>
> **冷链物流的包装材料**
>
> 按不同分类标准，冷链物流包装可分为多种类型，从运作模式划分主要包括两种模式。
>
> 第一种是用"泡沫箱+冷袋"的方式，一般称为"包装冷链"。其特点是利用包裹本身创造出一个适合生鲜产品短时间存储的小环境。这种方式的优点是，包装好的产品可以利用常温物流体系配送，物流总成本较低，传统的生鲜电商基本采用这种运作模式；而其缺点是包装属于一次性消耗品，并不环保。
>
> 第二种模式是利用真正的冷链物流体系，即产品从产地冷库直至送达最终客户手中，所有物流环节均在低温环境下，保证冷链不断链。这种模式要做到对冷链全程进行温控，一般称为"环境冷链"。其优点是利用冷链环境保持温控，减少不必要的包装，十分环保；缺点是对整个冷链物流体系要求很高，难以利用普通物流体系运作，整体运作成本较高。

智慧运输运营

> 为延长保温时间，冷链物流的包装材料主要是选择隔热性好的材料，如泡沫塑料（可发性聚苯乙烯泡沫塑料）、珍珠棉复铝箔、瓦楞纸等。
>
> 在绿色环保的趋势下，很多企业尝试用可降解的新材料替代发泡聚苯乙烯来制造保温箱，或者用其他可降解的保温箱循环替代一次性泡沫保温箱。例如，有些企业已经开始尝试使用可降解的聚乳酸基可降解塑料、淀粉基可降解包装材料等制成保温箱；还有企业在推动绿色包装时，应用保鲜技术使用EPP（聚丙烯塑料发泡材料）循环保温箱和冷媒达到温度控制功效。

微课11
冷链运输温度控制

（2）运输温度要求。针对不同种类的产品，规定运输温度范围，确保产品在运输中的质量和安全。

1）冷冻运输（-18～-22℃）：提供符合标准的冷冻运输车辆运送，如速冻食品、肉类、冰淇淋等货物。

2）冷藏运输（0～7℃）：提供符合标准的冷藏运输车辆运送，如水果、蔬菜、饮料、鲜奶制品、花草苗木、熟食制品、各类糕点、各种食品原料等货物。

3）恒温运输（18～22℃）：提供符合标准的保温、温控运输车辆运送，如巧克力、糖果、药品、化工产品等货物。

（3）货物储存要求。在冷链物流过程中，货物需要在特定的温度条件下储存，确保货物质量不受影响。

（4）运输车辆和设备的要求。冷链物流需要专门的运输车辆和设备，规定车辆和设备的运输要求，确保货物在整个运输过程中不受损坏。

（5）员工培训和管理要求。规定必要的员工培训和管理措施，确保在冷链物流过程中操作人员的专业性和责任心。

通过制定冷链物流要求，可以确保在整个冷链物流过程中产品的质量和安全，提高消费者对产品的信任度，促进冷链物流行业的健康发展。

二、智慧化冷链仓储设备和运输工具的功能和应用

随着物流行业的发展，冷链仓储设备和运输工具成为越来越多企业的必备选择，为企业发展提供了更多的便利性。

（一）智慧化冷链仓储设备的功能和应用

1. 冷库

冷库是指采用人工制冷降温并具有保冷功能的仓储建筑，包括库房、制冷机房、变配电间等，其内部温度通常低于0℃。冷库的主要作用是保持产品的新鲜度和质量，从而延长产品的保质期。冷库是为储存易受温度影响的物品，如食品、药品、化学品等而开发的。设施冷库的分类，根据使用目的和温度要求，冷库可分为不同类型，如普通冷库、低温冷库、冷冻冷库和超低温冷库。冷库如图6-6所示。

图6-6 冷库

> **行业新知**
>
> **冷库通常的温度分类以及适用范围**
>
> 冷库按照制冷温度可分为超低温、低温、中低温、高温四种,不同的温度适合不同的食材。
>
> 1. **超低温冷库**
>
> 超低温冷库是指温度不超过 −30℃ 的冷库,主要用来储存一些速冻食品以及用于一些工业药用品的实验、贮藏等特殊用处,市场需求相对较小。
>
> 2. **低温冷库**
>
> 低温冷库的库温一般在 −30℃ 到 −20℃ 之间,适合大部分食物的保鲜、冷冻。
>
> 3. **中低温冷库**
>
> 中低温冷库又称高温冷冻冷库,温度一般设置在 −20℃ 以上,主要用来冷冻水产品、肉类和其他特定商品。
>
> 4. **高温冷库**
>
> 高温冷库一般是指冷藏保鲜冷库,温度一般在 0℃ 以上,一般通过冷风机进行吹风降温,常用来保存水果、蔬菜、药材、蛋类、木材等。

2. 冷藏保温车

冷藏保温车是指装备温度调节设备、车厢具有一定保持预设温度范围功能的货物运输车辆,包括冷藏保温货车和冷藏保温挂车。冷藏保温货车由专用汽车底盘的行走部分与隔热保温厢体、制冷机组、车厢内温度记录仪等部件组成,具有密封性、制冷性、轻便性、隔热性等特点。冷藏保温车如图 6-7 所示。

3. 冷藏柜

冷藏柜的主要作用是保证冷藏食物的新鲜,因此其保鲜的效果是一个重要的选购依据。要想保持食物的新鲜,一方面需要冷藏柜内部具有恒温强"冻力";另一方面,需要保持冷藏柜内的空气净化新鲜。冷藏柜从功能上看,采用递增层流优化风幕,可以实现高效节能;配备先进的背吹制冷系统,可以确保柜温均匀;通过精确的融霜自动控制技术,保障性能稳定;采用自然空气融霜技术,有效降低电能消耗。冷藏柜如图 6-8 所示。

图 6-7　冷藏保温车

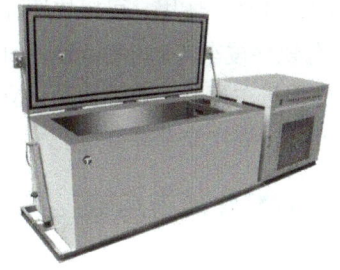
图 6-8　冷藏柜

4. 智慧冷链物流机器人

智慧冷链物流机器人是仓储物流领域自动化、智慧化转型的重要应用,包括 AGV 机器人、码垛机器人、分拣机器人、自主移动机器人、有轨穿梭车等。

（1）AGV（Automatic Guided Vehicles）机器人：又称为自动导引车（见图6-9），是一种具备高性能的智慧化物流搬运设备，主要用于货运的搬运和移动。自动导引车可分为有轨导引车和无轨导引车。顾名思义，有轨导引车需要铺设轨道，只能沿着轨道移动。无轨导引车则不需要借助轨道，可任意转弯，灵活性及智慧化程度更高。自动导引车运用的核心技术包括传感器技术、导航技术、伺服驱动技术、系统集成技术等。

图6-9　AGV机器人

（2）码垛机器人：一种用来堆叠货品或者执行装箱、出货等物流任务的机器设备。每台码垛机器人携带独立的机器人控制系统，能够根据不同货物进行不同形状的堆叠。码垛机器人进行搬运重物作业的速度和质量远远高于人工，具有负重高、频率高、灵活性高的优势。按照运动坐标形式分类，码垛机器人可分为直角坐标式机器人、关节式机器人和极坐标式机器人。

（3）分拣机器人：是一种可以快速进行货物分拣的机器设备。分拣机器人可利用图像识别系统分辨物品形状，用机械手抓取物品，然后放到指定位置，实现货物的快速分拣。分拣机器人运用的核心技术包括传感器、物镜、图像识别系统、多功能机械手。

（4）自主移动机器人（Autonomous Mobile Robot，AMR）：与AGV机器人相比具备一定优势，主要体现在以下几方面：①智慧化导航能力更强，能够利用相机、内在传感器、扫描仪探测周围环境，规划最优路径；②自主操作灵活性更加优越，通过简单的软件调整即可自由调整运输路线；③经济适用，可以快速部署，初始成本低。

（5）有轨穿梭车（Rail Guided Vehicle，RGV）：是一种智慧仓储设备，可以配合叉车、堆垛机、穿梭母车运行，实现自动化立体仓库存取，适用于密集存储货架区域，具有运行速度快、灵活性强、操作简单等特点。

（二）智慧化冷链运输工具的功能和应用

1. 冷藏运输方式

（1）公路冷藏运输。

公路冷藏运输的特点：公路冷藏运输的主要优点是机动、灵活，实现"门到门"运输，特别适合于运输中短途货物，且速度较快、可靠性较高，对产品损伤较小。

公路冷藏运输的应用：公路冷藏运输在中间产品的运输方面也有较大的竞争优势，特别适合于配送短距离、高价格的产品。

（2）铁路冷藏运输。

铁路冷藏运输的特点：铁路冷藏运输的主要优点是以相对较低的运价长距离运输大批量货物，因此，铁路冷藏运输在城市之间拥有巨大的运量与收入，在国际运输中也占有相当大的市场份额。

铁路冷藏运输的应用：铁路的地区覆盖面广，可以全天候不停运营，适应性强，具有较高的连续性、可靠性与安全性，但是因为受到铁轨、站点等的限制，铁路冷藏运输的灵活性不高，发货的频率要比公路冷藏运输低。铁路冷藏运输如图6-10所示。

（3）水路冷藏运输。

水路冷藏运输的特点：水路冷藏运输的主要优点是能够运输数量巨大的货物，特别适合于长距离、低价值、高密度、便于机械设备搬运的货物运输，其最大优势是低成本。水路冷藏运输的主要缺点是运营范围与运输速度受到限制。水路冷藏运输的可靠性与可接近性也较差，其起始地与目的地都要接近水道，否则必须由铁路和公路补充运输。

水路冷藏运输的应用：水路运输方式中的远洋运输是目前国际贸易的主要运输方式，特别是国际集装箱运输，以其高效、方便的特点在海运中占有重要的地位。水路冷藏运输如图6-11所示。

图6-10 铁路冷藏运输

图6-11 水路冷藏运输

2. 冷链专用箱

冷链专用箱可根据不同温度要求，运输对应的货物。其中-15～-5℃的冷链专用箱，主要用于低温冷冻食品的运输；0～10℃的冷链专用箱，主要用于生物制品的运输；0～20℃的冷链专用箱，主要用于恒温食品的运输。冷链专用箱如图6-12所示。

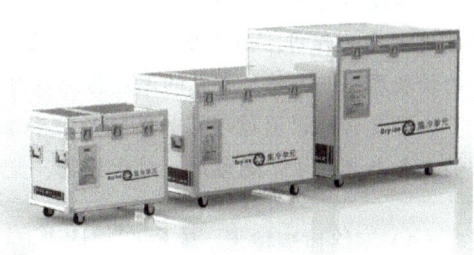

图6-12 冷链专用箱

3. 冷链运输冰袋

冷链运输冰袋是一种采用新技术生产的保冷、保鲜产品，主要适用于水产行业，如蟹、虾、活鱼、海胆等；生物制品行业，如禽用疫苗、兽用疫苗等生物药品、针剂疫苗和血浆等的低温运输；此外还可以冰镇饮料。冷链运输冰袋如图6-13所示。

图 6-13　冷链运输冰袋

三、智慧化冷链监测技术、数据管理和预警系统的应用

近年来，随着冷链的持续发展，保持货物在适当温度下的运输成为整个供应链的重要环节。在这个过程中，冷链监测技术、数据管理和预警系统扮演着关键角色。

1. 智慧化冷链监测技术

（1）传感器技术。传感器技术是冷链运输中常用的温度监测手段之一。通过在运输容器内设置温度传感器，可以实时采集货物的温度数据，并传输到数据中心进行分析和记录。目前，常见的温度传感器包括热电偶、热敏电阻和红外线传感器等，它们可以在不同条件下提供准确的温度测量结果。

> **智慧物流**
>
> **温度传感器的工作原理**
>
> 温度传感器是一种用于测量和监测环境或物体温度的装置。它们在各种应用领域中发挥着重要的作用，如工业控制、电子设备、食品加工、医疗保健等。温度传感器基于不同的物理原理而工作，常见的温度传感器有电阻温度计、热电偶、热敏电阻和红外测温等。
>
> 温度传感器通过不同的物理原理和工作原理，可以实现对温度的准确测量和监测。它们在各个领域中广泛应用，对于控制、监控和安全保障等方面都发挥着重要作用。

（2）网络监测技术。网络监测技术是一种将传感器数据通过网络传输和分析的方法。通过连接传感器到互联网，可以实现对冷链运输过程中货物温度的实时监测。同时，网络监测技术还可以远程监管整个供应链的温度状况，提前预警并采取措施，确保货物在运输过程中始终处于安全温度范围内。

2. 智慧化冷链数据管理

大数据技术的引入可以极大地弥补目前冷链管理中存在的不足，改善其守时性较低、服务质量不稳定、成本高等问题。大数据可以对采集来的数据进行预处理、存储、清洗、分析和可视化。数据采集和预处理阶段吸收从各种来源大量生成的原始数据。这些原始数据是分散的，操作和维护比较困难，并且可能会因异常情况而变得混乱，包括数值损坏、格式不规范和不适合由大数据应用程序使用等。

将分散的数据整合在一起并写入数据仓库，这便是数据采集的过程。此类数据需要过滤和清理、重新格式化和结构化、删除重复数据、移除非法值和数据压缩，这些预处理步骤对于将数据转换到适合或有价值的分析水平至关重要。

数据分析阶段是对海量数据的价值进行提炼的关键环节。数据分析阶段为收集到的数据注入相关性和意义。这是一个复杂的进化过程，通过比较数据特征来进行模式识别，并根据领域知识或经验进行修正。分析结果旨在帮助用户了解当前状态，做出预测和明智的决策。冷链物流领域应用大数据技术不仅可以提高信息对接效率和企业客户黏性，还可以加快冷链物流数据增值。

3. 智慧化冷链预警系统

（1）射频识别技术。采用射频识别（Radio Frequency Identification，RFID）技术，可以无接触自动识别货物的温度，掌握货物在冷链运输过程中的温度信息。这种技术具有阅读速度快、使用寿命长、读取距离大等优势，还兼顾防水、防磁、防高温等多项功能，储存信息的容量大。RFID技术结合有效的数据库系统及网络体系，可以从源头到终端进行整体性的实时监控，在现今社会中这种技术被广泛应用于运输、交通监控等领域。例如，现代食品冷链运输应用RFID技术，可以实现在冷链运输过程中对食品的温度进行实时监测，以便在运输的过程中把握好食品的温度，保证食品的运输质量。

（2）GSM服务网络技术。除RFID技术以外，GSM（全球移动通信系统）服务网络技术的应用，也为货物冷链运输中的温度把控提供了强大的助力。GSM服务网络技术被广泛地应用于工业和环境监测等领域，利用其本身强大的优势取得显著的效果。而在冷链运输的过程中，通过应用GSM服务网络技术，企业可以随时随地接收到实时信息，这使得冷链运输的温度监测更具有实时性的特征。

因此，在冷链运输中，企业可以采用RFID技术并建立基于GSM服务网络的冷链运输远程温度采集与预警系统。

学习任务

通过本单元的学习，请完成以下学习任务。

学习任务清单

任务内容	任务要求	验收方式
什么是冷链物流	用一段话描述总结	材料提交
案例中所涉及的冷链物流安全是指什么	用一段话描述总结	材料提交
结合案例分析冷链物流与普通物流的不同	根据分析结果形成案例报告	案例报告
对案例报告进行讲解说明	选派成员选择相应的形式对案例报告进行展示	成果展示

> **拓展活动**　冷链食品安全违法典型案例

2024年7月，某市市场监管局在该市七星街镇某购物中心经营场所检查时发现，该购物中心正在销售进口的预包装食品"冷冻鸡爪"，内外包装上均无任何中文标签和中文说明书，共购进3件。该局依法责令改正，没收违法所得和违法经营的"冷冻鸡爪"，同时处罚款2万元。

市场监管局表示，根据规定，进口的预包装食品应当有中文标签。依法应当有说明书的，还应当有中文说明书。食品经营者肩负安全把关的主体责任，进货时需查验相关证照。市民应选择正规超市和诚信经营单位购买、消费冷链食品。

活动要求：请各学习小组团队协助，通过阅读材料并运用互联网查找资料，梳理冷链物流当下的发展情况，分析在物流行业发展中，如何构建智慧化冷链发展体系，并形成小组报告。各小组选派成员针对报告进行分析讲解，进行团队成果展示。

> **课后一思**

冷链物流能够延长食品的保质期，减少食品在生产、运输和销售过程中的损失和浪费；冷链物流可以促进产业升级和转型，提高行业的技术水平和服务。冷链物流作为一种高效、安全、可靠的物流方式，请思考如何提升其在物流领域的占有率。

单元三　生鲜易腐货物智慧运输组织

案例导入

解锁牛羊肉"新鲜密码"，顺丰智慧供应链激发产业新动能

顺丰在内蒙古开设预处理中心，为当地牧农提供预冷—分选分级—冷库冷藏—一件代发—自动化包装等配套功能，日处理量可达20吨，大幅提升了牛羊肉的处理速度与效率。为缩短前端揽收时间，顺丰不断下沉揽收网点，通过开设自营网点、乡镇合作店、丰巢快递柜与牛羊肉散收点，将品质服务深入到产区的"毛细血管"，让牛羊肉的新鲜度得到有效保障。

在保鲜技术方面，顺丰内蒙古预处理中心通过技术迭代升级，实现错季贮藏、冷冻排酸、真空包装、泡沫箱打包等应用落地，最大限度地保证肉质的新鲜。针对牛羊肉的特殊包装需求，顺丰从羊腿到全羊打造了12种生鲜寄递包装，采用"保温袋＋保温箱＋复合冰袋＋内蒙古牛羊肉专属纸箱"的包装服务，助力牛羊肉一路领"鲜"。

内蒙古是我国最大的牛羊肉产地，地区东西跨度非常长，如果跨市进行中转集散，将会产生高昂的干线运输费用与时间成本。为此，顺丰打造智慧冷链系统，围绕牛羊肉主要生产区搭建冷链运输网络，提高物流寄递的效率。此外，顺丰持续加大冷运资源和技术投入，如大范围投放冷运干、支线车辆、可临时存放生鲜食品的保温设备、批量预冷设备等，以高科技化的资源配置保障生鲜肉类的新鲜。

为更好地把控冷链运输的全流程，顺丰在智慧冷链系统中搭载了智慧订单系统、智慧冷仓管理、自动化仓库控制、数字收派、溯源平台、智慧监控等功能，推动数据、资源及场景的一体化管理。目前，顺丰经历多年技术沉淀，已形成丰智云塔、丰智云策、丰智云链等强大、智慧、高效的产品矩阵，以智慧供应链赋能牛羊肉产业实现数字化转型升级。

思考： 为了最大限度地保证肉质的新鲜，顺丰采用了哪些技术？

业务知识

一、生鲜易腐货物智慧化运输组织的概念和目标

（一）生鲜易腐货物智慧化运输组织的概念

生鲜易腐货物的冷链运输是一个专业化且综合性很强的物流系统，它要求从源头到消费者手中的每一个环节都必须严格控制温度和环境条件，以保障货物的新鲜度和安全性。

生鲜易腐货物智慧化运输是指利用智慧化手段，在运输过程中需要使用专门的运输工具，或采用特殊措施，以便保持一定温度、湿度或供应一定的饲料、上水、换水，以防止死亡和腐烂变质的货物的运输。

一般情况下，生鲜易腐货物冷链运输全流程包括以下几方面。

（1）预冷和预处理：在货物源头，可能需要进行预冷处理以快速降低产品的温度，这有助于延长保质期并减少后续运输过程中的冷却负荷。使用真空预冷或冰温预冷技术可以有效降低产品温度。

（2）冷藏储存：在货物等待运输的过程中，需要将它们存放在合适的冷库中，以防止变质。自动冷库技术可以确保仓库内的温度和湿度得到恰当的控制。

（3）冷藏运输：运输阶段是冷链运输中非常关键的一环。该阶段通常采用专业的冷藏车辆、铁路冷藏车或冷藏集装箱进行货物运输，以确保在整个运输过程中维持适宜的温度。

（4）动态监控：利用信息技术建立电子虚拟冷链物流供应链管理系统，对整个冷链运输过程进行实时监控和管理，确保所有环节均符合预设的温度要求。

（5）交付和销售：最终产品的交付和销售也需要在冷链条件下完成，通常涉及超市的冷藏陈列柜等设施，保证消费者购买到的产品仍然保持新鲜。

（6）应急措施：在整个冷链运输过程中，还需要准备应急措施以应对设备故障或其他可能影响产品品质的情况发生。

在冷链运输的各个阶段，都应进行严格的品质检验，确保产品的品质符合标准，减少损耗。由于冷链运输的成本较高，因此在操作过程中需要精心规划以降低成本，同时通过技术创新提高能效和减少资源浪费。

冷链运输是一个不断发展的领域，新的技术和方法会不断涌现，企业需要持续关注行业动态，不断优化自己的冷链运输流程。

> **行业新知**
>
> **冷链物流的运输价格为什么居高不下？**
>
> 1. 运输难度大
>
> 冷链物流运输无论是在冬季还是在夏季进行都有很大的难度，因为采用冷链物流运输的货物都是价值比较高的，所以运输公司在进行运输的时候一定要保持车厢温度的一致，这就需要很多新技术的加持，所以投入的成本会增加，运输的难度也会增加。

2. 对运输效率要求高

冷链运输对于运输效率要求极高，因此，物流运输中各个环节都要提高作业效率，实现高效率的运输作业，而如果要提高物流运输的效率就需要投入更多的人力和设备，这就增加了冷链物流运输的成本。

3. 运输风险大

冷链物流运输的风险比较大，在进行冷链物流运输时，一定要保证货物的安全，而保证货物安全的重中之重就是温度的控制，稍有不慎就会造成货物的损毁。

（二）生鲜易腐货物智慧化运输组织的目标

随着经济的发展和人民生活水平的提高，对品质优良的新鲜水果和蔬菜等生鲜易腐货物需求量越来越大，而新鲜水果和蔬菜的生产有地区性和季节性的限制。为协调解决生产和消费之间的矛盾，运输起着重要的作用，而智慧化运输可以有效提升运输的质量。做好生鲜易腐货物智慧化运输组织，最终满足人们的生活需要，有利于提高人们的生活水平和健康水平，有助于加速货物周转速度、提高货物流通效率。

二、生鲜易腐货物智慧化运输调度和管理技术

在传统的物流企业中，对调度的要求相对比较"全能"，需要调度人员对物流过程中的每一个环节都很清楚，并且需要拥有丰富的经验，即便如此调度人员也无法同时考量载重量、工作量、路线、配送优先级、时间窗等二三十种业务约束条件。这种基于人工经验的车辆调度方式存在很大的不确定性，难以达到全局最优作业效果，经验更是难以复制，业务发展受到人的限制。

智慧调度可以根据设定的场景，智慧化、自动化排布路线计划，以便调度审核，从而提升车辆整体使用率，减轻调度人员的工作量，更高效完成调度工作。生鲜易腐货物因其货物保险要求，对智慧化调度有更高的需求。智慧调度系统需要系统的技术支撑，具体包括以下几方面。

1. 平台化技术

云计算和数据挖掘等技术的发展，使得应用系统架构中出现"大平台+微应用"的新模式及与之匹配的技术路线。平台化技术能够实现在业务场景的基础上搭建工作环境，为构建大型复杂应用系统奠定基础。

2. 智慧化技术

（1）大数据资源湖。大数据资源湖可对已采集的内外部的相关数据进行智慧化识别、分析和处理，并将运输生产、营销服务、经营管理、综合安全等多维度数据进行全面整合，其分析处理结果可为决策提供重要依据。

（2）大数据分析技术。运用大数据模型算法，能够为智慧决策提供有力的数据支撑。

（3）智慧计算技术。文本分析、图形图像分析、知识图谱及深度学习等技术，为智慧决策阶段的智慧计算提供了有力支撑。

（4）大数据可视化。借助图形化的方式来展现大数据分析结果，使数据表达清晰有效，有助于调度人员高效理解和使用。

智慧物流

AI 技术在生鲜零售行业中的运用

人工智能（AI）是当前最为火热的技术之一，它具有强大的计算和分析能力，可以实现自动化、智能化的数据处理。在生鲜零售行业，AI 技术的应用正在迅速推进，并且在提高商品品质、减少损失等方面发挥着越来越重要的作用。

一方面，AI 技术可以帮助企业提高生鲜商品的鉴别能力。由于生鲜商品具有易腐、易变质等特点，一旦品质出现问题，就会给消费者带来不良的购物体验。而 AI 技术可以通过图像识别、语音识别等技术手段，对商品的品质进行准确、快速地鉴别。例如，AI 技术可以对肉类的颜色、纹理、气味等进行分析，判断其是否新鲜；又如，AI 技术可以通过对水果的外观、色泽、硬度等进行分析，判断其成熟度和口感等。

另一方面，AI 技术也可以帮助减少损失。在生鲜零售行业，由于商品易腐、易变质等特点，难免会出现一些商品损失的情况。而通过 AI 技术的应用，企业可以实现对商品销量和库存的精准预测和预警，从而避免或减少商品损失的发生。例如，利用 AI 技术对销售数据进行分析，可以预测未来一段时间内的销售量和商品需求量，从而帮助企业调整库存和采购计划。此外，AI 技术还可以在生产和运输过程中对生鲜商品进行精准的追踪和监测，从而避免货物在运输过程中受到破损、温度过高等影响而造成损失。

除此之外，AI 技术还可以在生鲜零售行业中提高服务效率和客户体验。例如，利用 AI 技术实现智能化客服，可以帮助消费者快速解决问题，提高服务效率；又如，利用 AI 技术实现智能化导购，可以为消费者提供更加个性化和专业化的购物体验。

总之，AI 技术在生鲜零售行业中的应用前景广阔，能够在提高商品品质、降低损失、提高服务效率和客户体验等方面发挥重要作用。

学习任务

通过本单元的学习，请完成以下学习任务。

学习任务清单

任务内容	任务要求	验收方式
顺丰是如何解锁牛羊肉"新鲜密码"的	用一段话描述总结	材料提交
顺丰的冷链运输全流程运用了哪些智慧化管理	用一段话描述总结	材料提交

拓展活动　构建全链条冷链物流体系，永辉超市在行动

永辉超市作为以生鲜经营为特色的民生超市，拥有巨大的农产品销售量。因此，永辉超市从一开始就高度重视冷链物流的建设。2017 年，永辉超市拟定了"冷链物流终端标准化建设项目"。该项目依照国家冷链设施标准，从标准化建设、信息化建设、冷链物流标准体系宣传与应用三个方面着手，严格布局实施新建和改建门店的冷链前台陈列及储存设备改造，全面实施生鲜冷链物流终端冷链设备提升，以实现对温度的智慧化实时监控和科学管理。

在标准化建设方面，永辉超市根据商品陈列展示需求，大力推广 PC 柜、加盖岛柜、冷风柜等冷链设备，项目重点针对农产品在零售终端的冷藏保鲜。在信息化建设方面，永辉超市全面实施冷库、冷柜、冷藏车辆等冷链设备改造和监控设备引进，实现对冷库温、湿度和冷库门开关状态等重要指标的智慧化实时监控，并连接商务部监测平台，加大监控力度。此外，永辉超市邀请标准化专家进行针对性诊断，制定并发布了《超市生鲜冷链物流操作规范》企业标准，大幅提升了冷链各环节相关人员的操作规范标准水平，同时针对管理及具体操作岗位人员进行实操技能培训。

为更安全地保障从田间地头到餐桌的品质消费，多年来，永辉超市进一步加大了对门店终端用于农产品冷藏保鲜的冷链建设，以完善永辉超市从物流中转到商业终端网点的冷链物流体系。永辉超市抓住农产品冷链流通承上启下的关键环节，探索制定全程冷链标准体系，输出全程冷链企业标准规范，整合产地预冷、冷链运输、冷链储存等资源，打造品类多、标准齐、全链条的特色农产品全程冷链物流体系，充分发挥流通及农业产业化双龙头企业的带动作用，为生鲜食品冷链物流标准化做出重要贡献。

活动要求：请各学习小组团队协助，通过阅读材料并运用互联网查找资料，梳理永辉超市为何可以源源不断供应新鲜食物，其是如何构建全链条冷链物流体系的，并形成小组报告。各小组选派成员针对报告进行分析讲解，进行团队成果展示。

课后一思

南菜北运，是为了化解供需错配，促进产区与市场深度融合，提升效率，丰富果蔬品类，稳定鲜活农产品市场供应，是保障北方人民群众日常生活的重要举措。请思考在南菜北运的过程中有哪些注意事项。

实训练习

一、单项选择题

1. （　　）是指在运输过程中，需要采取一定保鲜措施，以防止死亡和腐烂变质，并须在规定期限内抵达目的地的货物。
   A. 生鲜易腐货物　　B. 冷冻货物　　C. 冷藏货物　　D. 普通货物

2. （　　）是防止易腐货物发生腐烂的重要条件。
   A. 高温　　B. 常温　　C. 低温　　D. 温度

3. （　　）指在一般条件下保管和运输时，极易受到外界气温及湿度的影响而腐败变质的货物。
   A. 易腐货物　　B. 冻结货物　　C. 冷却货物　　D. 未冷却货物

4. （　　）是指利用温控、保鲜等技术工艺和冷库、冷藏车、冷藏箱等设施设备，确保冷链产品在初加工、储存、运输、流通加工、销售、配送等全过程始终处于规定温度环境下的专业物流。
   A. 普通物流　　B. 物流管理　　C. 物流设备　　D. 冷链物流

5. 在冷链运输的各个阶段，都应进行严格的（　　），确保产品的品质符合标准，减少损耗。

　　A. 品质检验　　　　　　　　　　　B. 综合成本管理
　　C. 法规遵守　　　　　　　　　　　D. 持续优化

二、多项选择题

1. 对于铁路运输，常用的冷藏方法有液态氮冷却法，另外还可采取（　　）等技术措施保持易腐货物在运输中的质量。

　　A. 保温　　　　B. 防寒　　　　C. 加温　　　　D. 通风

2. 生鲜易腐货物的特点包括（　　）。

　　A. 需有人随车押运照料　　　　　　B. 对温度要求不同
　　C. 季节性强、货流波动幅度大　　　D. 对温度要求相同

3. 冷链物流包装要求具体体现在（　　）。

　　A. 包装卫生　　B. 包装安全　　C. 包装方便　　D. 包装成本合理

4. 智能化冷链仓储设备包括（　　）。

　　A. 冷库　　　　　　　　　　　　　B. 冷藏车
　　C. 冷藏柜　　　　　　　　　　　　D. 智能冷链物流机器人

5. 以下（　　）是生鲜易腐货物冷链运输全流程内容。

　　A. 预冷和预处理　B. 冷藏储存　　C. 冷藏运输　　D. 动态监控

三、简答题

1. 生鲜易腐货物是如何分类的？
2. 自主移动机器人有哪些优势？
3. 冷藏运输方式有哪些？

模块七
大件货物智慧运输运营

学习目标

知识目标：
- 掌握大件货物定义、特征。
- 掌握大件运输装备类型及应用。
- 掌握大件运输路线规划方法和步骤。

能力目标：
- 能够对大件运输与普通货物运输进行对比分析，找到大件运输的难点。
- 能够按货物特征合理选用装备类型。
- 能够选择合理的运输路线，编制完整的路堪报告。

素质目标：
- 通过了解大件运输，培养"铺路石"精神，树立安全责任意识以及敬业精神。
- 了解物流行业动态，激发学生的社会责任感，增强学生的专业自信。

单元一　大件货物特性分析

案例导入

现代工程建设技术的发展，带来了大量的建筑构件的运输需求，激发了超大件/重载货物运输需求的增长。例如，使用架桥机对桥梁预制件进行装配的现代桥梁建造常规作业方式，可大幅加快建造速度；而桥梁的大跨度设计（尤其是在艰险山区），可大幅降低系统构建成本。随着现代制造业水平的提升，工厂化生产成为趋势，超大型装备的运输进一步激发了我国超大件/重载货物运输需求增长。典型的超大件/重载货物运输对象，如大型风力发电设备风机片长达110米；三峡大坝11号机组发电机转子重达1779吨，最大的化工装备全长138.6米，最大直径10.8米，重达2558吨；未来的长征9号重型运载火箭，柱段直径10.6米，长度约60米，质量达300吨以上。

随着工业、建筑业、民生行业的迅猛发展，以百吨级核电支承环、千吨级桥梁结构件和化工设备为代表的"不可解体"大件道路运输需求持续稳定增长。超大超长（百米级）、超重（千吨级）拼装结构件的常态化道路运输需求，给道路运载能力带来了新的挑战。据不完全统计，2019—2021年间，我国跨省大件货物运输审批许可分别为18.3万件、40.3万件和58.0万件，呈逐年增长态势。

思考： 大件运输与普通货物运输有哪些区别？

业务知识

大型物件，往往是国家重点建设工程项目的关键设备、精密复杂的成套产品、远涉重洋的进口设备、大型工程项目急需的装置，这些货物的运输和交付直接影响到工程项目的生产进度和效率。因此，大件运输受到国家、社会的关注。本单元将介绍大件运输的定义、特征、意义及技术需求，加深同学们对大件运输的理解。

一、大件货物的定义和特征

（一）大件运输的定义

大件运输作为运输系统的一个专类，运输对象往往是国家重点建设工程项目的关键设备、精密复杂的成套产品、远涉重洋的进口设备、大型工程项目急需的装置，对重工业的发展起到后勤保障作用。随着我国工业化进程的进一步加快，工业设备大型化、重型化将成为发展趋势，石化、冶金、电力等单件重量300吨以上的设备将越来越多，千吨重的超重设备也将相继问世，大件运输将面临更广、更宽的市场，在交通运输领域所占的地位越来越重要。

大件运输是相对于一般运输对象而言的，大件运输的对象至少具有超长、超宽、超高、超重的特征之一，需要运用牵引车、全挂平板车、各类型平板、门架、吊车、人力拖移等运输工具进行接驳、转运直至运输到目的地。

交通运输部发布的《超限运输车辆行驶公路管理规定》对大件运输做出定义。第六条规定，载运不可解体物品的超限运输（以下称大件运输）车辆，应当依法办理有关许可手续，采取有效措施后，按照指定的时间、路线、速度行驶公路。未经许可，不得擅自行驶公路。第三条对大件运输车辆做出明确规定，大件运输车辆是指有下列情形之一的货物运输车辆。

（1）车货总高度从地面算起超过4米。

（2）车货总宽度超过2.55米。

（3）车货总长度超过18.1米。

（4）二轴货车，其车货总质量超过18000千克。

（5）三轴货车，其车货总质量超过25000千克；三轴汽车列车，其车货总质量超过27000千克。

（6）四轴货车，其车货总质量超过31000千克；四轴汽车列车，其车货总质量超过36000千克。

（7）五轴汽车列车，其车货总质量超过43000千克。

（8）六轴及六轴以上汽车列车，其车货总质量超过49000千克，其中牵引车驱动轴为单轴的，其车货总质量超过46000千克。

微课12
超限运输车辆
认定标准的由来

（二）大件运输的特征

大件运输的对象是大型物件，大型物件是超长、超宽、超高或超重的物件。大型物件是与普通货物相对而言的，普通货物一般是在运输、装卸、保管中无特殊要求的货物，大型物件则是在运输、装卸、保管中需要采取针对大件的特殊措施的货物，主要包括发电设备、输变电设备、轧钢设备以及炼油厂、化肥厂、化纤厂的大型设备和土方机械等。

大件运输除了具备一般公路货物运输的特点之外，还具备更为特殊的一些属性。

1. 运输的特殊性

大件运输具有高技术、高风险、高成本的特点，在运输过程中可能会造成影响公共设施安全和公共交通安全等涉及社会公共利益的重大问题，因而具有区别于普通货物运输的特殊性。

（1）运输货物特别。由于大型物件本身具有超重、超长、超宽、超高等物理特性，区别于一般的公路运输货物，大型物件一般都是特别大（物件特别长、物件特别宽、物件特别高或几者兼而有之）或特别重，大到无法正常通过某些涵洞、收费站、桥梁、狭窄道路等；重到桥梁在不加固的条件下无法承受装载大型物件的大件运输车辆。

（2）运载车辆特别。大型物件及其承运车辆，往往超出规定的限定标准，属于超限运输的范畴。区别于一般的公路货物运载车辆，大型物件运输采用大功率牵引车，运载车辆功率大，有些经过专门改造，有些配备液压装置。

（3）运载道路条件特别。区别于一般的公路货物运输道路条件，大件运输道路需要足够宽阔，中途的涵洞尺寸能保证运载大型物件的车辆能顺利通过，中途的桥梁能够承载载运大型物件的车辆的重量，中途的收费站不能通过的需要经过协商拆除。因此，大件运输路线以安全性为首要因素，通常选择排障最少或最易排障、最安全的运输路线，而不是最短的经济运输路线。

（4）运载交通条件特别。区别于一般的公路货物运输交通条件，大件运输对正在行驶路段的交通影响大，运载大型物件的车辆通过的地段需要当地公安机关交通管理部门实行交通管制。

（5）采用大型物件运输标志。区别于一般的公路货物运输，除了危险货物以外的普通货物没有标志要求，大型物件运输需要在牵引车的前方两侧和所运大型物件的最宽处装设大型物件运输标志旗，对于货物长度超过挂车尾部的，需要在大型物件的末端最高处装设大型物件运输标志旗，并且需要在所运大型物件的最宽处和超过挂车尾部的货物末端最高处装设利用运载车辆电源并与该电源功率相匹配的红色灯泡连接而成的大型物件运输标志灯。

2. 货物的重要性

大件运输所运货物多为国家或区域重点工程建设的关键设施设备，而且对运输时间有严格的要求，因此大件运输任务能否按时完成，将直接影响国家或区域重点工程建设进程。例如，北京市运输的重达 432 吨三热燃气机组是被列入北京奥运行动规划之中的电源建设项目"350 兆瓦级燃气蒸汽联合循环发电工程"的核心设备。因此，由于大件运输所运货物的重要性，往往需要有关部门、单位给予特殊对待，尽可能提高大件运输管理工作效率，以确保其运输及时。

微课 13
大件运输的特点

3. 货物的不可分割性

大型物件一般指单件超限、超重的货物（物件、构件）或车辆，超出法定尺寸和质量限制，不可适当分割、分解或拆卸。如果强行分解或拆卸成较小的货物或车辆单元，将损害货物或车辆预定的用途，破坏货物或车辆的使用价值；或需要使用专门的拆卸设备，拆卸作业时间较长。大件运输是一个范畴，其中，某些类型的大型物件，其质量和外形尺寸超过一定限值，需要多个部门或机构协调配合，才能完成大件运输法定的审核、许可、排障、护送等完整程序。

4. 运输安全防护要求高

由于大件运输可能对公共设施和公共交通安全产生较大程度的影响，因此对运输过程中的安全防护提出了较高的要求，主要包含以下几方面。

（1）设施安全。大件运输在行驶通过道路桥涵时，可能对道路桥涵造成破坏或潜在的破坏性影响；对运输沿线的公共服务设施，如通信、电力、有线电视等空中或地下管线等设施也可能造成破坏或影响。因此，需要采取加固、位移等相关安全防护措施加以安全保障。

微课 14
大件运输的难点

（2）交通安全。在大件运输过程中，会对周围交通参与者特别是车辆的行车安全造成一定影响，稍有不慎，不但会延缓大件运输任务的完成，甚至会给公共交通安全带来危害。因此需要公安机关交通管理部门出面，沿线随行维护道路交通秩序，必要时还需要对公共交通实施临时管制，以保证大件运输途中的交通安全。

（3）运行安全。为保证大件运输车辆的安全平稳运行，大件运输不仅对驾驶员的驾驶技术水平和经验提出很高要求，而且对车辆性能、装载技术、固定方法等均提出了相当高的要求。

二、大件货物在智慧化运输时的意义及技术需求

随着经济社会发展，重大工程装备和基础设施建设快速推进，货物运输向大型化、重型化发展的趋势将更加显著，大件货物乃至超大件货物运输需求将会长期持续增长。大件货物和超大件货物道路运输技术在一定程度上体现了各国在交通基础设施服务水平和车辆运载能力上的"天花板"，是运输行业皇冠上的明珠。随着需求的变更和技术的革新，想要不断突破大件货物道路运输能力瓶颈，需要政府、高校和科研院所以及企业携手紧密合作，开展有组织的科研和管理服务，持续推动大件货物道路运输技术发展，提升服务水平，支撑交通强国建设和国家经济社会高质量发展。

（一）大件运输的意义

1. 对国民经济发展的意义

大件运输是支撑国家重大工程项目的关键环节，有利于推动国家重大工程建设，提高人民生活水平。

2. 对国家基础设施建设的意义

国家基础设施建设的关键设备通常需要大件运输。关键设备的运输保障任务直接关系到重

点工程项目的建设进度。一旦发生时间拖延，不仅大件运输的成本会大幅增加，而且会造成后续工程难以按期推进，使整个工程运行成本上升，最终势必会影响到重点工程项目顺利实施。

3. 对维护道路运输安全的意义

大件运输企业需要具备相应的运输资质，具有联系、协调等专业化服务和一体化运输能力。大件运输行业一般采用更为科学的轴载限定标准，运输车辆每轴载荷控制在 8～13 吨，这样可以有效分散大件设备对路面的压力，大大减轻对道路的损害。

（二）大件运输智慧化技术需求

1. 大件货物道路运输决策支持技术

我国大件货物道路运输的研究虽然起步较晚，但随着基础设施的大规模建设运营，大件货物运输道路条件日趋完善，在大件货物道路运输决策支持技术方面也有许多突破。

我国从车辆结构载荷和实际运输应用两个角度开展探索，搭建了"双控评估方法"来确保超重车辆的安全运输性能。云南省铺设 7 条大件货物运输路径，并积极积累已有的运输管理经验，大大改进了运输性能。2021 年，山西省发布"大件货物运输桥梁可通过性评估系统"并投入使用，其主要涵盖项目管理、计算评估、项目统计、交通基础设施数据和有限元仿真模型 5 项功能。

2. 大件货物道路运输安全保障技术

如何快速审批、缩短运输时间是降低运输成本和提升通行效率的关键。针对大件货物道路运输过程的安全评估，在道路和桥梁的承载能力测算方法、安全过程评估、线路优化系统和大件货物道路运输服务等方面已经有了一些研究成果。例如，为解决大型货物交通组织问题，通过预测运输过程中会出现的问题从而提出解决方案模型集，求解最佳重载运输车辆和最佳路线。通过研究大件货物运输路线选择的影响因素，建立以成本和服务水平为最优化目标模型，采用蚁群算法对大件货物运输路线进行优化。利用实际数据和数值仿真分析桥梁在承载重型货车时的可靠性，证明桥梁的疲劳、脆性与重载货车在交通流中的百分比存在显著因果关联，为提升大件货物道路运输的效率和安全性提供参考。建立货物运输监测系统来预测运输的安全性和效率，综合考虑运输时间和预算的影响，可以为决策大件货物的最佳运输路线和运输模式提供依据，也可以用来评估现有运输策略的有效性。可见，计算机和仿真优化技术在确定超大件货物的运输路径和运输方案方面具有巨大潜力，不仅高效便捷，还可以简化决策过程。在搭建规划和决策模型的基础上，只需输入货物的尺寸、重心和运输需求，即可高效决策最佳的运输路线及其备选方案。

（三）大件运输行业发展趋势

1. 国际化趋势

随着全球经济一体化的发展，国际产业结构持续调整与产业梯度转移加速推进，加之我国工业化进程的加快，国外制造的单件重量超过千吨的重型设备已进入我国市场，国内道路大件运输市场全面对外开放并呈现出国际化趋势等，这就是我国道路大件运输企业面临的竞争态势。

2. 集约化、规模化趋势

虽然目前国内大件运输市场存在运作不规范、企业粗放式经营导致运营成本过高、企业规模小而散导致的无序竞争等问题，但是随着大件运输的相关标准及政策的逐步出台，超限运输许可证跨省使用以及特种车辆营运牌照等相关问题将得到切实解决，大件运输的集约化、规模化将是市场竞争的必然结果，也是国民经济发展对大件运输企业的必然要求。道路运输集约化趋势有利于具有资金、管理优势的企业介入大件运输业务并发展壮大。

> **行业新知**
>
> **如何办理超限运输车辆通行证？**
>
> 根据《超限运输车辆行驶公路管理规定》第八条规定，大件运输车辆行驶公路前，承运人应当按下列规定向公路管理机构申请公路超限运输许可。
>
> （1）跨省、自治区、直辖市进行运输的，向起运地省级公路管理机构递交申请书，申请机关需要列明超限运输途经公路沿线各省级公路管理机构，由起运地省级公路管理机构统一受理并组织协调沿线各省级公路管理机构联合审批，必要时可由交通运输部统一组织协调处理；
>
> （2）在省、自治区范围内跨设区的市进行运输，或者在直辖市范围内跨区、县进行运输的，向该省级公路管理机构提出申请，由其受理并审批；
>
> （3）在设区的市范围内跨区、县进行运输的，向该市级公路管理机构提出申请，由其受理并审批；
>
> （4）在区、县范围内进行运输的，向该县级公路管理机构提出申请，由其受理并审批。
>
> 《超限运输车辆行驶公路管理规定》第十条指出，申请公路超限运输许可的，承运人应当提交下列材料：
>
> （1）公路超限运输申请表，主要内容包括货物的名称、外廓尺寸和质量，车辆的厂牌型号、整备质量、轴数、轴距和轮胎数，载货时车货总体的外廓尺寸、总质量、各车轴轴荷，拟运输的起讫点、通行路线和行驶时间；
>
> （2）承运人的道路运输经营许可证，经办人的身份证件和授权委托书；
>
> （3）车辆行驶证或者临时行驶车号牌。
>
> 2022年11月，跨省大件运输并联许可"掌上办"正式在国家政务服务平台上架运行。申请公路超限运输许可的承运人可在电脑端登录跨省大件运输并联许可系统，一地办证、全线通行，也可在手机端跨省大件运输许可"掌上办"（登录国家政务平台App、支付宝和微信端小程序）开展许可申请、查询等操作，简化审批流程，提高运输效率。

学习任务

通过本单元的学习，请完成以下学习任务。

学习任务清单

任务内容	任务要求	验收方式
什么是大件运输	能够说出大件运输的认定标准	口头表述
大件运输的特征	与普通货物运输相比，总结大件运输的特殊性	材料提交
大件运输对国民经济的影响	结合具体的运输案例，说明大件运输对国民经济的作用，并形成案例报告	案例报告
对案例报告进行讲解说明	选派成员选择相应的形式对案例报告进行展示	成果展示

拓展活动　中国外运承运中亚地区最大风电项目

2023年6月，中国外运股份有限公司（以下简称"中国外运"）作为中亚地区最大风电项目的全程物流服务商，从国内包头、巴彦淖尔、酒泉等地的生产工厂发车，途经新疆霍尔果斯和都拉塔口岸，将风电机组（包括机舱、轮毂、叶片、塔筒等设备类货物）运输到乌兹别克斯坦布哈拉项目现场。

该项目位于乌兹别克斯坦布哈拉州，将分别建设两座500兆瓦的风电站及输变电线路，利用当地丰富的风资源，每年向当地电网提供35亿余度电，减少碳排放160万吨。中国外运的此次跨境运输，将助力乌兹别克斯坦实现2031年可再生能源发展目标。

此次中国外运运输的货物最大单件重量达147吨，装载高度近5米，叶片最大净长约84米，含拖车总长90多米，相当于一个标准足球场的长度。

在哈萨克斯坦运输路段中，所经过的哈乌口岸原本是一个S弯，叶片巨大无法直接通过，必须经过扩容才能达到叶片通行的条件。中国外运项目团队与专家组沟通协作，实地考察运输道路沿线情况，制订精细的运输计划和应对方案，并联合客户共同攻坚，第一时间完成口岸的扩容，打通道路。

城内行驶，克服扫空安全问题。大型运输车辆经过城镇路段，容易遭遇车流量大、叶片尾端受到电线杆、树木等障碍物影响不能安全扫空等难题。项目团队通过提前勘测、及时清障，保证了运输车辆及时、顺利驶入国道。

项目团队通过在过程中不断优化运输方案、及时解决困难问题，使得此次实际运输用时比预期缩短1周以上，获得了客户及相关方的高度评价。

活动要求： 作为大件运输领域的领军品牌，中国外运屡次开创国内、亚洲乃至世界级的大件运输纪录。请找找中国外运完成的大件运输案例，进行团队成果展示。

课后一思

与普通货物相比，大件运输的对象具有超长、超宽、超高、超重的特征，请思考这些特征分别会带来哪些运输难题。

单元二　大件运输装备选型

案例导入

强国大件运输公司运输任务

强国大件运输公司最近接到20台风电机组运输任务，风电机组由主机、轮毂、叶片、塔筒（4段）组成。整体效果及各部件参数如图7-1所示。

微课15
风电机组参数

智慧运输运营

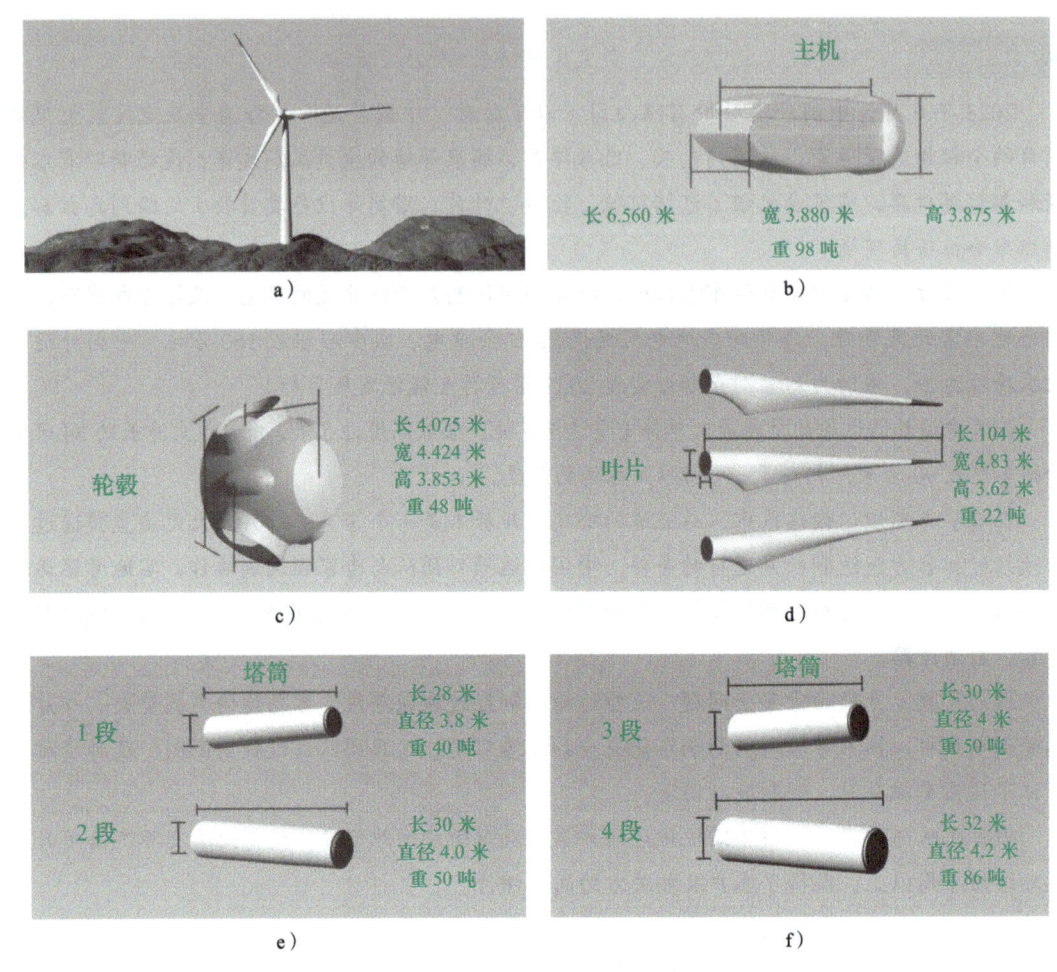

图 7-1 风电机组整体效果及各部件参数

思考：上述设备具有哪些特点？在进行运输时需要考虑哪些因素？

业务知识

一、大件货物运输车辆的特性和用途

根据中国汽车行业标准《大件运输专用车辆》（QC/T 1149—2021），大件运输需要使用专用的车辆设计和制造，包括大件运输牵引车和大件运输挂车。

（一）大件运输牵引车

大件运输牵引车是指外廓尺寸、质量、轴数、轴荷至少有一项超出国家标准《汽车、挂车及汽车列车外廓尺寸、轴荷及质量限值》（GB 1589—2016）的规定，专门用于牵引大件运输挂车的牵引车。

大件运输牵引车将大件运输挂车连接起来，利用发动机的能量产生牵引力将大件货物运输到目的地。

（二）大件运输挂车的特点和用途

1. 大件运输挂车的特点

大件运输挂车是指外廓尺寸、质量、轴数、轴荷至少有一项超出国标《汽车、挂车及汽车列车外廓尺寸、轴荷及质量限值》（GB 1589—2016）的规定，用于载运不可解体物品的挂车。大件运输挂车可以由单一车辆或多个模块单元车组成。

（1）液压悬挂挂车：具有3个或更多个支点的液压悬挂系统，能够实现货台升降、液压牵引全轮转向和手控全轮转向功能，用于大件运输的挂车。液压悬挂挂车可以由采用液压悬挂的模块单元车、附件及其他辅助设备等进行组合。

（2）大件运输专用低平板半挂车：采用低货台结构，与牵引车的连接方式为鹅颈式，一般采用非液压悬挂形式，设计和制造上用于大件运输的半挂车。

（3）模块单元车：由车架、车轴/车桥、悬挂、制动系统、转向装置、液压系统等组成，能够实现承载、升降转向功能的单元式挂车。可以是独立承载，也可以进行拼接组合。可以采用液压悬挂也可以采用其他悬挂。

2. 大件运输挂车的用途

大件运输挂车适用于任何在道路或其他运输环境下运输超大型、超重量、超长、超宽或超高货物；适用于运输建筑材料、特种车辆、工程机械、飞机部件、圆锥体壳体、火力发电设备、箱式货物、架式货物等大型货物。大件运输挂车能够满足一些特殊的运输需求，如船体运输、海上平台运输和风力发电机叶片运输等。各类型挂车的对比见表7-1。

表7-1 各类型挂车的对比

挂车类型	优点	缺点
液压悬挂挂车	载重能力强：采用液压系统，可以根据需要调整车身的高低位置，提供更大的载重能力 平稳性好：液压悬挂系统可以使挂车保持平稳的行驶状态，并减少货物在运输过程中受到的震动和颠簸，从而确保货物的安全 适应性强：可以根据需要调整车身的高度，以适应不同的装卸环境和道路条件，提供更大的灵活性和适应性	成本较高：涉及更复杂的液压系统和技术，因此其成本较高 维护复杂：液压系统需要定期维护和保养，可能增加运营成本和运输过程中的维护工作
大件运输专用低平板半挂车	低板设计：采用低底盘设计，提供更大的承载能力和更低的货物高度，方便装卸大件货物。 稳定性高：具有较低的重心，可以提供更好的稳定性和操控性能，减少货物在运输过程中的侧倾和翻转的风险 多功能使用：通常具有伸缩和拆卸功能，可以根据需要自由调节车身的长度，适应不同尺寸的货物运输需求	路况限制：由于底盘较低，可能受到路况复杂或狭窄道路的限制，需要特别注意路线规划和避免潜在的翻车或碰撞风险 特定货物需求：通常适用于较大的货物，不适用较小或高度较高的货物
模块单元车	可调长度和载重能力：由多个可拆卸模块组成，可以根据需要进行模块的增减和组合，达到适应不同长度和载重需求的目的，具有良好的灵活性和多功能性 货物保护和稳定性：模块之间通过连接装置固定，可以提供良好的稳定性和货物保护，减少货物在运输过程中的损坏风险	设备需求较高：组合和拆卸需要一定的设备和技术支持，增加了运输过程的复杂性和装卸工作的要求 运营成本较高：设计和构造较为复杂，需要更高的运营成本

二、大件货物运输装备选择影响因素

（一）大件货物运输车辆的参数对大件货物运输的影响

（1）载重能力。大件货物运输车辆通常具有更大的载重能力，能够承载和运输重量较大的货物，如机械设备、大型构件等。

（2）车身空间。大件货物运输车辆通常具有更大的车身空间，适合运输尺寸较大的货物，如大型机器设备、建筑材料等。

（3）装卸设备。不同类型的大件货物运输车辆可能配备了专门的装卸设备，如起重机、吊车等，使得货物的装卸更加便捷和高效。

（4）车身调整。一些大件货物运输车辆具有可调节长度、宽度和高度的功能，适应不同尺寸和形状的货物，提供灵活的运输选择。

（5）固定设备。大件货物运输车辆通常配备了专门的支撑和固定设备，能够保护货物免受损坏和碰撞，确保货物的安全运输。

（6）路线规划。大件货物运输车辆需要经过精细的路线规划，以确保货物能够安全地送达目的地。

（7）专业运营。大件货物运输车辆通常由专业的物流公司或运输服务提供商运营，具备专门的人员和经验，能够提供安全、高效的大件货物运输服务。

需要注意的是，不同类型的大件货物运输车辆具有各自的特点和适应性，选择合适的车辆是根据具体货物特性、运输需求和使用条件来决定的。在确定运输方式之前，应充分了解货物的尺寸、重量、敏感程度以及运输起点和终点之间的条件，以确保选择最合适的大件货物运输车辆来满足需求。

（二）大件货物运输车辆的类型对大件货物运输的影响

1. 牵引车

根据大件货物的具体运输需求，选择合适数量轴、驱动方式、马力等要素的牵引车。例如，针对超重货物，可以选用高马力、多轴的牵引车来提高运输效率。

2. 平板半挂车

平板半挂车具有平坦的车载空间，适合运输长、宽或高的货物，如钢材、建筑材料、大型机器设备等。它们通常长度可调节，以适应不同尺寸的货物。

3. 低平板半挂车

低平板半挂车具有较低的底盘，使得车辆底部与地面的距离较小，适用于运输高度较高的货物，如建筑设备、大型容器、发电机组等。低平板半挂车通常具有更好的稳定性和操控性能。

4. 液压悬挂挂车

液压悬挂挂车配备液压系统，以便根据需要调整车身的高低位置，提供更大的载重能力和更好的稳定性。这种车辆适用于运输重量较大的货物，如大型机械设备、建筑材料等。

5. 模块单元车

模块单元车由多个可拆卸的模块组成，可以根据货物的尺寸和重量进行模块的增减和组合。这种车辆具有灵活性和多功能性，适用于运输尺寸和形状各异的大件货物。

选择合适的车辆类型取决于货物的尺寸、重量、运输起点和终点之间的条件以及其他特定需求。因此，在选择大件货物运输车辆时，应充分考虑这些因素，并与专业的物流公司或运输服务提供商协商，以确保满足大件货物运输的具体需求。

三、大件运输挂车的选择

（一）超重货物运输挂车的选择

根据《中华人民共和国道路交通安全法》第四十八条规定：机动车载物应当符合核定的载质量，严禁超载。运输超重货物的挂车的核定载质量必须大于超重货物的自身重量。

《大件运输专用车辆》（QC/T 1149—2021）中关于轴荷限制的规定：未采用线轴结构的大件运输挂车的最大允许轴荷应不大于13000千克；采用线轴结构的大件运输挂车每轴线（一线两轴8轮胎）允许的平均轴荷应不大于18000千克。

因此，超重货物运输选用的挂车通常为六轴及六轴以上挂车，挂车轴数越多，载重量越大。

（二）超高货物运输挂车的选择

挂车装载超高货物后，最低运行高度应满足运输沿途空障通过性（桥空、隧道等）的要求。

普通平板半挂车车板距离地面高度为1.3～1.5米，装车后车货总高度可能会超过公路隧道及桥梁的限高，通常可选择低平板半挂车运输超高货物，低平板半挂车使用的是凹梁式车架，可使货台主平面低至0.6～1米，降低车货总高度，满足公路通行要求。因此，低平板半挂车也是大件运输中最常见的半挂车型。

（三）超长货物运输挂车的选择

普通半挂车长度通常为13～17米，不能满足超长货物的装载要求。为满足不同长度货物的装载需求，可以采用抽拉式平板挂车，抽拉式平板挂车通常在大梁内部做了多道"工"字梁结构，在没有运输任务时长度一般为20米左右，当运输叶片时可以将拖车延展，根据被运输扇叶的长度，挂车可以抽拉成两段、三段甚至更多，是理想的超长货物运输工具。

四、大件运输牵引车的选择

牵引车作为大件运输企业的核心设备，有着非常关键的作用。选择牵引车时需要重点考虑其动力，动力越大，所能承运的货物就越多，但随着动力的提升，牵引车的传动系统、承载系统都会相应加强，价格也就相应地上涨。牵引车的选择，应根据所承运的货物类型、吨位、运距、运费等因素综合选择。

汽车牵引力又称汽车驱动力，是指驱使汽车行驶的动力。汽车的内燃发动机产生的扭矩，经传动机构传至驱动轮上，使驱动轮产生一个对道路路面的轮缘圆周力。当驱动轮与道路路面之间有足够的附着作用，即驱动轮在路面上未发生滑转时，则产生与此轮缘圆周力大小相等、方向相反的路面对驱动轮的反作用力，驱使汽车在道路上行驶。

学习任务

通过本单元的学习，请完成以下学习任务。

学习任务清单

任务内容	任务要求	验收方式
大件运输挂车的特点	说出不同挂车的优点和缺点	口头表述
大件运输牵引车的特点	总结大件运输牵引车的特点	口头表述
大件运输挂车、牵引车选择的影响因素	结合具体的运输案例，说明如何根据大件货物选择合适的大件运输挂车、牵引车	运输方案
大件运输挂车选型	为强国大件运输公司运输任务中的主机、轮毂、叶片、塔筒选择合适的挂车	运输方案
大件运输牵引车选型	为强国大件运输公司运输任务中的主机、轮毂、叶片、塔筒运输半挂车应选择合适的牵引车	运输方案
对运输方案进行讲解说明	选派成员选择相应的形式对运输方案进行展示	成果展示

拓展活动 沪渝高速（G50）花湖互通 D 匝道桥面侧翻事故

2021 年 12 月某日，湖北省鄂州市境内沪渝高速公路（G50）花湖互通 D 匝道在进行桥面养护作业时，一列由 3 辆牵引车（1 辆在前面拉，两辆在后面推）和两辆挂车组成的、运输大型换流变压器的大型超限运输车组（车货总质量为 521.96 吨）不顾劝阻强行冒险通行。该车组偏离桥梁纵向中心线行驶，最终导致桥梁倾覆，事故车组、货物以及桥面人员全部坠桥，桥下正常行驶的小客车也不幸被砸中。该事故共造成 4 人死亡，8 人受伤，事故直接经济损失 3017.82 万元。

经过调查，该起事故属于一起较大生产安全责任事故，部分事故原因如下：

（1）涉事故车组的车货总质量 521.96 吨（货物本体质量 291 吨），最大轴载 32.1 吨，车组总长 67.67 米，载荷轴荷超过限定标准，已经属于违法超限运输。

（2）起运前，承运人采用"以小充大"的方式，用虚假材料骗取获得超限运输车辆通行证。

（3）在运输途中，涉事故车组未按许可路线行驶，未按要求落实护送措施。

（4）通行至事发路段桥梁前，未主动向相关部门报告，遇桥面养护施工作业时强行通过。

（5）涉事故车组未按规定在桥面居中行驶，偏离桥梁纵向中心线，导致桥梁失稳、倾覆。

活动要求：请你根据以上事实原因，提出避免此类超限运输事故发生的措施，形成小组报告。各小组选派成员针对报告进行分析讲解，进行团队成果展示。

课后一思

大件运输一端连接大型装备的生产制造，一端连着各类重大工程项目的建设，已成为我国基础设施和大型工程项目建设的重要保障力量。作为强国路上的物流奋斗者，请思考应如何提升自己的专业技能，为强国建设添砖加瓦。

模块七　大件货物智慧运输运营

单元三　大件运输路线规划

案例导入

超高大货车卡在高架桥下，造成桥体损坏

2023年8月，河南郑州一辆载有100吨盾构机的大件物流车在经过南三环一桥时，因货物超高无法顺利通过桥洞，最终卡在桥洞里。该事故也导致南三环严重堵车，影响路面交通。

导致该事故的直接原因是大件运输车辆高度超过桥洞高度，导致在行进过程中卡在桥洞里。根本原因是在开始运输前，没有选择合适的运输路线。目前在我国道路交通运输过程中，车辆超高、超限现象极为普遍，而由于车辆超限造成的直接经济损失非常严重。由于超高车辆直接与隧道、涵洞、桥梁相撞而发生车毁人亡的重大交通事故也不在少数。根据《中华人民共和国道路交通安全法》第四十八条规定：机动车运载超限的不可解体的物品，影响交通安全的，应当按照公安机关交通管理部门指定的时间、路线、速度行驶，悬挂明显标志。在公路上运载超限的不可解体的物品，应当依照公路法的规定执行。

思考：在选择大件运输的路线时，应该考虑哪些因素？

业务知识

大件运输工作核心在于路线选择，良好的路线能够降低运输成本，减少风险和排障工作，同时，保证货物运输的安全性、可靠性和时效性。而路线选择的核心在于前期的道路勘查工作，即针对不同的路线进行实际的考察和测量，因此，在开展大件货物运输活动前编制路堪报告就显得尤为重要。

早期的线路选择主要依靠经验，常以大件运输路线选择的影响因素和各因素的权重为依据，最终选择最优运输路线。目前，大件运输路线的选择正逐步融入人工智能（AI）、区块链等前沿技术，推动运输决策从经验依赖型向数据驱动型转型。

一、大件运输路线选择一般流程、原则及影响因素

（一）路线选择流程

大件运输路线选择的一般过程是：根据历史资料和其他手段初步选取一条或几条运输路线，并对所运大件货物进行初步配车及运输方案设计，得出运输车组的极限运输参数；对初选路线进行踏勘，根据道路信息对路线的安全性、通过性、经济性、时效性进行分析，并对大件货物配车方案进行修正，进而对路线进行筛选，最终确定运输路线及配车运输方案。路线选择流程如图7-2所示。

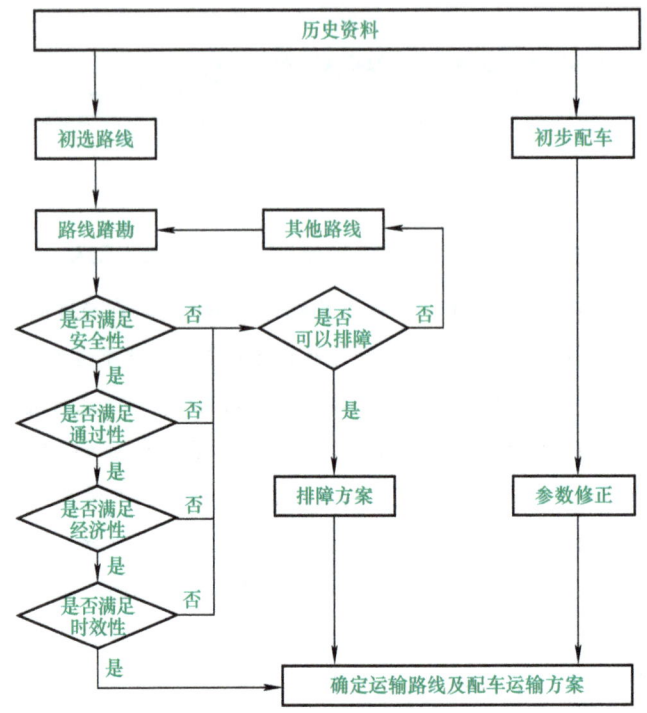

图 7-2 路线选择流程

（二）路线选择原则

大件运输路线在选择过程中要遵循以下原则。

1. 安全性原则

大件运输路线的选择以保证运输安全为前提，包括大件设备安全、运输车辆安全、运输路线及其设施安全、作业人员及周边人员的安全等。

2. 通过性原则

大件运输路线的选择必须确保在车队及道路现有条件下，或通过改变运输车型、对道路进行排障改造等技术措施后能够安全顺利通过。

3. 经济性原则

大件运输路线的选择在保证安全的前提下，通行费用要坚持经济性原则，包括大件设备通过该路线所需的排障费用、协调费用、行政费用、运输过程中直接运行费用等。

4. 时效性原则

大件运输路线的选择要保证大件运输通行时间满足业主的时间要求和通行的经济时间要求。在保证大件货物运输安全及经济前提下，应追求时间最短，即最好的时效性。时效性受勘查调研论证时间、协调时间、排障实施时间、行政审批时间、运行时间及其他不可控因素所花费的时间的影响。

(三)路线选择的影响因素

1. 极限运输参数

运行车组的极限运输参数及对道路的参数要求由大件货物的规格、重量和所选运输车辆的结构及性能参数确定,主要包括车组运行宽度、高度、转弯半径、车货总重量及轴压等。

2. 运输路线的通行参数

运输路线的通行参数包括运输路线的通行宽度、转弯半径、纵坡及横坡、道路平整度、路线高空障碍等对大件运输通行的限制因素;因运输道路限制因素导致的运输作业环节及风险的增加等。

3. 运输路线排障情况

运输路线排障情况包括与满足大件运输要求相关的排障量、排障时间、排障难度及费用等相关因素。

4. 运输路线途经地区行政影响

运输路线途经地区行政影响包括途经地区行政法律法规的要求、行政部门执法水平等行政因素。

5. 运输路线通行费用

运输路线通行费用包括大件设备通过该路线所需的排障费用、协调费用、行政费用、运输过程中直接运行费用等。

二、货物勘探

货物勘探的主要任务是确认配车方案、路线选择和装载加固方案的可行性,在实践中要突出四个"符合度":一是确认货物的轮廓尺寸与设备运输图纸是否相符;二是确认绑扎加固点位与装载方案是否相符;三是确认装载方案与道路通行条件是否相符;四是确认货物的完好状况与提货单是否相符。

其基本内容可以用"四个确定"来概括:一是确定设备的尺寸(长、宽、高);二是确定设备的吊点位置,需要根据吊点位置选择合适的吊装方式;三是确定设备的绑扎位置,除了吊点之外是否有适当加固的位置用于装车、装船;四是确定设备的重心及受力情况,是否影响装车位置,是否需要进行局部处理。

下面以某定子运输为例介绍货物勘探流程。

(一)查验设备清单

某定子运输设备清单见表 7-2。

表 7-2 某定子运输设备清单

箱号	箱描述	箱长(毫米)	箱宽(毫米)	箱高(毫米)	总质量(千克)	包装类型
BLS40C000005	定子	12480	5460	4910	510000	裸装
BLLOT40B1132	#2 低压内缸Ⅰ(上半)	6700	2250	3400	40000	木箱
BLLOT40B1133	#2 低压内缸Ⅱ(上半)	8000	6400	4050	84000	托架
BLLOT40B1134	#2 低压内缸(上半)	15900	6250	6000	170000	支架

（二）现场勘察设备

定子货勘如图 7-3 所示。

图 7-3　定子货勘图

经勘察，定子的尺寸与清单一致，底部运输盖板的高度较设备中间的隔板低了 22.5 厘米，装车、装船时的衬垫需要特别注意；定子两个封头距底板较近，需要注意保护；定子底部中央隔板可辅助受力。低压内缸货勘图如图 7-4、图 7-5 所示。

图 7-4　低压内缸Ⅰ（上半）货勘图　　图 7-5　低压内缸Ⅱ（上半）货勘图

经勘察，低压内缸的尺寸与清单一致，低压内缸Ⅱ（上半）底部为枕木，装车、装船时无需衬垫。

三、路线踏勘

路线踏勘的目的是为路线选择取得第一手资料，为对路线安全性、通过性、经济性和时效性分析提供基础资料。

（一）路线踏勘方法

路线踏勘方法主要有以下几种。

1. 资料搜集

通过各种渠道搜集本单位或其他单位现有路线的各种资料，如通过网络查找、历史资料搜集、相关单位咨询等。

2. 实地测量

（1）借助测量工具实地测量取得相关技术数据、照片等。

（2）电线、通信线等线类的测量：此类障碍的高度测量一般使用超声测距仪进行测量。

尤其是带电电线，在测量过程中不可触碰，且电线较细，红外线很难对准。

（3）涵洞、桥梁、路牌、红绿灯等高空障碍的测量：此类障碍的测量一般使用塔尺等配合卷尺测量。

（4）道路纵向及横向参数测量：道路纵向及横向参数包括道路纵坡、横坡、路面折角、路面曲线半径及路面不平度等，这些参数的测量均可以使用水准仪完成，水准仪主要部件及测量原理如图7-6所示。

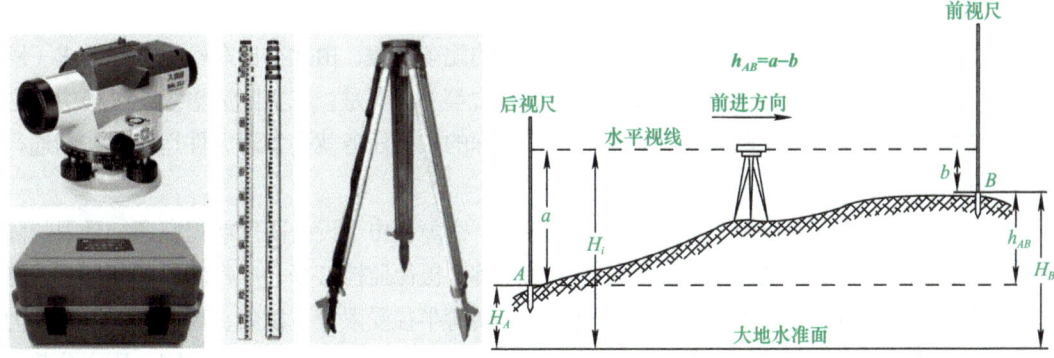

图7-6 水准仪主要部件及测量原理

3．走访

通过走访相关单位或个人以取得路线的相关资料和参数，如走访道路管理部门、桥梁设计单位，取得道路、桥梁及涵洞的承载能力及道路通行行政法规政策手续等；走访障碍物所属单位了解排障难度等。

4．专业评估

一些道路的通行参数无法通过直接测量或查询资料获得，如出现病害的桥梁、涵洞、路基等。这些参数不能使用原有设计资料，需要通过专业单位进行评估，重新确定其通行参数。

（二）路线踏勘的主要内容

1．路线通行参数

路线踏勘首先要获得路线允许通行的高度、宽度、长度及重量或轴压等客观参数，即路线的纵向及横向参数，包括道路纵坡、横坡、路面折角、路面曲线半径、路面不平度、路线转弯半径、设备扫空等路面参数，高空路线、桥梁等高空障碍参数，路线中路基、桥涵的承载力要求等。

路线踏勘过程中若发现通行障碍，要初步考虑排障方式，并通过测量等手段取得该排障方式所需的相关参数信息，以备进一步详细制订排障方案。

2．路线通过区域的通行环境

路线踏勘要获得路线通过区域的通行环境，通行环境包括以下几点。

（1）路线通过区域的行政法律法规及手续办理流程等行政环境。

（2）路线排障涉及的单位及个人的情况，如排障协调流程及难度等。

（3）路线日常通行情况及大件车队通过时对周边可能产生的影响，如路线繁忙程度等。

3. 评估路线的通行时间周期及成本

在取得路线通行参数及通过区域的通行环境后，即可制订通行方案，如改进配车方案、制订路线排障方案等，在此基础上，进一步评估排障协调时间、排障施工及恢复时间、大件车队通过时间等，估算路线的通行时间周期及成本，通过比较确定最终路线。

（三）道路清障

根据大件设备的尺寸、质量等特征，选用合适的配车方案，由此得出车辆的通行需求（路面宽度、限高、转弯半径、横纵坡坡度、路面承载力等）。但是，在实际运输组织过程中，必须经过道路勘探，获取路线的第一手资料。道路勘探的主要任务就是发现大件运输路线的通行障碍，并采取有效措施予以规避。

在道路勘探过程中有以下几种主要的障碍类型：空障是由于设备高度或扫空通行受限的障碍，主要有桥、电力线、通信线、红绿灯道路指示牌、摄像监控灯杆、广告牌、限高架等。路障主要有护栏和路灯等道路附属设施、占道杂物、转弯半径受限等。桥梁、涵洞、道路承载力不足。有些桥涵和道路的建造标准低，不适合大件设备通行。一般通过桥涵加固、压力分载、桥上桥等措施来解决。

1. 净高清障

（1）为提高路线净高，交通标志牌可以临时拆除或转向，通常是设备通行的前一天或提前半天安排作业，通过后及时复位。标志牌拆除如图7-7所示。

（2）路线上方的管廊、支线管廊可以提前拆除、抬高或重新布设走向。若管廊集中分布，拆除或移动会带来破坏性后果，则只能新建道路。

图7-7 标志牌拆除

（3）运输路线上方通常还会有一些通信线路横跨道路两侧，对于通信线路的清障，通常采取两个措施：一是设备通行前将通信线路架高；二是在设备通行过程中，利用云梯、竹竿等工具将线架高。

（4）桥梁、高压线与干线管廊不易拆除，可考虑在障碍物下降低路面高度。路面下降将形成凹形坡道，为保证运输设备的车辆通过，应在坡道处形成缓冲坡道，此方法不适用于地下管网密布处及交叉路口处。

2. 净宽清障

运输路线的净宽分为两部分：一是道路路面自身的宽度，能满足车辆通行的要求；二是道路两侧空间宽度，能满足设备运行中扫空区域的要求。

道路两侧空间宽度主要受限于道路两旁的树木、灯杆、交通标志牌、建筑物等因素。为确保设备运行所需的最小道路净宽，树木可以修剪、移植、砍伐，交通标志牌可以临时移位拆除，灯杆和临时建筑物可以临时拆除。

3. 弯道拓宽

进行超长大型设备的运输时，车辆通常利用道路的最大转弯半径来实现转弯。当道路的最小转弯半径不符合要求时，应考虑将弯道进行拓宽，如图7-8所示。

4. 载荷强度的提高

为防止设备在运行过程中发生道路凹陷、坍塌，运输路线的载荷强度校核必不可少。校对的重点区域是泥土或碎石路段、桥梁和涵洞、路线弯道处、地下管网铺设处等。

图7-8 已经拓宽的弯道

当车辆选定后，可以根据设备的质量计算出轮胎的胎压，以核定道路载荷强度是否满足要求。对于不能满足要求的局部泥土与碎石路段，可以通过铺设8～12毫米厚的钢板。大范围不能满足运行要求的路段，则需要重新修建。路线弯道处，由于设备体积大，车辆需要反复移位，因此要求的路面载荷能力更高。

运输路线选定后，还要查看路线下面管网的铺设情况。在弯道处、地下管网上方铺设钢板是提高道路载荷强度较为简单有效的方法。

（四）路堪报告内容

根据上述步骤，最终要形成路勘报告，以便为后期制订货物运输方案提供依据。一份完整的报告主要包含以下几项内容。

（1）项目名称。

（2）项目位置。

（3）货物清单，尤其是针对重货和超尺寸的货物。

（4）运输路线和距离。

（5）详细信息介绍（这部分需要有相关照片和分析），主要内容有：①桥梁、收费站、隧道口、头顶电线/广告牌等的位置与限宽、限高、限重；②城市中心位置；③铁路位置；④转弯半径窄小的地方；⑤斜坡路段；⑥河流；⑦在建设中的路；⑧路面承受压力；⑨其他注意信息点。

（6）结论。给出总体运输最低限高、限宽、限速、限重、限时以及解决的办法。

四、大件运输智慧评估系统

大件运输的评估结果对于整个运输活动至关重要，选取合适的运输路线，可提高运输服务质量，降低运输成本；可提高主管部门的审批效率和人民群众的满意度，降低管理成本。

评估系统应包含以下功能。

（1）输入车货参数，包括车辆类型、几何尺寸、车货总质量、轴载等。

（2）数据存储，包括路段基础信息、技术状况信息、模型库。

（3）安全评价，通过收集大件运输主要通行路线的设计资料、养护资料、实际技术状况、桥梁承载能力检验结果等建立评估子系统，分别进行空间可通行性评价和结构可通行性评价。

（4）路线决策，对于满足要求的进行授权或出具报告，对于不满足要求的提示相关信息。由于特殊车辆由系统进行自动评估时可能存在误判，系统输出不满足路段信息，由人工进行判别。

学习任务

通过本单元的学习，请完成以下学习任务。

学习任务清单

任务内容	任务要求	验收方式
大件运输的路线选择流程	绘制路线选择流程图	材料提交
大件运输的路线选择影响因素	公路大件运输路线选择过程中的影响因素	口头表述
道路清障的措施	结合具体的运输案例，给出道路清障的措施	案例报告
对案例报告进行讲解说明	选派成员选择相应的形式对案例报告进行展示	成果展示

拓展活动　大件运输车辆"卡"在收费站

2021年11月某日，两台大件运输车辆经湖南高速集团娄底分公司娄底经开区收费站下高速，在过车道地磅时，由于装载设备过宽，无法正常通行。

当班工作人员第一时间通知值班站长赶到收费现场，经查验超限运输车辆通行证后，了解到两车长度总长均为23米、宽为5.5米、高为4.8米，均属于大件运输车辆。

因收费站出口车道宽度为4.2米，而该车宽度明显大于车道两个光栅间距，且车上装载的大型机械设备也不能轻易移动。因此该大件运输车辆无法正常驶出收费站。

为做好现场的保障工作，收费站值班站长根据实际情况现场研判制订拆装施工方案，并迅速联合路产管理人员、养护人员、高速交警以及机电维护人员等部门协助处理。

养护人员负责拆除广场隔离墩，机电维修人员负责拆除入口附属设备，交警和路产管理人员负责指挥交通和路口管控。收费站负责增派专人实行交通管制引导分流，关闭入口混合车道并在邻道使用手持机进行人工发卡放行。在多部门的协作下，娄底经开区收费站为大件运输车辆开辟了一条新的"运输专道"。

活动要求：根据大件运输的特点，思考大件运输车辆容易"卡"在哪些环节，应做好哪些工作，以便车辆顺利通过。

课后一思

上网查阅资料，请思考大件运输智慧化路线规划系统的功能，并绘制出公路大件运输评估主要流程，形成报告。

实训练习

一、单项选择题

1. 根据《超限运输车辆行驶公路管理规定》的相关规定，车货总高度从地面算起超过

（　　）米为超限运输。

  A．3   B．4   C．5   D．6

2．根据《超限运输车辆行驶公路管理规定》的相关规定，车货总长度超过（　　）米为超限运输。

  A．2.55   B．4   C．18.1   D．46

3．以下（　　）的结构可以是独立承载，也可以进行拼接组合。

  A．液压悬挂挂车   B．大件运输专用低平板半挂车

  C．模块单元车   D．大件运输平板半挂车

4．超重货物运输选用的挂车通常为（　　）挂车。

  A．三轴   B．四轴   C．五轴   D．六轴及六轴以上

5．（　　）不是公路大件运输路线选择过程中要遵循的原则。

  A．安全性原则   B．通过性原则

  C．经济性原则   D．最短路原则

二、多项选择题

1．大件运输具有（　　）的特点。

  A．高技术   B．高风险   C．高回报   D．高成本

2．公路大件运输除了具备一般公路货物运输的特点之外，还具备（　　）属性。

  A．运输的特殊性   B．货物的重要性

  C．货物的不可分割性   D．运输安全防护要求高

3．大件货物运输装备选择影响因素有（　　）。

  A．载重能力   B．车身空间   C．装卸设备   D．固定设备

4．大件运输专用低平板半挂车的优点包括（　　）。

  A．低板设计   B．稳定性高   C．多功能使用   D．重心高

5．路线踏勘的方法主要有（　　）。

  A．资料搜集   B．实地测量   C．走访   D．专业评估

三、简答题

1．请阐述大件运输为什么具有特殊性。

2．请阐述超重货物运输挂车的选择要点。

3．请阐述路线选择的影响因素。

模块八 集装箱智慧运输运营

学习目标

知识目标：
- 掌握集装箱的定义、尺寸和标记。
- 掌握集装箱智慧运输的特点和优越性、集装箱运输系统的组成。
- 了解集装箱的方位性术语、集装箱的类型。
- 了解智慧集装箱码头的定义、特点和构成要素。

能力目标：
- 能够正确识别集装箱的标记。
- 能根据货主的要求选择合适的交接方式。
- 能根据货物的要求正确选择集装箱的类型。

素质目标：
- 树立良好的职业道德，能够热爱本职工作，诚实守信。
- 具有工匠精神，能够吃苦耐劳、恪尽职守、精益求精。
- 熟练掌握专业技能，在集装箱智慧运输管理中发现问题、分析问题、解决问题，为企业降本增效。

单元一 认识集装箱

案例导入

运输新模式送汽车"出海"：把车子装进箱子

2023年2月23日，在上海集运物流堆场，1000台汽车被装进集装箱搭乘超大型集装箱船"中远海运双鱼座"轮，从上海出运至英国费利克斯托港、比利时泽布吕赫港和德国威廉港。把车子装进箱子，是中远海运集团为满足国产汽车出口需求而开发的运输新模式。40英尺的集装箱内部可装载三台以上车辆，稳定的内部支架可保证车辆不碰擦、不磨损。

思考： 除了"把车子装进箱子"案例，集装箱还能装运哪些物品？

> 业务知识

要从事集装箱智慧运输管理工作，要先认识集装箱。集装箱是一种大型、标准化的货物运输设备，具有便于机械装卸、有足够的强度、可长期反复使用等特点。集装箱也被称为"货柜"或"货箱"。有关集装箱，不同国家、不同组织对其有不同的定义。通过本单元的学习，我们将掌握集装箱的定义及其标准化，熟悉集装箱的方位性术语、标记及其类型。

一、集装箱的定义及其标准化

（一）集装箱的定义

集装箱是一种运输设备，其具有以下特点。
（1）具有足够的强度，可长期反复使用。
（2）为便于商品运送而专门设计的运输设备，在一种或多种运输方式中运输时，不需要中途换装。
（3）设有便于装卸和搬运的装置，特别是从一种运输方式转移到另一种运输方式时。
（4）设计时注意到便于货物装满或卸空。
（5）具有1立方米或1立方米以上的内容积。
任何一种容器只要满足了上述特点，就可称为集装箱。集装箱一般不包括车辆和一般包装。

（二）集装箱的标准化

集装箱标准化是指为了使作为共同运输单元的集装箱，在海、陆、空运输中具有通用性和互换性，提高集装箱运输的经济性及安全性，为集装箱的运输工具、装卸设备的选型、设计和制造提供依据，使集装箱运输成为专业化、高效率的运输系统，而为集装箱的各种基本技术条件（即尺寸、结构、试验方法等）建立标准并执行的状态。

国际标准集装箱系列（国际标准化组织第104技术委员会制定）按外部尺寸可分13种。国际标准化组织集装箱规格尺寸和总质量见表8-1。

表 8-1 国际标准化组织集装箱规格尺寸和总质量

规格	箱型	长		宽		高		最大总质量	
		毫米	英尺-英寸	毫米	英尺-英寸	毫米	英尺-英寸	千克	磅
40英尺	IAAA	12192	40'	2438	8'	2896	9'6"	30480	67200
	IAA					2591	8'6"		
	IA					2438	8'		
	IAX					<2438	<8'		
30英尺	IBBB	9125	29'11.25"	2438	8'	2896	9'6"	25400	56000
	IBB					2591	8'6"		
	IB					2438	8'		
	IBX					<2438	<8'		

（续）

规格	箱型	长		宽		高		最大总质量	
		毫米	英尺－英寸	毫米	英尺－英寸	毫米	英尺－英寸	千克	磅
20英尺	ICC	6058	19'10.5"	2438	8'	2591	8'6"	24000	52900
	IC					2438	8'		
	ICX					<2438	<8'		
10英尺	ID	2991	9'9.75"	2438	8'	2438	8'	10160	22400
	IDX					<2438	<8'		

注：表中英尺为 ft，英寸为 in，取整数。

二、集装箱的方位性术语

这里的方位性术语主要是指区分集装箱的前、后、左、右及纵、横的方向和位置的定义。占集装箱总数 85% 以上的通用集装箱，均一端设门，另一端是盲端。这类集装箱的方位性术语如下。

前端（Front）：指没有箱门的一端。

后端（Rear）：指有箱门的一端。

如集装箱两端结构相同，则应避免使用前端和后端这两个术语。必须使用时，应依据标记、铭牌等特征加以区别。

左侧（Left）：从集装箱后端向前看，左边的一侧。

右侧（Right）：从集装箱后端向前看，右边的一侧。

公路侧（Roadside）：当集装箱底盘车在公路上沿右侧向前行驶时，靠近马路中央的一侧。

路缘侧（Gurbside）：当集装箱底盘车在公路上沿右侧向前行驶时，靠近路缘的一侧。

纵向（Longitudinal）：指集装箱的前后方向。

横向（Transverse）：指集装箱的左右、与纵向垂直的方向。

三、集装箱的标记

为了便于识别集装箱，方便集装箱的流通和使用，也为了集装箱运输管理的需要，国际标准化组织对集装箱标记进行了标准化规定。每一个集装箱均要在适当的位置涂刷若干永久性标记。集装箱的标记应字迹工整、牢固耐久、清晰易见，且不同于箱体本身的颜色。集装箱的标记如图 8-1 所示。

集装箱的标记分为必备标记、自选标记和通行标记。必备标记和自选标记又包括识别标记和作业标记。

图 8-1　集装箱的标记

（一）必备标记

1. 识别标记

识别标记即集装箱箱号，由箱主代号、顺序号和核对号组成。

（1）箱主代号：是集装箱所有人的代号，箱主代号用4个拉丁字母表示（国内使用的集装箱用汉语拼音表示），前三个字母由箱主自己规定，第四个字母（即最后一个字母）规定用U（U为国际标准中海运集装箱的代号）。国际流通中使用的集装箱，箱主代号应向国际集装箱局登记，登记时不得与登记在先的箱主代号重复，如"COSU"表示该集装箱为中国远洋运输公司所有。

（2）顺序号：为集装箱编号，用于区别同一箱主的不同集装箱，用6位阿拉伯数字表示。如数字不足6位时，在数字前加"0"补足6位，如"001234"就是一种顺序号。各公司可根据自己的需要，以类型、尺寸、制造批号及其他参数进行编号，以便于识别。

（3）核对号：核对号是由箱主代号的4位字母与顺序号的6位数字通过一定方式换算得出的。核对号一般位于顺序号之后，用1位阿拉伯数字表示，并加方框以醒目，如"COSU 001234 2"的核对号是2。

2. 作业标记

（1）最大总重、自重。最大总重是集装箱的自重与最大载货重量之和，又称为额定重量。对于各种型号的集装箱的最大总重，国际标准化组织都有具体数字的规定，它是一个常数，任何类型的集装箱装载货物后，都不能超过这一重量，如"MAX GROSS 30480KGS"。各种箱型集装箱最大总重见表8-2。

表8-2　各种箱型集装箱最大总重表

箱型	40英尺	30英尺	20英尺	10英尺
最大总重（千克）	30480	25400	24000	10160

自重用"TARE×××KGS"表示，是指集装箱的空箱重量，如"TARE 3750KGS"。

（2）空陆水联运集装箱标记。由于该类集装箱的强度仅能堆码两层，国际标准化组织对该类集装箱规定了特殊的标记，如图8-2所示。该标记为黑色，应置于侧壁和端壁的左上角，标记的最小尺寸为高127毫米、长255毫米，字母标记的字体高度至少为76毫米。

（3）登箱顶触电警告标记。该标记一般设在罐式集装箱上和位于邻近登箱顶的扶梯处，以警告登梯者有触电危险，该标记如图8-3所示。

图8-2　空陆水联运集装箱标记

注：框内底色为黄色。

图8-3　登箱顶触电警告标记

（二）自选标记

1. 识别标记

自选标记中的识别标记包括国籍代号、尺寸代号和类型代号。

（1）国籍代号：用3位拉丁字母表示，用以说明集装箱的登记国，如"RCX"表示登记国为"中华人民共和国"。1995年国籍代号被取消。

（2）尺寸代号：由2位阿拉伯数字（字符）组成，用于表示集装箱的尺寸大小。第一个字符表示箱长【见集装箱尺寸代号表（A）】，10英尺代号为"1"，20英尺代号为"2"，30英尺代号为"3"，40英尺代号为"4"，5～9代号为"未定号"。另外，A～P为特殊箱长的集装箱代号。第二个字符表示箱宽与箱高【见集装箱尺寸代号表（B）】。其中，箱高8英尺代号为"0"，箱高8英尺6英寸代号为"2"，箱高9英尺代号为"4"，箱高9英尺6英寸代号为"5"，高于9英尺6英寸代号为"6"，半高箱（箱高4英尺3英寸）代号为"8"，低于4英尺代号为"9"。一般用英文字母反映箱宽不是8英尺的特殊宽度的集装箱。尺寸代号可以查表8-3而得。比如箱长6058毫米、箱高2438毫米、箱宽2438毫米的集装箱，该集装箱尺寸代号的第一位是2，第二位是0，所以该集装箱的尺寸代号为20。

表8-3 集装箱尺寸代号表

集装箱尺寸代号表（A）

箱长		代号	箱长		代号
毫米	英尺		毫米	英尺	
2991	10	1	7450		D
6058	20	2	7820	—	E
9125	30	3	8100		F
12192	40	4	12500	41	G
未定号		5	13106	43	H
未定号		6	13600		K
未定号		7	13716	45	L
未定号		8	14630	48	M
未定号		9	14935	49	N
7150		A	16154		P
7315	24	B	未定号		R
7430	246	C			

集装箱尺寸代号表（B）

		代号字符		
箱高		箱宽		
毫米	英尺-英寸	2438毫米（8英尺）	>2438毫米和2500毫米	>2500毫米
2438	8'	0	C	L
2591	8'6"	2	D	M
2743	9'	4	E	N
2895	9'6"	5	F	P
>2895	>9'6"	6		
1295	4'3"	8		
<1219	<4'	9		

（3）类型代号：用2位阿拉伯数字表示，用以说明集装箱的类型，如"30"表示"冷冻集装箱"。

2. 作业标记

这类标记主要有以下几种。

（1）超高标记。该标记是在黄色底上标出黑色数字和边框（见图8-4）。此标记贴在集装箱每侧的左下角箱底约0.6米处，同时还应贴在集装箱主要标记的下方。凡高度超过2.6米的集装箱都应贴上此标记。

（2）国际铁路联盟标记。凡符合国际铁路联盟规定的技术条件的集装箱都可以获得此标记（见图8-5）。"ic"表示国际铁路联盟。该标记是在欧洲铁路上运输集装箱的必要通行标记。标记方框下部的数字表示各铁路公司代号（33是中华人民共和国铁路公司的代号）。

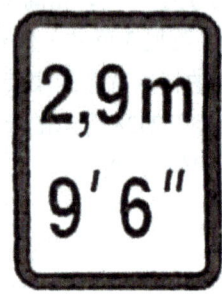

注：框内底色为黄色。

图8-4 超高标记

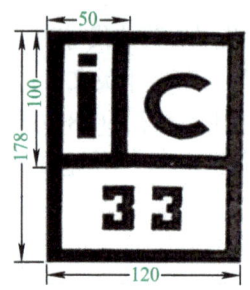

图8-5 国际铁路联盟标记（单位：毫米）

（三）通行标记

集装箱在运输过程中想要顺利地通过并进入他国国境，箱上必须贴有规定要求的各种标记，否则必须办理烦琐的证明手续，这就延长了集装箱的周转时间。

集装箱上主要的通行标记有海关加封运输批准牌照、安全合格牌照、防虫处理板、检验合格徽等。

1. 海关加封运输批准牌照

按下列格式制备的海关加封运输批准牌照应采用永久、耐腐蚀的长方形牌子，其尺寸不得小于100毫米（高）×200毫米（宽）。"APPROVED FOR TRANSPORT UNDER CUSTOMS SEAL"（在海关加封下运输的批准）和"CHN/CCS××××1×××××"（CCC批准号）的字母及数字的高度不得小于10毫米，其他字母和数字的高度不得小于8毫米，并应在牌照面板上以刻印或凹凸形或用其他永久和清晰的方式标识出来。

2. 安全合格牌照

按下列格式制备的安全合格牌照应采用永久、耐腐蚀、防火的长方形牌子，其尺寸不得小于100毫米（高）×200毫米（宽）。"CSC SAFETY APPROVAL"（CSC安全合格）的字母高度不得小于8毫米，其他字母和数字的高度不得小于5毫米，并应在牌照面板上以刻印或凹凸形或用其他永久和清晰的方式标识出来。

3. 防虫处理板

有些国家对于进入本国的集装箱有一些特殊的要求，其他国家在选用集装箱时，必须加以注意。例如，凡进入澳大利亚和新西兰的集装箱，必须有"防虫处理板"通行标记，否则会被拒之门外。附有熏蒸设施，能在箱内使用规定的药品进行熏蒸的集装箱，应在箱门贴上"农林徽"。

4. 检验合格徽

集装箱上的安全合格牌照主要用于确保集装箱不对人的生命安全造成威胁，而检验合格徽则是确保集装箱在运输过程中不对运输工具（如船舶、货车、拖车等）的安全造成威胁。所以，国际标准化组织要求各检验机关必须对集装箱进行各种相应检验，并在检验后在集装箱箱门上贴上代表该检验机关的合格徽。

四、集装箱的类型

随着集装箱运输的发展，为适应不同种类货物的装载需要，出现了不同种类的集装箱。这些集装箱因为用途、制造材料、结构和尺寸的不同而有所不同，这里仅介绍不同用途的集装箱。

目前，集装箱运输中出现了许多用途不同的集装箱，一般可以分为以下几种。

1. 干货集装箱

干货集装箱（Dry Cargo Container）也称杂货箱或通用集装箱（GP, General Purpose），这种集装箱主要用于装运杂货，如日用百货、棉纺织品、医药及医疗器械、文化用品、五金交电、电子产品等。在现在使用的集装箱中，这种集装箱占有绝对优势。常用的有 20 英尺和 40 英尺两种，其常为封闭式，一般在一端或侧面设有箱门。这种集装箱一般要求干燥、水密性好等。对装入这种集装箱的货物，要求其有适当的包装，以便充分利用集装箱的箱容。在货物积载时要密切注意装载容积和装载负荷之间的协调，一方面要充分利用箱容，另一方面不要超负荷。

2. 开顶集装箱

开顶集装箱（Open Top Container）也称敞顶集装箱，是指集装箱的箱顶可以方便地装上、取下。箱顶有硬顶和软顶两种。硬顶是用薄钢板制成的，利用起重机或叉车进行装上、取下作业。软顶一般是用帆布制成的，开顶时只要向一端卷起即可。开顶集装箱主要用于装载玻璃板、钢制品、仪器设备等重货，这样可以利用起重机从箱顶装卸，克服了不便装卸和小型叉车起重量小的缺点。

3. 框架式集装箱

框架式集装箱（Flat Rack Container）是没有箱顶和侧壁，甚至有的连端壁也去掉而只有底板和 4 个角柱的集装箱。框架式集装箱有很多类型，它们的主要特点如下：为了保持其纵向强度，箱底较厚；箱底的强度比普通集装箱大，但其内部高度比普通集装箱低；在下侧梁和角柱上设有系环，可将装载的货物系紧。框架式集装箱主要用来装运重型机械、钢材、木材、机床和整件设备等长大件、超重件。货物的拆箱和装箱作业可以从上面进行，也可以从侧面进行。货物通过设在箱底两侧的绑牵环、尼龙带等加以固定。框架式集装箱没有水密性，不能装运怕水湿的货物，其适合装载形状不一的货物。

4. 散货集装箱

散货集装箱（Bulk Container）是针对固体散货的特点而设计制造的，主要用来装运大豆、大米、麦芽、小麦粉、各种饲料及水泥、硼酸、化学制品等各种散装的粉粒状货物。用集装箱装运散货，一方面大大提高了装卸效率；另一方面节省了大量的包装材料和包装费用，提高了货运质量，减轻了粉尘对人体和环境的侵害。散货集装箱主要有铝制和钢制两种，这两种集装箱的内底板都采用玻璃钢制作，便于清扫和洗涤。散货集装箱的箱顶一般都设有 2～3 个装货口（有圆口和方口两种），并且箱门的下部设有卸货口。为了提高卸货效率，有的散货集装箱的箱底被制成漏斗形，散货可自动从漏斗门流出。为了方便熏蒸作业，散货集装箱还专门设有药品投入口和气体排出口。

5. 平台集装箱

平台集装箱（Platform Container）是仅有底板而无上部结构的一种集装箱。该类集装箱装卸作业方便，适用于装载长大件、超重件。

6. 通风集装箱

通风集装箱（Ventilated Container）一般在其侧壁或端壁设有若干供通风用的窗口，其他结构与干货集装箱相差不多，箱体呈密闭式，如将通风孔关闭，可作为干货集装箱使用。这种集装箱主要用来装运有一定通风和防汗湿要求的杂货，如原皮、食品等，对一些新鲜货物也有一定的防腐作用。

7. 冷藏集装箱

冷藏集装箱（Reefer Container）是专为运输要求保持一定温度的冷冻货或低温货而设计的集装箱。冷藏集装箱主要用来装运新鲜水果、鱼、肉、蔬菜等易腐食品。除此之外，冷藏集装箱也可用来装运某些有特殊要求的毛皮、丝绸等，利用集装箱的低温来防虫。对于一些药品，为防止品质劣变和发生安全风险也需要采用冷藏集装箱运输。冷藏集装箱分为带有冷冻机的内藏式机械冷藏集装箱和没有冷冻机的外置式机械冷藏集装箱。冷藏集装箱造价较高，运营费用较高，使用时应注意冷冻装置的技术状态和箱内货物所需的温度。

8. 罐式集装箱

罐式集装箱（Tank Container）是专门用来装运液体散货的集装箱，如酒类、油类、液体食品、液体药品等都可以用这种集装箱来装运。

罐式集装箱由框架和液罐两部分组成。框架是用来支承和固定液罐的，而液罐则用于装货。框架结构按照国际标准设计和制造（尺度和强度）。液罐的外壁采用保温材料，以使罐体隔热；内壁一般要研磨抛光，以避免液体残留于壁面。液罐下部还设有加热器，罐内温度可以通过安装在其上部的温度计观察到，罐顶设有装货口，罐底设有排出阀。罐上的安全阀和铁梯等也是必备的，常利用蒸汽或化学药品对罐体进行清洗。

对这种集装箱的搬运、装货、贮藏均需有专门的场所和设备，还需要配以专门的消防安全设备。

9. 服装集装箱

服装集装箱（Dress Hanger Container）的箱内上侧梁上装有许多根横杆，每根横杆上垂下若干条皮带扣、尼龙带扣或绳索。成衣利用衣架上的钩，直接挂在带扣或绳索上。这种服装装载法属于无包装运输，它不仅节约了包装材料和包装费用，而且减少了人工劳动，提高了服装的运输质量，目前已被广泛采用。

服装集装箱实际上是干货集装箱的一种特殊结构，它的主要参数与干货集装箱相同，但由于上侧梁上承受了相当大的负荷,因此上侧梁需要加固。这种集装箱不装载服装时,只需把横杆上的带扣或绳索收起,即可作为干货集装箱使用,灵活方便,颇受箱主的欢迎。

10. 动物集装箱

动物集装箱(Pen Container)是专门用来装运鸡、鸭、鹅、牛、马、羊等家禽和牲畜的一类集装箱。为了运输途中的饲养,箱体一侧开有若干窗口,窗下外侧配有放置饲料的饵槽,在另一侧下部则设有专门的清扫口和排水口。

动物集装箱在船上一般应装在甲板上,这是因为甲板上空气流通,便于清扫和照顾。为了保证箱内有较新鲜的空气,避免家禽和牲畜在运输途中发病和死亡,箱体的两端壁采用钢制框架,装有钢丝网。这种集装箱装载的家禽和牲畜重量有限,而且不允许堆装,因此一般情况下强度比较低。

11. 汽车集装箱

汽车集装箱(Car Container)是指专门用来装运小型汽车的集装箱。这种集装箱的箱底较为简单,没有侧壁,甚至没有端壁,外部负荷主要由各部分框架来承担。为了充分利用箱容,许多汽车集装箱被设计成上下两部分,都可以装载汽车。一般汽车集装箱的结构简单,自重较轻,造价也较低。为了防止汽车在箱内滑动,箱底专门设有绑扎设备和防滑钢板。

除上述各种类型的集装箱外,还有其他一些特种和专用的集装箱,如专门运输生皮等的兽皮集装箱,专门用于航空运输的集装箱、集装袋等。各类集装箱都是根据不同货物的运输、装卸需要而设计的,针对不同的货物选用合适的集装箱是集装箱运输中非常重要的一项工作。有关集装箱的类别及其适用货物见表 8-4。

表 8-4 集装箱的类别及其适用货物表

箱型	英文简称	特点	适合货物
干货集装箱	GP	一端开门、两端开门或侧壁设有侧门,均有水密性,箱门可开启 270°	一般货物
开顶集装箱	OT	箱顶(硬顶和软顶)可以拆下	超高、超重货物
框架式集装箱	FR	没有箱顶和侧壁	超高、超重货物
散货集装箱	BK	一端有箱门,箱顶有 2~3 个装货口,箱门的下方还设有卸货口	散装货
平台集装箱	PF	无上部结构,只有底部结构	超长、超宽货物
通风集装箱	VC	侧壁或端壁上设有 4~6 个通风口	易腐货物
冷藏集装箱	RF	具有制冷或保温功能	冷藏货
罐式集装箱	TK	由框架和液罐两部分构成,顶部设有装货口(入孔),罐底有排出阀	液体、气体
服装集装箱	HT	内侧梁上装有许多横杆,每根横杆垂下若干带扣或绳索	服装
动物集装箱	PC	侧面和端面都有钢网制的窗,以便通风,侧壁的下方设有清扫口和排水口,便于清洁	动物
汽车集装箱	CC	一般没有端壁和侧壁,箱底设有绑扎设备和防滑钢板	汽车

智慧运输运营

学习任务

通过本单元的学习，请完成以下学习任务。

学习任务清单

任务内容	任务要求	验收方式
什么是集装箱	根据集装箱的定义和特点进行分析	口头表述
集装箱的适应性	根据集装箱的类型分析其适应性	口头表述
集装箱的尺寸	根据集装箱的标准化进行分析	案例报告
集装箱的方位性术语	能说出集装箱的方位	案例报告
集装箱的标记	根据集装箱的必备标记和自选标记进行分析并举例说明	案例报告
对案例报告进行讲解说明	选派成员选择相应的形式对案例报告进行展示	成果展示

拓展活动 "全国劳动模范"包起帆：改革开放中的中国工人创新先锋

20世纪90年代，国有大中型企业遇到了前所未有的困难，港口也是如此。这时的包起帆在上海龙吴港务公司当经理。

创新是唯一的出路。包起帆把目光投向内贸标准集装箱运输。1996年以前，我国内贸件杂货水上运输依赖散装形式，内贸标准集装箱运输仍是空白。包起帆创造性地提出了我国港口内贸标准集装箱水运工艺系统，在1996年12月15日开辟了我国水运史上第一条内贸标准集装箱航线。内贸标准集装箱运输不仅搞活了龙吴码头，还带动了产业的大发展。

我国是世界集装箱吞吐量第一大国，但在集装箱国际标准的制定中却没有对等的话语权，更没有拥有自主知识产权的中国发明进入国际标准。将自主创新的集装箱电子标签监控系统推向世界，并制定相关的国际标准，成了包起帆创新的又一目标。

经过不懈努力，中国集装箱电子标签相关国际标准——《货运集装箱——RFID货物装运标签系统》（ISO 18186：2011）终于正式发布。这成为我国自1978年开始参与ISO（国际标准化组织）活动以来，在物流、物联网领域首个由我国发起、起草和主导的国际标准。

40多年来，包起帆与同事们共同完成了130多项技术创新项目，其中3项获得国家发明奖，3项获得国家科学技术进步奖，36项获得巴黎、日内瓦、匹兹堡、布鲁塞尔、纽伦堡等国际发明展览会金奖，另外授权国家和国际专利50项。

活动要求：面对日益激烈的国际竞争，我们必须把创新摆在国家发展全局的核心位置，不断推进理论创新、制度创新、科技创新、文化创新等各方面创新。为此，该如何在运输行业做到持续创新？各小组选派成员针对案例进行分析讲解，进行团队成果展示。

课后一思

掌握集装箱的定义、特点及其类型，有助于更全面地认知集装箱，请思考集装箱的出现是否有利于运输成本的节约。

单元二　集装箱智慧运输

案例导入

全球集装箱港口 TOP10 中 7 个来自中国

根据 2024 年 8 月美国交通杂志公布的 2023 年全球集装箱港口百强名单，在全球集装箱港口百强中，我国占据了 20 席，其中 TOP10 里有 7 个是来自我国的港口，包括上海港（1）、宁波舟山港（3）、深圳港（4）、青岛港（5）、广州港（6）、天津港（8）、香港港（10）。

2023 年，上海港处理了近 4920 万标箱货物，比排名第 2 的新加坡港的 3900 万标箱足足多了 1020 万标箱。而在 2003 年，我国集装箱吞吐量仅为 4867 万标箱，不及 2023 年一个上海港的集装箱吞吐量。

思考： 集装箱运输有哪些优势？为何发展如此迅猛？

业务知识

集装箱运输是将货物装在集装箱内，以集装箱作为一个货物集合（成组）单元，进行装卸、运输（包括船舶运输，铁路、公路、航空运输，以及这几种运输方式的联合运输）的运输工艺和运输组织形式。目前，集装箱运输已经进入以国际远洋船舶运输为主，以铁路、公路、江河运输为辅的国际多式联运的新时期。

一、集装箱运输的特点

集装箱运输作为一种先进的现代化运输方式，是件杂货运输的发展方向，是交通运输现代化的产物和重要标志。由于集装箱运输具有巨大的优越性，目前集装箱运输发展的热潮已遍及全世界，现对其特点概述如下。

（一）高效益

（1）简化包装，大大节省了包装费用。为避免货物在运输途中受到损坏，必须有坚固的包装，而集装箱具有坚固、密封的特点，其本身就是一种极好的包装。使用集装箱可以简化包装，有些货物甚至不需要包装，从而大大节省包装费用。

（2）减少货损货差，提高货运质量。由于集装箱是一个坚固、密封的箱体，其本身就是一个坚固的包装，货物装箱铅封后，途中无须拆箱倒载，可以直接运送至目的地，即使经过长途运输或多次换装，也不易损坏箱内货物。集装箱运输可减少因被盗、潮湿、污损等引起的货损货差，深受货主和船公司的欢迎。货损货差的减少不仅降低了企业经济损失，还减少了社会财富的浪费，具有一定的社会效益。

（3）减少运营费用，降低运输成本。集装箱的装卸基本上不受恶劣气候的影响，这就使船舶非生产性停泊时间缩短。装卸效率高、装卸时间缩短，对船公司而言，可提高航行率，降低船舶运输成本；对港口而言，可提高泊位通过能力，从而提高吞吐量、增加收入。

（二）高效率

在传统的运输方式下，普通货船装卸量一般为每小时 35 吨左右，而集装箱船装卸量每小时可达 400 吨，装卸效率大幅度提高。同时，由于集装箱装卸机械化程度很高，每班组所需装卸工人很少，平均每个工人的劳动生产率大大提高。

此外，由于装卸效率高，受气候影响小，使船舶在港停留时间大幅缩短，船舶的航次时间缩短，船舶周转速度加快，航行率大大提高，船舶生产效率随之提高，从而提高了船舶运输能力，即在不增加船舶数量的情况下可完成更多的运量，增加船公司的收入。

（三）高投资

虽然集装箱运输是一种高效益、高效率的运输方式，但也是一种高投资的运输方式。首先，船公司必须对船舶和集装箱进行巨额投资。有关资料表明，集装箱船的造价为普通货船的 3.7～4 倍。其次，船公司需要对港口进行巨额投资。专用集装箱泊位的码头设施包括码头岸线和前沿、货场、货运站、维修车间、控制塔、门房及集装箱装卸机械等，耗资巨大。最后，为开展集装箱多式联运，还要有相应的内陆设施及内陆货运站等。为了配套建设，需要兴建、扩建、改造、更新现有的公路、铁路、桥梁等，这方面的投资更是惊人。

（四）高协作

集装箱运输涉及面广、环节多、影响大，是一个复杂的运输系统工程。集装箱运输系统包括海运、陆运、空运、港口、货运站及与集装箱运输有关的海关、商检、船舶代理公司、货运代理公司等单位和部门。如果互相配合不当，就会影响整个运输系统功能的发挥；如果某一环节失误，就会影响全局，甚至导致运输的中断。因此，必须确保整个运输系统各环节、各部门之间的高度协作。

（五）适于组织多式联运

集装箱运输在不同运输方式之间换装时，不用搬运箱内的货物而只需要换装集装箱即可，这就大大提高了换装作业效率，因此其适于组织多式联运。在换装转运时，海关及有关监管单位只需加封或验封转关放行，大大提高了运输效率。

集装箱运输具有的上述特点，使物流的各个主要环节都发生了革命性的变化，从根本上改变了传统运输方式的落后面貌。但在此需要强调的是，要充分发挥集装箱运输的优越性，就必须使其形成一个完整的运输体系，否则这种优越性就只能是局部的，且难以持续。

> **绿色物流**
>
> **解锁集装箱运输的绿色低碳密码**
>
> 在集装箱运输领域，为实现低碳目标，有诸多行之有效的做法。
>
> （1）采用新能源动力船舶。在海运环节，越来越多的航运公司开始启用以液化天然气（LNG）、氢气或电池为动力的船舶来运输集装箱。与传统燃油船舶相比，LNG 动力船舶能显著减少二氧化硫、氮氧化物及颗粒物排放，而氢燃料电池船舶更是实现零碳排放，大幅降低对海洋环境的污染。例如，马士基航运已在部分航线上投入使用 LNG 动力集装箱船，开启绿色海运新篇章。

（2）优化船舶航行路线。利用先进的卫星导航、气象监测与大数据分析技术，为集装箱船舶精准规划最优航行路线。避开风浪大、水流湍急的区域，减少船舶因克服阻力而额外消耗的燃油；同时避开拥堵航道，降低船舶怠速时间，进而减少二氧化碳排放。例如，中远海运通过智能航线规划系统，每年节省大量燃油消耗，有效降低碳排放。

（3）提高集装箱装载率。在陆运与海运衔接过程中，合理调配集装箱尺寸与货物量，避免出现"大箱装小货"的情况，确保每个集装箱都能得到充分利用。通过货物整合、拼箱等方式，提高单次运输的集装箱装载效率，减少运输频次，降低能源消耗。例如，一些大型物流枢纽，采用智能配载系统，使集装箱平均装载率提升了15%～20%。

（4）码头设备电气化改造。对集装箱码头的装卸设备，如起重机、叉车等进行电气化改造。将传统燃油驱动改为电力驱动，消除设备运行时的尾气排放。例如，上海洋山深水港部分码头已完成起重机电气化升级，不仅降低了噪声污染，还为港口减排做出显著贡献。

（5）发展多式联运。将公路、铁路、海运有机结合，构建高效的多式联运体系。对于长距离运输，优先选用铁路或水运，减少公路运输里程，发挥铁路、水运能耗低的优势。例如，中欧班列在集装箱国际运输中承担起重要角色，相较于全程公路运输，能耗大幅降低，有力推动了低碳运输发展。

二、集装箱运输系统的组成

集装箱运输是一种现代化、专业化的运输，随着其不断发展和完善，目前已形成了全球性、规模化、专业化的运输系统。

集装箱运输系统的基本组成要素包括以下几个方面。

（一）适箱货物

根据货物是否适用于集装箱运输，一般把货物分为两个类别。

（1）适合装箱货物：是指这些货物的尺寸、容积与重量都适合装箱。这类货物通常包括电器、缝纫机、摩托车、机械、玩具、生皮、纸浆、木工制品、橡胶制品、电缆、金属制品等。

（2）不适合装箱货物：是指从技术上看，这类货物的包装和装箱存在一定困难并且不经济，货物的性质、体积、重量、形状等使货物并不适合装箱。

在以上两类货物中，第一类构成了集装箱运输的主体，是各运输经营人竞争的对象。

（二）集装箱

在集装箱运输中，符合国际标准的集装箱是使货物标准化的装运工具和外包装，是集装箱运输的基本单元。在运输过程中，它既是货物的一部分，又是运输工具的组成部分。

（三）海上运输干线与工具

海上运输在国际运输中占有重要的地位。随着干支线分工的不断明确化，以及"载运中心港"思想的发展，支线运输的作用已变成向干线港集疏货物。因此，当前对海上主要运输线路的理解一般是指海上运输干线。

海上运输干线的设置，各干线上挂靠港数目及船型、班期的确定，一般由各公司根据集装箱货物的流量和流向，港口的地理位置、泊位能力和使用船型，腹地与周边的集疏运（支线等）条件，以及自己公司运输组织的合理性、经济性和本公司在该线路上能占有的市场份额等因素来综合确定。

世界上各大公司均以大型集装箱船为主，配合以中小型集装箱船，构成了覆盖世界各主要贸易区的干支线运输网。

（四）运输的港口与码头子系统

在干支线分工日益明确的情况下，从事集装箱运输的港口一般可分为枢纽港（干线港）和地方港（支线港）两类。枢纽港的集装箱半数以上为干支线之间的中转箱；地方港的吞吐量较小，吞吐的集装箱货物一般为腹地货物。

集装箱运输系统中的枢纽港与地方港的集装箱码头一般为高效率、专业化的码头。其基本功能是集装箱的装卸、堆存与分拨，承担集装箱货物的海陆或海海换装作业任务。

（五）内陆集疏运（包括沿海支线）子系统

在集装箱运输系统中，内陆集疏运（包括沿海支线）子系统是由众多的运输线路（包括铁路、公路、内河航线、沿海支线等）、运输工具（包括铁路车辆、公路车辆、内河运输船舶、沿海近洋运输船舶等）和若干集装箱货物集散点（包括码头堆场、货运站、内陆货站、铁路办理站、公路中转站、内河码头、支线港、货主工厂仓库等）组成的覆盖枢纽港及其周边地区的网络系统，一般具有多级结构。其主要功能是完成集装箱货物在起运地（或目的地）与枢纽港码头堆场之间的集疏运任务。

（六）集装箱运输管理系统

集装箱运输系统的基础设施和设备是集装箱运输系统的"硬件"组成部分。要充分发挥这些正规化、现代化的"硬件"的优越性与效率，必须有相应的正规化、现代化的"软件"（管理系统）与之相适应。集装箱运输管理系统一般包括以下几个方面。

1. 集装箱运输管理机构

集装箱运输管理机构一般是指国家和地区对集装箱运输进行行业管理的机构，这类机构利用行政管理的手段，对集装箱运输活动进行安全政策调控，对集装箱运输企业进行监督管理，并通过制定相应的政策、规定、规划等对集装箱运输行业进行指导、协调和管理，从而实现政府对集装箱运输企业及企事业单位的管理。在我国，交通运输部、各省（市）交通运输厅、各市（县）交通局及三大水系的航务管理部门、各口岸管理部门都属于这类机构。

2. 集装箱运输法规及标准体系

为保证集装箱运输不断发展，使其优越性得以充分发挥，目前在集装箱运输中已经形成了较为完善的法规及标准体系。这些法规及标准根据其适用的地域和范围可分成国际法规及标准与国内（地区）法规及标准两大类。

3. 集装箱运输经营人、代理人子系统

集装箱运输经营人、代理人子系统主要包括从事集装箱运输的企业（水路、公路、铁路

企业和无船承运人，多式联运经营人等）及机构和接受他们（或货主）委托、从事集装箱运输业务的代理人及机构。这些经营人和代理人是对集装箱运输企业和运营进行管理的人，集装箱运输中涉及的各项活动和业务是由他们完成或组织完成的，他们是集装箱运输的具体管理者。

4. 集装箱运输技术与工艺子系统

集装箱运输技术与工艺是指有关设计、建造、装卸、运输、维护及组织的技术与工艺。集装箱运输系统是一个标准化的系统，其技术与工艺越来越标准化、规范化，已形成了一整套专用的技术与工艺。

5. 集装箱运输管理信息系统

在集装箱运输过程中，运输量大、流动频繁、环节众多，伴随集装箱的流动而产生的信息及信息流比传统件杂货运输产生的信息及信息流要复杂得多。这种现代化的运输组织与管理，很自然地要与高效、准确、及时的信息管理结合在一起。集装箱运输管理信息系统是一种人机结合的，为集装箱运输管理机构、运输企业等的行业管理、运营与作业管理提供必要信息的计算机信息系统。

一般来讲，集装箱运输管理信息系统应具备以下功能：集装箱动态跟踪；运量、流向统计与分析，报表生成；单证信息处理、制作，通过数据通信网传递单证；获取各部门信息与向其他企业、部门传递信息等。目前，集装箱运输管理信息系统正在与贸易方面的信息系统联网，通过电子数据交换（EDI）网络，把运输企业同生产企业、贸易伙伴、各流通环节乃至金融、保险、海关等机构有机地联系在一起，并已在世界范围内取得了明显效果。

（七）集装箱运输支持子系统

以上六个组成要素是集装箱运输系统的核心部分，是针对集装箱运输现代化和专业化的实际需要而建立的。除此之外，还有一些要素虽不是专门为集装箱运输系统建立的，但却对系统的运行、管理有重大影响，对集装箱运输的正常运行起到了支持和保障作用，以致一旦缺少这些部分，系统将无法运行。我们把这些对系统有重大影响的部分归于一个子系统——集装箱运输支持子系统，该子系统主要包括以下内容。

（1）相关工业。相关工业包括集装箱运输所涉及的集装箱、设备、工具和固定设施的制造、建设和修理业。

（2）金融业。银行是集装箱运输系统建设资金的主要提供者，并承担资金流动、结算等业务，特别是在涉及信用证贸易的集装箱运输中，银行要承担集装箱运输单证的传递工作。

（3）保险业。其为集装箱、运输工具和系统中的其他设备及货物提供运输所需要的保险，以减少运输经营人和货主的风险。

（4）有关国家机构。如海关、进出口商品检验、理货等国家机构及一些公证机构。

（5）通信业与计算机通信网络。承担集装箱运输中的信息交换、单证传递等工作。

集装箱运输系统是一个规模庞大的、范围遍及世界各主要地区的、涉及众多方面的系统，这个系统的规划、设计、建造、运行和管理必须根据系统工程的思想和方法来进行。在我国目前的情况下，集装箱运输系统的建设、完善必须有一个整体的规划和逐步实施的过程。

智慧运输运营

学习任务

通过本单元的学习，请完成以下学习任务。

学习任务清单

任务内容	任务要求	验收方式
掌握集装箱运输的定义	能够清楚说明集装箱运输的定义	口头表述
了解集装箱运输的特点和优越性	能结合集装箱运输的发展，利用数据分析集装箱运输的特点和优越性	案例报告
了解集装箱运输系统的构成	能列举集装箱运输系统的构成	案例报告
对案例报告进行讲解说明	选派成员选择相应的形式对案例报告进行展示	成果展示

拓展活动　上海港集装箱吞吐量连续14年全球第一！

2023年，上海港集装箱吞吐量突破4900万TEU（标准箱）大关，连续第14年蝉联全球第一。

屡屡刷新的数据背后，代表着上海国际航运中心功能不断完善和全球航运资源配置能力不断提升。当前，上海港集装箱航线覆盖全球200多个国家和地区的700多个港口，每周班轮进出超过320个班次，各类航运要素高度集聚，航运服务能级持续提升。顺应绿色、低碳、智能航运业发展新趋势，上海港加速推进绿色燃料加注服务等新业态落地，推动智慧码头建设迭代升级，持续引领全球绿色智慧码头风尚。

运营6年来，全球单体规模最大的洋山四期自动化码头坚持边生产边优化，已成为综合智能化程度最高的自动化集装箱码头，年吞吐量和作业效率均处于领先水平。支撑上海国际集装箱枢纽港稳定健康发展，推动上海国际航运中心向"全面建成"跃升。

与此同时，上海港始终把绿色、可持续发展理念融入港口发展，上海港成为全球首批具备LNG（液化天然气）海上加注能力的港口之一，并与洛杉矶港共同打造全球首条跨太平洋绿色航运走廊，共建共享绿色航运生态圈不断取得实质性成果。

面向未来，作为全球领先的集装箱港口和上海国际航运中心建设的排头兵，上海港将以新科技、新区域、新业态赋能港口业务发展，加快关键核心技术攻关及技术升级，巩固深化上海国际集装箱枢纽港地位，全力打造世界一流的绿色、智慧、韧性港口，提升上海国际航运中心服务能级。

*活动要求：*请你根据以上案例，分析上海港集装箱吞吐量连续14年全球第一的原因，并分析上海港未来的发展之路是什么样的、给你带来什么样的启示，形成小组报告。各小组选派成员针对报告进行分析讲解，进行团队成果展示。

课后一思

请思考集装箱运输需要哪些现代化的管理技术和管理理念。

单元三 智慧集装箱码头运营

案例导入

上海洋山港四期码头实施自动化装卸新技术提升传统产业

洋山港四期码头于 2017 年 12 月 10 日正式开港，设计年通过能力初期为 400 万标准箱，远期为 630 万标准箱，相比传统码头效率大幅提升。

洋山港四期码头位于东海大桥以南，地处洋山深水港的最西侧，与一至三期工程相比，四期工程的堆场面积要小得多。得益于全自动化码头方案的采用，作业线与码头垂直布置并采用高密度堆垛方式后，大幅度提高了土地与深水岸线资源的利用率，实现了集装箱在港内运输距离的最短化。

目前的洋山港四期码头已经完成调试的首批 10 台桥吊、40 台轨道吊、50 台自动导引车将投入开港试生产。根据规划，未来洋山港四期码头最终将配置 26 台桥吊、120 台轨道吊、130 台自动导引车。

因为设备更新，洋山港四期码头的作业能力大幅提升。洋山港四期共建设 7 个集装箱泊位、集装箱码头岸线总长 2350 米。规模如此之大的自动化码头一次性建成并投入运营，实现了我国港口建设能力的突破。

思考：智慧集装箱码头有哪些构成要素？

业务知识

智慧集装箱码头在安全、绿色、效率等方面的优势逐步显现，特别是由于具有高度智能化、无人或少人等突出特点，在港口运营中表现出极强的适应性和传统码头无法比拟的优势。随着 5G、大数据、人工智能、工业物联网等信息技术与港口应用场景的深度融合，我国智慧集装箱码头将迎来更大的发展机遇。

一、智慧集装箱码头的定义

智慧集装箱码头是智慧港口的重要组成部分，它通过引入智能化的集装箱搬运设备和信息管理系统，实现对集装箱的自动化装卸、堆存和运输。智慧集装箱码头是指利用人工智能、物联网、云计算、大数据等新一代信息技术，对集装箱码头进行数字化、自动化、智能化改造，从而实现集装箱运输、堆垛、交接等环节的高效自动化管理，整合港口资源，提高集装箱的运输效率和安全性。这种码头不仅提高了集装箱的装卸效率和堆场利用率，同时也降低了劳动力成本和安全风险。智慧集装箱码头的建设是利用新一代信息技术，将港口运输业务和管理创新深度融合，使港口更加集约、高效、便捷、安全、绿色，具有生产智能、管理智慧、服务柔性、保障有力等鲜明特征的现代港口运输新业态。

二、智慧集装箱码头的特点

（一）高度自动化

智慧集装箱码头主要特点之一是高度自动化。智慧集装箱码头通过引入自动化装卸设备，比如自动堆垛机和自动导引车等，可以减少人工搬运，提高效率，降低劳动强度，同时也可以减少人为因素对作业的影响，提高安全性和稳定性。

（二）数字化管理

智慧集装箱码头采用数字化管理系统，可以实现集装箱的自动识别、定位、管理和运营，利用集成的监控、报表、预警、优化等功能，实现集装箱信息化的全过程管理，提高码头业务的协同效率和管理水平。

（三）精细化作业

智慧集装箱码头通过算法优化等技术手段，实现多个作业节点的有序协同，优化作业流程和路线，做到精细化、规范化、高效化的集装箱作业，缩短作业时间和提高作业效率。

（四）智能化服务

智慧集装箱码头可以根据集装箱的具体情况、流量、运营商、目的地等信息，提供一系列智能化服务，如提前预约、自主查询、自动配载等服务，使得码头业务更加智能化和便捷化。

（五）绿色环保

智慧集装箱码头有多种环保措施，如采用绿色能源、节能设备、循环水系统等，实现对环境的保护，通过节能减排和资源利用等措施，实现可持续发展。

绿色物流

集装箱码头的绿色低碳创新实践

集装箱码头作为物流链中的关键节点，有诸多绿色做法助力低碳发展。

（1）设备电气化革新。对码头核心装卸设备，如岸边集装箱起重机、轮胎式龙门起重机、叉车等全面推进电气化改造。以电力驱动替代传统燃油发动机，杜绝设备作业时产生的尾气排放，大幅改善码头区域空气质量，降低噪声污染。例如，深圳盐田港部分码头在完成设备电气化转型后，周边空气质量指数显著提升。

（2）能源利用多元化。能源利用多元化包括许多方法，例如，在码头建筑物顶部、空旷场地铺设太阳能光伏板，将太阳能转化为电能供码头日常运营使用；引入风能发电设备，尤其在沿海风力资源丰富区域，利用小型风力发电机为码头局部区域供电，与太阳能形成互补，稳定清洁能源供应体系。

（3）优化码头布局与流程。基于大数据分析和模拟仿真技术，重新规划码头内部布局。缩短货物装卸、运输、存储等环节的作业路线，减少车辆、设备无效移动距离，降低能源消耗。例如，上海外高桥港区通过优化布局，使集装箱转运效率提高10%，能耗降低15%。

（4）构建智能生产调度系统。实时监控码头作业进度、船舶靠泊、货物装卸等情况，根据实时数据优化作业流程，合理安排设备和人力，避免资源闲置与浪费，提高整体运营效率，间接实现节能减排。

（5）水资源管理强化。安装雨水收集系统，收集码头建筑屋面、堆场等区域的雨水，经过沉淀、过滤等处理后，用于码头道路冲洗、集装箱清洗、绿化灌溉等非饮用环节，提高水资源重复利用率，减少对市政供水的依赖。青岛港某集装箱码头通过雨水收集系统，年节约用水超5000立方米。

三、智慧集装箱码头的构成要素

（一）基础设施

码头基本设施：包括靠泊设施、码头前沿、集装箱编排场、跨运场地、集装箱堆场、集装箱货运站、维修车间、集装箱码头办公楼和智能控制中心等。这些设施是满足集装箱码头装卸作业、业务管理需要而布置的。

智能设备：引入自动化装卸设备，如自动堆垛机、自动导引车（AGV）等，实现装卸作业的无人化、自动化。此外，智能仓库、智能运输车辆等也是重要的组成部分，它们能够实现货物的自动化存储、搬运和运输。

（二）信息化系统

物流信息化系统：作为码头数字化改造的核心，物流信息化系统能够实现货物的跟踪、监控、管理和控制，提高运输效率和安全性。物流信息化系统包括电子数据交换（EDI）系统、集装箱管理系统、车辆调度系统、人员管理系统等。

过程控制系统（PCS）：该系统主要负责集装箱码头船舶以及集装箱的信息处理，与海关、场站、船公司、船舶代理等关联单位进行信息交互。通过计划管理、调度控制、堆场作业以及车载管理的精细化、自动化、智能化管理，提高码头的整体运营效率。

（三）智能化技术

智慧集装箱码头打破采用自动导引车的全自动化集装箱码头堆场必须垂直于岸线布置的思维定式，集成创新智能制造、无线通信、自动导航定位、智能识别、自动化等技术和装备，重点解决自动导引车系统、岸边集装箱装卸系统和堆场智能化系统之间的作业耦合问题，并采用全电驱动技术，打造在自动化泊位内集装箱的搬运不需依靠内燃机设备的码头，创新研发生产流程无人化、智能化操作调度控制系统，逐渐发展成为新一代具有自主知识产权和专利技术的安全、智能、环保的智慧集装箱码头。

1. 激光雷达检测技术

对各种状况的检测是体现集装箱码头智能化与自动化最显著的区别之一。在岸桥大梁上安装激光雷达，通过转轴机和步进电机带动激光雷达旋转，可获取某个车道上一定角度范围内切面轮廓线的二维位置坐标，实现对任意车道上集卡切面轮廓的扫描，并根据扫描数据进行处理和分析，计算出集卡与标定位置之间的距离，确保集装箱对位成功，进而完成集装箱的装卸。

2. 吊具防摇技术

有效的防摇技术对于提高作业效率，实现集装箱码头装卸智能化是至关重要的。应用吊具防摇技术，消除吊具在作业过程中的晃动，晃动的程度由 LPS（单点式称重传感器）探头检测，然后通过应用程序控制小车操作手柄发出的速度给定信号，从而控制小车的运动以消除晃动。

3. 自动避让技术

智慧集装箱码头进行作业时，为避免各个设备与障碍物发生碰撞，在相关设备的特定位置加装集成传感装置，自动判断与集装箱、集卡、相邻设备之间的距离，保证作业安全、顺利地进行。在岸桥大梁的两侧（根部或中间位置）安装检测装置，防止大梁与集装箱船上的天线等相撞；在轮胎吊上加装传感装置，防止轮胎吊在前进过程中与集卡、人等障碍物发生碰撞，同时可预防2台轮胎吊之间的相互碰撞。

4. 能效控制技术

能源消耗是影响企业运营成本的关键因素之一。在大数据分析技术的支持下，智慧集装箱码头应用能效控制技术智能化地预判码头作业强度，分别制订码头高峰期和平峰期的作业方案，从而达到能效最优化。

5. 自主控制技术

利用计算机技术、控制技术等对获得的信息进行分析和处理，对码头作业进行优化。目前，智能化控制系统还需要人员在远端控制中心进行操作。只有在条件成熟的情况下，借助智慧集成平台强大的服务器和智能化硬件的计算，起重机、跨运车等设备才可以实现"思考"，进行自主控制作业，从而有效地解放劳动力，提高作业效率。

6. 智能装卸技术

为了确保装卸作业的安全、环保，根据收集的大数据信息，通过智慧集装箱码头智能集成平台强大的运算分析功能，合理地安排集装箱船进出港计划、装卸计划、跨运车行进线路、集装箱堆场存放计划、集装箱货车集疏港计划等。目前，常用的规划方法主要包括线性规划方法、混合整数规划模型、遗传算法、模拟退火算法、粒子群优化算法等智能算法。

7. 状态监测和故障诊断技术

状态监测技术是以监测设备振动的发展趋势为手段的设备运行状态预报技术，用于判断设备是处于稳定状态还是处于恶化状态。通过应用故障诊断技术，码头管理人员可以在机械设备运行的情况下，掌握设备的运行状况，判断被诊断对象的状态是否处于异常状态或故障状态，并判定产生故障的原因和预测状态劣化的发展趋势等。智慧集装箱码头配员较少，对装卸设备的状态监测和故障诊断技术要求较高，可利用大数据分析技术、智能诊断技术，做到尽早发现并及时处理潜在故障，保证集装箱装卸过程的安全、可靠。

8. 遇险预警救助和自我修复技术

遇险预警救助技术能够有效降低事故的发生率，减少事故造成的损失。此外，为保证安全作业，在智能化设备设计中通常需要保有一定的冗余，这部分冗余的设计也为设备的自我修复功能提供保障。

（四）环保与能效设备

智慧集装箱码头的环保与能效设备是其实现绿色、可持续发展目标的重要支撑。这些设备在减少能源消耗、降低排放、提高资源利用效率等方面发挥着关键作用。主要的环保与能效设备包括以下几方面。

1. 绿色能源设施

太阳能发电系统：在码头区域安装太阳能光伏板，将太阳能转化为电能，为码头的运营提供清洁能源。这有助于减少对传统能源的依赖，降低碳排放。

风能发电系统：利用码头周边的风力资源，通过风力发电机将风能转化为电能。风能作为一种清洁、可再生的能源，对于减少码头运营过程中的环境污染具有重要意义。

2. 节能设备

高效节能电机：采用高效节能电机替代传统电机，减少能源消耗。这些电机具有更高的效率和更低的能耗，能够显著降低码头的运营成本。

LED（发光二极管）照明系统：使用 LED 灯具替代传统照明设备，LED 灯具具有更高的光效、更长的使用寿命和更低的能耗，有助于降低码头的照明能耗。

智能温控系统：通过智能温控系统对码头区域的温度进行精确控制，避免能源的浪费。例如，在仓库和办公区域采用智能温控系统，根据实际需要自动调节室内温度，减少空调能耗。

3. 环保处理设施

污水处理系统：对码头产生的污水进行集中处理，确保排放水质符合环保要求。污水处理系统采用先进的处理工艺和技术，能够有效去除污水中的有害物质，保护海洋环境。

废弃物回收系统：建立废弃物回收系统，对码头产生的废弃物进行分类、回收和处理。通过回收再利用废弃物中的有用物质，减少资源浪费和环境污染。

4. 智能化能效管理系统

智能能源管理系统：通过物联网、大数据等技术手段，对码头的能源使用情况进行实时监测和分析。系统能够自动识别并优化能源使用模式，降低能耗成本。同时，系统还能提供能源使用报告和预警功能，帮助码头管理人员更好地掌握能源使用情况。

智能调度系统：利用智能算法对码头的作业流程进行优化调度，减少等待时间和资源浪费。通过合理安排作业顺序和资源分配，提高码头的作业效率和资源利用效率。

（五）安全与监管系统

智慧集装箱码头的安全与监管系统是保障码头运营安全、提高管理效率的重要组成部分。该系统通过集成多种技术手段和设备，实现对码头区域、作业流程、人员及设备的全方位、全天候监控和管理。智慧集装箱码头安全与监管系统包括以下几方面。

1. 视频监控

高清摄像头：在码头关键区域安装高清摄像头，实现全天候、无死角的视频监控。

智能分析：利用图像识别、深度学习等人工智能技术，自动识别异常事件，如人员非法入侵、火灾、设备故障等，并及时发出警报。

2. 门禁与人员管理

门禁系统：在码头入口、重要区域设置门禁系统，通过人脸识别、指纹识别等技术，对进出人员进行身份验证和管控。

人员定位：为码头工作人员配备定位设备，实时掌握人员位置和动态，确保人员安全。

3. 设备监控与故障预警

设备状态监测：通过传感器、物联网等技术手段，实时监测码头设备的运行状态和性能参数。

故障预警：利用大数据分析技术，对设备数据进行深度挖掘和分析，预测设备故障趋势，提前发出预警信息，避免设备故障对码头运营造成影响。

4. 环境监测与应急响应

环境监测：安装温度、湿度传感器，气体检测仪等设备，实时监测码头区域的环境状况。

应急响应：制定应急预案和处置流程，一旦发生异常情况，立即启动应急响应机制，迅速组织力量进行处置。

5. 数据管理与分析

数据存储：建立数据库系统，对采集到的视频、门禁、设备、环境等数据进行集中存储和管理。

数据分析：利用大数据、云计算等技术手段，对存储的数据进行深度挖掘和分析，为码头管理人员提供决策支持。

学习任务

通过本单元的学习，请完成以下学习任务。

学习任务清单

任务内容	任务要求	验收方式
掌握智慧集装箱码头的定义	能结合个人的思考进行回答	口头表述
掌握智慧集装箱码头的特点	结合网络资源进行回答	口头表述
了解智慧集装箱码头的构成要素	结合网络资源进行回答	口头表述
了解智慧集装箱码头的关键技术	能结合网络资源撰写案例报告	案例报告
对案例报告进行讲解说明	选派成员选择相应的形式对案例报告进行展示	成果展示

拓展活动　"智慧大脑"助力广西北部湾港掀起新一轮"码头革命"

在广西北部湾港防城港码头的中心堆场智能控制中心里，没有嘈杂的机器轰鸣，各区域库容实时情况，堆料、取料最佳位置在大屏上一目了然。随着鼠标轻点，中心堆场内各台斗轮机同时开始堆取料作业……得益于5G通信、AI等数字化技术，防城港码头已实现对58万平方米中心堆场的全面数字化控制和管理。

在远控中心，斗轮机驾驶员正在进行远程操作，码头的实时画面在大屏幕上清晰可见。

自 2022 年 6 月 6 日防城港数字化散货中心堆场投入使用以来，与堆场相连的 401 泊位船舶最高装卸效率已突破 10 万吨/天，堆场配套的两座装车楼最高装卸效率已超 13 列/天。

除了数字化散货中心堆场，防城港码头还同步打造了数字化集装箱堆场。北部湾港首个"智能装卸＋无人闸口"集装箱堆场——防城港码头 513 号泊位集装箱自动化堆场，通过计算机控制、传感器检测等智能技术使其具备了多点自动化装卸优势，连续作业效率可达到 30 自然箱/小时，每年可为防城港码头增加 30 万标箱的作业能力。

活动要求： 请各学习小组团队协助，通过阅读材料并运用互联网查找资料，梳理集装箱智慧运输发展现状，分析物流在整个智能化过程中，如何构建集装箱智慧运输，创造增长势能，并形成小组报告。各小组选派成员针对报告进行分析讲解，进行团队成果展示。

> **课后一思**
>
> 集装箱智慧运输组织，充分展现了集装箱智慧运输的重要性，同时也能有效确保运输安全性。作为物流行业的一员，请思考集装箱设备交接单无纸化业务应用了哪些现代物流技术，有效的集装箱智慧运输组织在货物安全管理工作中起到了哪些作用。

实训练习

一、单项选择题

1. IAA 型集装箱的高度为（　　）。
   A. 12192 毫米　　B. 2591 毫米　　C. 2438 毫米　　D. <2438 毫米
2. 为装运不需冷冻的水果、蔬菜等货物而设计的集装箱被称为（　　）集装箱。
   A. 冷藏　　B. 散货　　C. 通风　　D. 开顶
3. 凡是高度超过（　　）的集装箱，应贴上超高标记。
   A. 2.2 米　　B. 2.4 米　　C. 2.6 米　　D. 2.8 米
4. （　　）是一种专为运输需要保持一定温度的冷冻货或低温货而设计的集装箱。
   A. 通风集装箱　　B. 冷冻集装箱　　C. 开顶集装箱　　D. 冷藏集装箱
5. 集装箱的（　　）指没有箱门的一端。
   A. 前端　　B. 后端　　C. 左侧　　D. 右侧
6. 集装箱箱号由（　　）、顺序号和核对号组成。
   A. 箱主代号　　B. 国籍代号　　C. 尺寸代号　　D. 类型代号
7. （　　）是将货物装在集装箱内，以集装箱作为一个货物集合（成组）单元，进行装卸、运输的运输工艺和运输组织形式。
   A. 铁路运输　　B. 公路运输　　C. 航空运输　　D. 集装箱运输
8. 对各种状况的（　　）是体现集装箱码头智能化与自动化最显著的区别之一。
   A. 识别　　B. 遥控　　C. 感知　　D. 检测
9. 有效的（　　）对于提高作业效率，实现集装箱码头装卸智能化是至关重要的。
   A. 防晃技术　　B. 防摇技术　　C. 防撞技术　　D. 防震技术

10. （　　）利用智能算法对码头的作业流程进行优化调度，减少等待时间和资源浪费。
    A. 智能调度系统　　　　　　　　　　B. 智能调度系统
    C. 安全与监管系统　　　　　　　　　D. 信息化系统

二、多项选择题

1. 集装箱的标记分为（　　）。
   A. 必备标记　　B. 自选标记　　C. 通行标记　　D. 作业标记
2. 国际集装箱运输的形式和发展过程可以分为（　　）。
   A. 萌芽期　　B. 开创期　　C. 成长期　　D. 扩展期
   E. 成熟期
3. 集装箱运输通常涉及的运输方式有（　　）。
   A. 水路运输　　B. 公路运输　　C. 铁路运输　　D. 航空运输
4. 集装箱的重量分为（　　）。
   A. 自重　　B. 载重　　C. 额定自重　　D. 额定重量
5. 集装箱的识别标记包括（　　）。
   A. 箱主代号　　B. 额定重量　　C. 顺序号　　D. 核对号
6. （　　）是最适合集装箱运输的货物。
   A. 电饭煲　　B. 电视机　　C. 大型卡车　　D. 挖土机
7. 集装箱运输的高效益主要体现在（　　）。
   A. 对船舶和集装箱的投资巨额　　　　B. 简化包装，大大节省了包装费用
   C. 减少货损货差，提高货运质量　　　D. 减少运营费用，降低运输成本
8. 智慧集装箱码头的特点包括（　　）。
   A. 高度自动化　　B. 数字化管理　　C. 精细化作业　　D. 智能化服务
9. 智慧集装箱码头智能化技术包括（　　）。
   A. EDI 技术　　　　　　　　　　　　B. 激光雷达检测技术
   C. 吊具防摇技术　　　　　　　　　　D. 自动避让技术
10. 智慧集装箱码头环保处理设施包括（　　）。
    A. 污水处理系统　　　　　　　　　　B. 风能发电系统
    C. 智能温控系统　　　　　　　　　　D. 废弃物回收系统

三、简答题

1. 请阐述国际标准化组织对集装箱的定义。
2. 请阐述集装箱必备标记。
3. 请阐述集装箱按用途可以分成哪些不同的类别。
4. 请阐述集装箱运输的特点。
5. 请阐述智慧集装箱码头的智能化技术。

模块九 智慧运输安全与环保

学习目标

知识目标：

- 了解智慧运输的现状与挑战。
- 掌握智慧运输过程中的安全风险。
- 熟悉智慧运输对环境的影响。
- 熟悉智慧化技术在节能减排方面的应用，掌握智慧运输的环保要求。

能力目标：

- 能够根据货物运输安全存在的问题，运用智慧化手段进行安全风险防范。
- 能够根据智慧运输对环境的影响，对不同企业的节能减排的措施进行分析。
- 能够应用智慧化技术解决实际运输安全与环保问题。

素质目标：

- 通过熟悉智慧运输安全风险防范措施，培养工作责任感和谨慎态度，发扬安全运输精神。
- 培养低碳交通意识，推进绿色交通发展，服务交通强国建设。

单元一 了解安全风险与防范

案例导入

智慧物流中的货物安全运输管理，不可或缺的智能安全物流锁

随着智慧物流在我国快速发展，传统物流模式存在的诸多问题也逐渐暴露出来，如货物运输过程中的安全问题，货物被盗、丢失问题，车辆无法追踪问题等。

RFID智能安全物流锁的出现解决了这些难题，它通过物联网技术实时采集车辆状态信息、环境信息和车辆信息，实现对车辆的实时监控。通过GPS定位技术实现车辆的准确定位、轨迹回放及历史轨迹查询等功能，帮助管理人员了解车辆实时位置、行驶速度、运行轨迹等信息。同时通过电子围栏技术对货物运输进行全程管理，确保货物运输安全。

另外，RFID智能安全物流锁还具备异常报警功能，当发生暴力拆卸电子锁等异常情况时，智能安全物流锁可向管理人员发送实时报警信息，这些信息为货物运输过程中的安全提供了有力的保障。

思考：我国货物运输过程存在哪些不安全因素？

业务知识

一、智慧运输的现状与挑战

近年来，受益于新型城市化建设的推进和智慧城市相关政策的落实，叠加人工智能、大数据、云计算等新一代信息技术的快速发展，国内智慧运输建设需求日益增长，智慧运输系统行业进入了高速发展阶段。

目前智慧运输系统各产业链均已成熟，涉及通信芯片、通信模组、终端设备、整车制造、软件开发、数据和算法提供以及高精度定位和地图等，在各方面都已形成一定规模的竞争与合作共存的态势。

虽然我国智慧运输系统发展势头强劲，但仍面临一些挑战。

（1）区域发展不平衡：智慧运输系统建设在不同地区发展不均。发达地区如长三角、珠三角地区已建立较完善的系统，中西部地区则相对落后，部分交通管理仍需依赖传统人工。

（2）技术标准不统一：建设智慧运输系统需统一技术标准，但我国相关国家标准尚不完善，影响了地区和企业间的信息共享，降低了系统效能。

（3）建设成本高昂：智慧运输系统的建设涉及技术研发、设备购置和系统集成等资金投入。资金不足的企业或地区难以承担这些成本，限制了系统的普及和发展。

（4）信息安全风险：智慧运输系统广泛应用带来信息安全问题，面临黑客攻击、数据泄露等风险，威胁交通安全和隐私。加强信息安全防护是其发展中的重要任务。

（5）政策法规仍需完善：智慧运输系统的发展依赖于政策法规的支持。目前，我国相关政策法规尚需完善，需加速制定和完善相关法律，以保障智慧运输系统的发展。

智能车辆的自动驾驶技术在实现高度自主驾驶的过程中，面临着识别、感知、决策和控制等方面的挑战，确保自动驾驶系统的准确性、可靠性和安全性是关键问题。同时，确保智能车辆与其他车辆和基础设施的互联互通，实现信息共享和协同行驶，需要制定统一的通信标准和安全协议，以确保车辆之间的安全交互。

二、智慧化技术在安全风险防范中的应用

（一）交通数据的收集与利用

规范的智慧交通管理具有全面、高效、实时、准确的特点，可以保障车辆的行驶安全，提高车辆的运输效率，同时，能够降低交通活动对环境的影响，从而实现交通运输的节能降耗。智慧交通管理可以科学地收集、分析各种交通数据，基于这些数据，管理人员或车辆驾驶员可以迅速做出判断，有效改善交通状况。

（二）智慧交通管理与传统交通管理的区别

智慧交通管理强调的是系统性、实时性，以及信息交流的交互性和服务的广泛性，与传统交通管理有着本质的区别。随着城市化的进展和汽车的普及，交通运输问题日益严重，主要表现在：道路车辆拥挤、交通运输效率低（空载率高）、驾驶员缺少有关的交通信息、交通事故率升高、交通造成的环境恶化等。解决交通问题的传统办法是通过扩建道路提高路网容量，但由于资源、环境等条件的限制，单纯依靠新建道路的方式已经无法满足现代城市交通的需要。在这种情况下，人们把注意力转向依靠交通系统的科学管理，从系统的观点出发把车辆和道路设施综合起来考虑，运用各种现代技术手段系统地解决道路交通问题，并提出了智慧运输系统的概念。

> **智慧物流**
>
> **自动驾驶，让货运更智慧**
>
> 搭载多类型传感器的智慧重卡，让驾驶员免于长时间的疲劳驾驶；安装自动驾驶水平运输系统的集卡，使港口运输更加灵活智能；无缝衔接穿梭于物流仓库与企业之间的物流车，帮助柔性生产更好、更快地实现……近年来，江苏推动自动驾驶技术发展，应用场景不断丰富，产业助力持续增强。
>
> 1. 重卡有了"眼睛"：干线物流应用智慧重卡，驾驶轻松舒适
>
> 重卡车头上搭载了多种类型的传感器，如毫米波雷达、激光雷达、高清摄像头等，作为智慧重卡的"眼睛"，可以识别数百米外的路况。智慧重卡能实现360度多重感知，遇到大雨大雾也不怕，还能提前观察到前方拥堵，通过均匀减速和丝滑刹车，平稳行驶并节省油耗。
>
> 2. 集卡装上"大脑"：港口运输自动完成，减少误差提升效率
>
> 南通港通州湾港区吕四作业区，5台自动驾驶集卡在9号泊位的91箱区封闭区域内有序运行。它们沿着设定的路线，自动开到堆场的指定位置，与全自动轨道吊完成对位，并由轨道吊将集装箱吊起放在集卡的挂车部分。随后，集卡再次沿着设定路线运送集装箱到泊位指定位置并与岸桥完成对位，再由岸桥将集装箱吊起后放在货运船上。过去，这样的工作由驾驶员驾驶传统集卡完成，需要反复对准，费时费力。现在，则由搭载了人工智能技术的自动驾驶集卡来实现，误差不超过5厘米。

变化的背后，能看见的是车身上的传感器和定位设备，看不到的是"智慧大脑"——自主研发的自动驾驶水平运输系统。传感设备采集到的数据被发送到"大脑"进行分析处理，结合交通流信息做出决策，指挥集卡做出直行、转弯、变道、对位和倒车等动作。

3. 物流车变得"聪明"：企业之间无缝对接，推动实现柔性生产

左拐、直行、右转、避让……在江苏省无锡高新区综保区的开放道路上，一辆物流车载着10吨原材料及零部件，平稳地行驶在江苏佳利达国际物流股份有限公司综保仓库到园区内一家美资企业仓库的路上。单程2.5千米，行驶时间10~15分钟，每天根据订单不间断行驶8~12趟。

这辆物流车是如何做到这么"聪明"的？因为车身遍布的11个雷达、16个相机以及两根天线，就是车的"五官"，将感知信息传到车上的智能驾驶系统控制器，"大脑"根据算力做出预判动作，交由"四肢"——即方向盘及刹车模块、车轮来完成。

自动驾驶车开进企业的仓库后，停泊在高出地面1.3米的月台前。前来迎接它的，也是一辆自动驾驶搬运车。这位"小伙伴"直接开进车厢里，将转载的货物叉出来，搬运到仓储流水线上，由自动化流水线将其分类归置到立体仓库待用。

三、智慧运输安全风险防范系统

（一）先进的交通管理系统

先进的交通管理系统（ATMS）用于监测控制和管理公路交通，在道路、车辆和驾驶员之间提供通信联系。它依靠先进的交通监测技术和计算机信息处理技术，获得有关交通状况的信息并进行处理，及时向道路使用者发出诱导信号，从而达到有效管理交通的目的。

（二）先进的驾驶员信息系统

在信息类型以及信息接收者方面，先进的驾驶员信息系统（ADIS）与ATMS有着本质的差别：ATMS中同样具有许多向驾驶员提供信息的设备，如可变信号板、公路咨询广播等。但它们传递的信息量是有限的，而ADIS则是以个体驾驶员为服务对象。驾驶员可以通过其车载路径诱导系统，在与控制中心的双向信息传递中使自己始终行驶在最短路径上。

（三）先进的车辆控制系统

先进的车辆控制系统（AVCS）是开发帮助驾驶员实行自动车辆控制的各种技术，从而使汽车行驶安全、高效。AVCS领域包括对驾驶员的警告和帮助其避免与障碍物相撞等自动驾驶技术。

（四）营运车辆调度管理系统

营运车辆调度管理系统（CVOM）的目的是利用车辆自动识别技术、车辆自动定位技术、车辆自动分类技术等，提高企业内部劳动生产率，增加安全度，提高对突发事件的反应能力，改善车队管理和交通状况。

（五）先进的公共交通系统

先进的公共交通系统（APTS）采用各种智能技术促进公共交通运输业的发展，如通过个人计算机、闭路电视等向公众就出行时间和方式、路线及车次选择等提供咨询，在公交车站通过显示器向候车者提供车辆的实时运行信息。

（六）先进的乡村交通系统

先进的乡村交通系统（ARTS）包括为驾驶员和事故受害者提供援助的无线紧急呼救系统，不利道路和交通环境的实时警告系统，以及有关驾驶员服务设施和旅游路线、景点等信息系统。

（七）自动高速公路系统

自动高速公路系统（AHS）包括自动高速公路信息系统、自动高速公路控制系统、自动高速公路自适应巡航系统三个子系统。

（1）自动高速公路信息系统（AHS-I）可以给行进中的驾驶员提供前方路况信息，诸如运行前方有无交通事故、是否有障碍物、前方道路有无塌方、前方路面是否结冰等，并给他们发出必要的警告信息。

（2）自动高速公路控制系统（AHS-C）可以帮助驾驶员控制行进中的车辆，比如预防车辆偏离车道、保证车距在一定的安全范围之内及帮助驾驶员在恶劣的天气条件下开车等。

（3）在高速公路上引入自适应巡航系统（AHS-A），可以实现车辆的自动驾驶。自适应巡航系统（AHS-A）通过诸如车与车通信、路与车通信等智慧运输领域的其他子系统，可以使道路上车队中的车辆实现同时加速和减速，可以使车辆的响应滞后时间缩短，还可以使车辆之间的距离拉短等。

（八）高级安全车辆

高级安全车辆（ASV）上安装有一些预防交通事故发生的驾驶员工作状态及车辆性能参数检测装置，同时安装有交通信息接收装置，以便接收交通信息总站发来的路况信息，并安装有一些减缓交通事故危害的设施及善后处理装置。此外，高级安全车辆上还安装有很多自动操作装置，在紧急情况下，可以帮助驾驶员避免交通事故的发生。

（九）北斗卫星导航系统

北斗卫星导航系统（BDS）是我国自行研制的全球卫星导航系统，也是继 GPS、GLONASS（全球轨道导航卫星系统）之后的第三个成熟的卫星导航系统。北斗卫星导航系统由空间段、地面段和用户段三部分组成，可在全球范围内全天候、全天时为各类用户提供高精度、高可靠定位、导航、授时服务，并且具备短报文通信能力。

微课 16
车辆动态监控管理

智慧物流

带你走近北斗车辆动态监控系统平台——以广西某运输企业使用情况为例

登录"汽车在线"App

界面内容	呈现情况	界面内容	呈现情况
	可查看到全部车辆数，以及在线车辆数、离线车辆数等		可查看在线车辆的具体情况，主要有行驶、静止两种状态。行驶表示车辆正在运行当中；静止表示车辆正在停车等待或停车休息等情况
	可查看离线车辆数及离线时间情况等。离线表示车辆切断电源，近段时间无运输安排等		对行驶的车辆进行查看，可"追踪""回看""指令""信息"

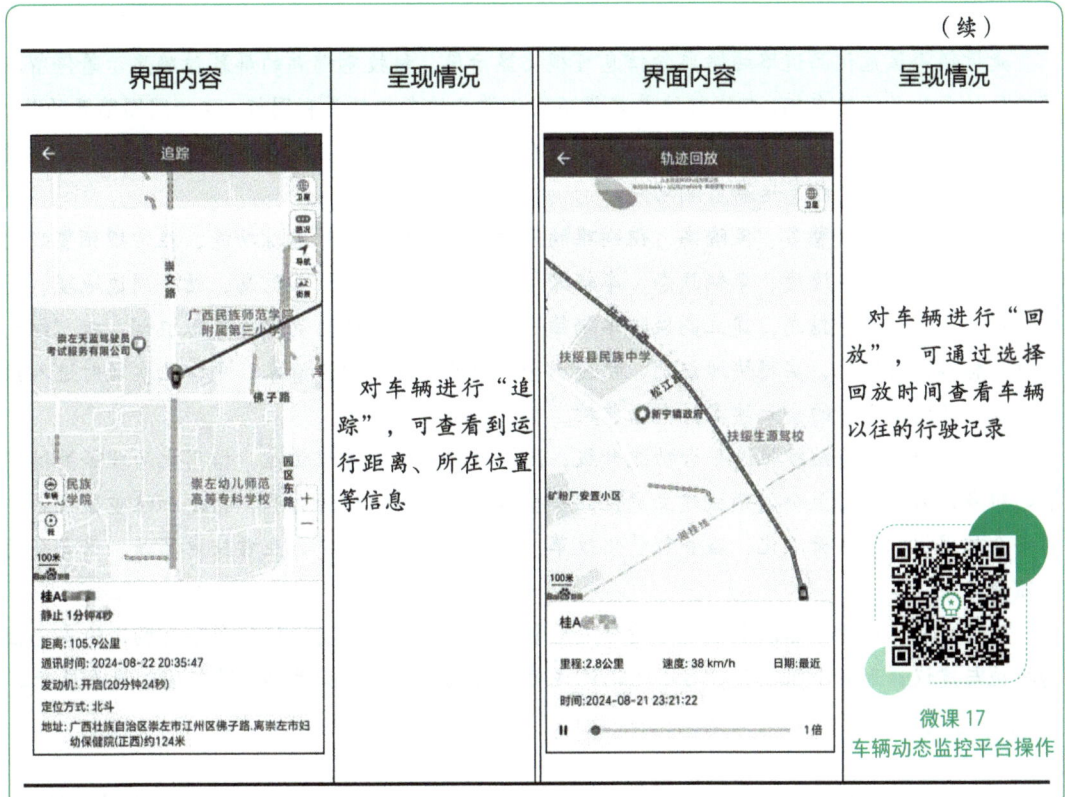

（续）

学习任务

通过本单元的学习，请完成以下学习任务。

学习任务清单

任务内容	任务要求	验收方式
了解在货物运输过程中存在的不安全因素	用三句话总结提炼	口头表述
描述采取哪些智慧化运输手段可以保障运输安全	用一段话描述总结	材料提交
智慧运输过程中货物的安全风险防范有哪些要点	根据分析结果形成案例报告	案例报告
对案例报告进行讲解说明	选派成员选择相应的形式对案例报告进行展示	成果展示

拓展活动　宁波市镇海区创新探索"智慧危运"新模式

宁波市镇海区是国内特大型石油化工基地之一，也是全国60个危险化学品重点监管县区之一，每天平均装卸危化品超过4万吨，如何进行科学的安全监管和规范的行业治理成为重中之重。

为进一步降低危化品运输风险，镇海区依托数字化技术进行流程再造，实施风险监测、异常预警、闭环处置、动态评价和应急救援，破解"发现不及时、治理不主动、责任不到位"的

智慧运输运营

监管难题,全面提升危化品道路运输安全监管水平,有效避免了重大安全事故的发生。

走近镇海区危化品道路运输监管信息可视化显示屏,科技感满满的屏幕精确显示着停留在镇海区的危化品运输车辆,在线标注着装载不同化学品的车辆数量和图标,以一圈圈荡开的"红色波纹"标签清晰定位了高风险车辆……展现在眼前的智能信息,就是镇海区危化品道路运输监管系统功能之一的智慧运输监测功能。

针对车辆多、预警多、风险高、识别难的问题,系统提供智慧追踪功能,在常规预警规则的基础上,根据车辆速度、车辆状态、车辆滞留时间、货物危险性等信息,结合周边地理、气象环境、人口分布等信息,建立高风险车辆筛选机理模型,系统自动建立追踪机制,以"红色波纹"标签高清定位,实现快速识别、快速出警、快速处置、快速清零。平台已实现对进入镇海区危化品运输车辆的全天候实时定位监控。

未来,镇海区将继续推进平台功能升级,围绕破解危运全过程管控、信用化治理等关键环节的难题,为全省乃至全国领域建立危化品安全监管模式贡献镇海力量;将更加注重监管系统的安全信用化、执法云端化、监管智慧化改革,为我国危化品运输行业贡献更高效、更安全的"镇海方案"。

活动要求:请你根据以上案例,结合危险货物运输的特点,提出提高危险货物运输安全性的措施与建议,形成小组报告。各小组选派成员针对报告进行分析讲解,进行团队成果展示。

> **课后一思**
> 智慧运输有效地提高了运输安全的保障,让运输更快捷、更安全。请思考在学习过程中,如何掌握好平安交通、绿色交通的知识点,为交通强国建设贡献一分力量。

单元二　环境保护与节能减排

📋 案例导入

南京:让城市货运高效又环保

近年来,南京持续加强城市货运配送枢纽设施规划建设、完善城市配送车辆便利通行政策、加快标准化新能源货运配送车辆更新改造、推进城市货运配送全链条信息交互共享、创新发展城市货运配送组织模式,为绿色货运配送创造有利条件。

根据南京市城市空间布局、产业集群与城市配送需求分布,南京市"圈层式"城市货运配送通道网络,交通部门持续优化提升城市外围和市区城内的货运配送通道建设和通行能力。

城市外围的快速货运配送通道主要服务南京对外交通,承担过境及货运组织功能,城内货运通道形成"内线循环"配送线。通过合理的通行政策,畅通市内物流配送线路的同时也"圈"出了一个阻隔噪声和污染的城市货运绿环。

思考:传统货物运输对环境有哪些影响?

> 业务知识

一、道路货物运输对环境的影响

1. 污染物排放

道路货物运输是环境污染的重要来源之一。机动车尾气中含有大量的二氧化碳、氮氧化物、颗粒物等有害物质，严重污染空气，危害人体健康，这些物质的排放会造成大气污染和酸雨等环境问题。机动车在行驶过程中也会产生噪声，影响居民的生活质量，尤其是夜间噪声，对环境的影响更为显著。

2. 能源消耗

从中国能源网发布的数据来看，自2003年以来，国产能源数量以及产能远远不能满足持续增长的能源需求，而道路货物运输需要消耗大量的石油等化石能源，随着货物运输行业的不断发展，能源消耗数量呈明显的上升趋势，加剧了国家能源紧张态势。同时，化石能源的燃烧伴随着温室气体的排放，不仅会加剧全球气候变暖，更会对环境造成更大的影响。

3. 交通问题

随着道路货物运输行业的不断发展，服务于物流运输的大型货运汽车数量不断增加，从而更容易造成交通道路堵塞，影响城市交通的运行效率，同时也会带来较高的能源消耗和排放量。大型货运汽车在城市道路上行驶时，也会带来很大的交通安全隐患。此外，道路建设是道路货物运输的基础，而随着货运机动车数量的不断增长，相关的道路建设并不能跟上机动车货运的增长步伐，并且此形势正在逐步加剧。

二、绿色低碳运输的现实意义与发展策略

（一）绿色低碳运输的现实意义

中央政策指出，我国要建立绿色低碳发展的经济体系，其中，着重指出要加快形成绿色低碳交通运输方式，加强绿色基础设施建设，推广新能源、智慧化、数字化、轻量化交通装备，鼓励引导绿色出行，让交通更加环保，出行更加低碳。从中央的决策部署到国家的政策法规都对绿色低碳做出了要求，而公路货物运输作为资源消耗和碳排放的大户，绿色低碳的发展方式对于实现交通领域的"碳达峰、碳中和"具有重要的意义。

1. 提高能源使用效率

如今，绿色低碳经济环境下的公路事业发展规模在逐渐扩大，而在运输管理上也存在着问题，因此我们只有将绿色低碳理念渗透到管理中，才有助于提高能源的使用效率。鉴于我国能源资源相对匮乏的现实状况，亟须采取有效措施降低能源消耗。因此，大力发展绿色低碳运输模式对于公路行业发展来讲非常关键，能够为其带来更大的利润空间。

2. 规范交通运输管理

在公路货物运输行业发展速度提高的同时，管理者也开始认识到绿色低碳运输模式对自身发展的重要性，更有利于规范交通运输管理，尤其是在现代社会快速发展的时代背景下，随着

人们生活水平的不断提高，对交通出行的需求量也在与日俱增，所以为了更好地为人们提供便捷的运输服务，需要更加积极地发展绿色低碳运输模式，大幅度提高运输管理工作质量和效率，进而提高出行满意程度。

3. 促进社会经济发展

公路货物运输作为碳排放重点领域，在各能源消耗部门中占比靠前，发展绿色低碳运输模式对降低污染有积极的意义，这对公路货物运输行业发展非常重要。首先，绿色低碳公路货物运输可以减少噪声污染、尾气污染，从而为人们生活营造一个良好的空间。其次，加强绿色低碳运输模式推广，能够促进城市化建设，进而在改善人们生活质量的同时，也能够获得更高的社会收益。

（二）绿色低碳运输的发展策略

1. 增强绿色低碳观念

要增强行业从业人员及广大市民的绿色低碳观念，只有充分了解绿色低碳运输模式的深刻意义，才能够推动公路行业长远发展。首先，应结合公路货物运输行业实际发展状况，建立绿色低碳公路货物运输体系，通过多种途径加大宣传力度，进而提高对绿色低碳模式的重视。其次，公路货物运输低碳发展离不开广大民众的参与，要倡导简约适度和绿色低碳的出行方式，鼓励乘坐公共交通工具、共享出行，形成人人参与、绿色健康的出行方式，让绿色低碳交通出行逐步成为一种社会习惯和风尚，成为全行业和社会公众的自觉行动。

2. 加强新技术的引进

要从公路硬件设施和运输工具设备的绿色低碳应用两方面推广应用低碳新技术。首先，公路硬件设施方面，低碳公路是将来公路建设的主流方向，要从公路规划、设计、建设、运营、维护等全寿命周期入手，采用低碳新理念、新材料、新方法、新工艺，实现公路工程全寿命周期范围内的低碳排放。其次，当前新能源汽车发展如火如荼，要加快新能源车辆及清洁能源设备的运用，逐渐淘汰高能耗、高排放的老旧交通运输设备，这对公路货物运输的发展具有重要的推动作用，同时，要对现有汽油、柴油运输工具的排气系统进行改造，这在一定程度上也能够降低碳排放。

3. 发挥多式联运的组合优势

多式联运作为一种集约高效的运输组织形式，对推动物流业降本增效和交通运输绿色低碳发展，完善现代综合交通运输体系意义重大。要提高水路、铁路在综合运输中的比重，引导公路货物运输转向铁路、水路，并出台运输结构调整补助政策，推动公路货物运输行业转型升级，持续降低公路货物运输能耗和碳排放强度。

> **绿色物流**
>
> **低碳运输**
>
> 低碳运输是指以降低污染物排放、减少资源消耗为目标，通过先进的物流技术和面向环境管理的理念，进行物流系统的规划、控制、管理和实施的过程。低碳交通运输是一种

以高能效、低能耗、低污染、低排放为特征的交通发展方式。其核心在于提高交通运输的能源效率，改善交通运输的用能结构，优化交通运输的发展方式。目的在于使交通基础设施和公共运输体系最终减少以传统化石能源为代表的高碳能源的高强度消耗。

交通运输节能降碳行动包括三个方面内容。

一是推进低碳交通基础设施建设。提升车站、铁路、机场等用能电气化水平，推动非道路移动机械新能源化，加快国内运输船舶和港口岸电设施匹配改造。鼓励交通枢纽场站及路网沿线建设光伏发电设施。加强充电基础设施建设。因地制宜发展城市轨道交通、快速公交系统，加快推进公交专用道连续成网。完善城市慢行系统。

二是推进交通运输装备低碳转型。加快淘汰老旧机动车，提高营运车辆能耗限值准入标准。逐步取消各地新能源汽车购买限制，落实便利新能源汽车通行等支持政策。推动公共领域车辆电动化，有序推广新能源中重型货车，发展零排放货运车队。推进老旧运输船舶报废更新，推动开展沿海内河船舶电气化改造工程试点。

三是优化交通运输结构。推进港口集疏运铁路、物流园区及大型工矿企业铁路专用线建设，推动大宗货物及集装箱中长距离运输"公转铁""公转水"。加快发展多式联运，推动重点行业清洁运输。实施城市公共交通优先发展战略。加快城市货运配送绿色低碳、集约高效发展。

三、智慧化技术在节能减排方面的应用

在物流运输领域，智慧化节能环保技术的应用涉及多个方面，包括车辆能源效率提升、绿色燃料的开发利用、智能调度和路线优化、环境监测与治理等。

（一）车辆能源效率提升

车辆能源效率提升是物流运输节能环保的核心问题之一。目前，我国物流车队中仍然以燃油驱动车辆为主，其油耗和尾气排放成为环境污染的重要源头。因此，提升车辆的能源利用效率势在必行。采用节能技术改造现有车辆，如安装节能装置、优化发动机等，可以有效降低车辆行驶时的能耗，并且减少尾气排放。

（二）绿色燃料的开发利用

绿色燃料在物流运输中的应用也是一项重要的节能环保措施。传统车辆主要使用化石燃料，其燃烧会产生大量的二氧化碳和有害物质，会对环境造成严重的污染。因此，开发利用可再生能源替代传统燃料，如电动车辆、氢燃料电池车等，是实现物流运输绿色化的一种有效途径。

（三）智能调度和路线优化

智能调度和路线优化也是节能环保技术的重要组成部分。合理地调度和优化路线可以减少物流运输中的空驶里程和堵车时间，提高运输效率，减少能源浪费。此外，引入智能物联网技术、大数据分析等，可以实现实时监控和数据分析，为运输企业提供科学决策依据，进一步提

升整体运输效能。

（四）环境监测与治理

环境监测与治理是物流运输节能环保技术的重要保障。建立完善的环境监测系统，对运输过程中的尾气排放、噪声、固体废弃物等进行监测，可以及时发现和处理问题。同时，加强对物流企业的环境管理，采取必要的污染防治措施，对污染源进行控制和治理。

四、智慧运输的环保要求

（一）宣传智慧货物运输低碳理念

我国道路货物运输的低碳化发展需要在科学理念指导下系统推进，仅靠理论支撑远远不够，必须构建全方位的低碳宣传体系。具体实施路径应包括三个层面：首先，强化公众认知维度。通过系统化的科普宣传，帮助社会大众正确理解货运方式与运输工具的能源特性，重点阐释长途货运的化石能源消耗机制及其环境影响，以此深化低碳货运理念的社会认同度。其次，完善教育培训体系。开设专业化低碳课程，系统讲授气候变化原理与低碳技术应用，通过持续的知识更新与理念强化，不断提升从业人员的环保素养。最后，聚焦行业实践转型。针对货运企业和个体经营者开展定制化宣传，普及低碳运输技术路径与管理方法，通过政策引导和技术支持，推动全行业向环境友好型运营模式转变。

（二）推广清洁能源车辆

推广清洁能源车辆是治理机动车货物运输污染的重要手段。同时，大力发展清洁能源是当前国际社会应对能源紧缺、保障能源供应的重要发展方向，也是我国的基本国策。加快推进清洁能源车辆的使用，逐步更迭以往由传统能源车辆组成的消费结构，不断降低我国对进口清洁能源的依赖，使得温室气体排放减少，更有效地保护生态环境，促进社会经济又好又快地发展。清洁能源车辆有电力驱动和混合动力两种类型。电力驱动车辆不需要燃料，只需要充电即可，减少了化石能源的使用，同时也减少了尾气排放。混合动力车辆则是将传统燃油车辆和电力驱动车辆结合起来，既可以利用化石能源，也可以减少碳排放。

（三）促进绿色配送

促进绿色配送也是治理道路货物运输污染的重要手段，而想要在低碳环境下进行货物运输需要以科技作为支撑。科技力度的投入主要在以下几个部分。首先，生产企业对汽车功能进行改造，将节能低碳技术融入整车的设计中，使汽车自身对能源的消耗以及温室气体的排放有一定的控制作用，从而减少能源的消耗和污染问题的出现。其次，改善基本设施，实施节约运输方式，减少货物载空率。最后，培养创新型公路运输人才，提倡"走出去"，鼓励各国技术型人才之间进行交流。此外，也需要减少车辆行驶里程和运输次数，降低运输成本和对环境的影响，并优化配送路线，避免拥堵和高污染区域。

模块九 智慧运输安全与环保

学习任务

通过本单元的学习，请完成以下任务。

学习任务清单

任务内容	任务要求	验收方式
分析智慧化技术在节能减排方面的应用	举一个例子说明节能减排智慧化技术的应用	口头表述
分析智慧运输的环保要求	根据智慧运输对环境的影响，分析智慧运输对环保的要求	案例报告
对案例报告进行讲解说明	选派成员选择相应的形式对案例报告进行展示	成果展示

拓展活动 智慧交通成交通领域减碳关键

2022年9月22日，国家主席习近平在第75届联合国大会一般性辩论上提出，中国将提高国家自主贡献力度，采取更加有力的政策和措施，二氧化碳排放力争于2030年前达到峰值，努力争取2060年前实现碳中和。这意味着在未来40年内，我国要完成从碳达峰到净零排放的升级，全社会经济体系、能源体系、技术体系等将发生巨大转变。其中，交通行业二氧化碳排放量约占全国总碳排放量的10%，智慧交通是实现"双碳"目标的关键技术途径。

近年来，多个城市已在探索实施相关智慧交通建设项目，在保畅促减排、提升出行效率等方面助力碳中和。首先车的电动化和智慧化，加快智能网联汽车普及，推动高等级自动驾驶汽车规模化应用，改善城市拥堵问题。其次是路的网联化，通过发展车路协同、智能信控、智慧停车等技术，提高道路交通运输效率，减少碳排放，并缓解城市限购限行压力。经测算，以车路协同为基础的智慧交通能够提升15%～30%的道路通行效率。

随着全社会加速数字化、智慧化发展，尤其是云计算、大数据、人工智能等技术的兴起，有力推动了智慧交通应用的落地。车路协同、智能网联、云计算等技术的不断演进，能极大地提升智慧交通领域的信息感知与数据分析方面的能力，并推进智慧交通各系统间的数据融合共享。根据国际数据公司（IDC）统计，无人驾驶和运营、智能信控、智慧停车、MaaS（模型即服务）一站式出行服务等智能交通技术对节能减排贡献度均超过40%。未来在相关智能技术的加持下，智慧交通将实现高效通行、绿色低碳，促进我国"双碳"目标达成。

活动要求：请你根据前阶段的学习和调研成果，结合当地交通实际情况，设计一套智慧交通背景下的交通领域节能减排方案。

课后一思

党的二十大报告指出，要"推动绿色发展，促进人与自然和谐共生"，请思考如何将绿色发展的理念融入日常的运输管理工作中。

实训练习

一、单项选择题

1. （　　）用于监测控制和管理公路交通，在道路、车辆和驾驶员之间提供通信联系。
   A. 交通管理系统　　　　　　　　B. 公共交通系统
   C. 自动高速公路系统　　　　　　D. 驾驶员信息系统

2. 预防车辆偏离车道、保证车距在一定的安全范围之内及帮助驾驶员在恶劣的天气条件下开车等，主要依靠的是（　　）技术。
   A. 自适应巡航　　　　　　　　　B. 自动高速公路控制系统
   C. 路车通信　　　　　　　　　　D. 智能导航控制

3. 我国要建立绿色低碳发展的经济体系，其中，着重指出要加快形成（　　）。
   A. 绿色基础设施建设
   B. 绿色低碳交通运输方式
   C. 绿色出行
   D. 推广新能源、智慧化、数字化、轻量化交通装备

4. （　　）是治理道路货物运输污染的重要手段，而想要在低碳环境下运行货物运输需要以科技作为支撑。
   A. 促进绿色配送　　　　　　　　B. 推广清洁能源车辆
   C. 宣传智能货物运输低碳理念　　D. 以上都对

二、多项选择题

1. 规范的智慧交通管理具有（　　）的特点，可以保障车辆的行驶安全，提高车辆的运输效率。
   A. 全面　　　B. 高效　　　C. 实时　　　D. 准确

2. 绿色低碳公路可以减少（　　），从而为人们生活营造一个良好的空间。
   A. 噪声污染　　　　　　　　　　B. 尾气污染
   C. 低碳运输模式推广　　　　　　D. 社会收益

3. 在物流运输领域，节能环保技术的应用涉及多个方面，包括（　　）等。
   A. 车辆能源效率提升　　　　　　B. 绿色燃料的开发利用
   C. 智能调度和路线优化　　　　　D. 环境监测与治理

三、简答题

1. 智慧化技术给货物运输安全带来了哪些保障？
2. 你知道交通管理系统是如何运行的吗？
3. 请简述智慧运输的环保要求。

参 考 文 献

[1] 虞晓露，董彦龙，袁志兵. 智慧运输运营 [M]. 北京：中国人民大学出版社，2024.
[2] 彭秀兰. 道路运输管理实务 [M]. 4 版. 北京：机械工业出版社，2023.
[3] 方照琪. 集装箱运输管理与国际多式联运 [M]. 2 版. 北京：电子工业出版社，2021.
[4] 朱春生，员兰. 智能运输系统在现代物流中的应用 [J]. 工程技术研究，2020，5（9）：279-280.
[5] 杨军，郝士萍，石亚辉. 低碳经济环境下机动车货物运输的治理对策 [J]. 中国物流与采购，2023（16）：95-96.
[6] 潘洪波. 绿色低碳经济环境下公路货物运输发展策略研究 [J]. 中国物流与采购，2022（10）：113-114.